Schirner
Verlag

Sabrina Prantl, Jahrgang 1984, erkannte nach einem familiären Schicksalsschlag ihre Begabung als Medium zur geistigen Welt. Heute arbeitet Sabrina Prantl als mediale Schriftstellerin und als spirituelle Beraterin (Kartenlegen, Energiearbeit).

Weitere Informationen unter:
www.gemeinschaftderwegbegleiter.at

In diesem gechannelten Buch findet der Leser das uralte Wissen um die Hierarchien des Kosmos und den gesamten Aufbau des Lebens. Der Leser erhält einen Einblick in den Aufbau und den Ablauf des kosmischen Wirkens in unserem Sonnensystem. Im zweiten Teil des Buches wird die Beschaffenheit der Lebensräume auf der Erde beschrieben sowie der Aufstieg und die Erhöhung der Frequenzen der Erde thematisiert. Im dritten Teil des Buches folgt eine detaillierte Beschreibung der Arbeiten und Aufgaben der aufgestiegenen Meister, Chohane der Weissen Bruderschaft und der Erzengel. Im vierten Teil des Buches vermittelt die mediale Autorin dem Leser alles Wissenswerte über die dunklen Hierarchien, die Dunkle Bruderschaft und deren Wirken auf der Erde. Nach der Lektüre dieses Buches kann sich jeder Leser als Eingeweihter in die Geheimlehren der Großmeister betrachten.

Sabrina Prantl

DIE KOSMISCHEN HIERARCHIEN

UND DER AUFBAU DES LEBENS

Einführung in die Welt der medialen Wesen

ISBN 978-3-89767-801-9

Sabrina Prantl:
Die kosmischen Hierarchien und
der Aufbau des Lebens
Einführung in die Welt der medialen Wesen
Copyright © 2009
Schirner Verlag, Darmstadt

Umschlag: Murat Karaçay
Redaktion: Katja Hiller, Walter Huber
Satz: Sharmila Maas
Herstellung: Reyhani Druck & Verlag,
Darmstadt

www.schirner.com

1. Auflage 2009

Inhalt

VORWORT

Als ich begann, dieses Buch zu schreiben, zeigte sich schon zu Anfang, durch die Einschulung mit den Meistern der Weissen Bruderschaft*, wie umfangreich die zu behandelnden Themen im Zusammenhang mit dem Leben sein können. So wurde ich nicht nur vor dem Schreiben, sondern auch während des Schreibens immer wieder in den Aufbau des Lebens und die dort vorzufindenden Hierarchien eingewiesen. Die Thematiken gingen teilweise derart in die Tiefe, dass es schwer war, auf einer verständlichen Schreibbasis zu bleiben, da das Wissen der Meister sehr tief und vor allem umfangreich ist. So traf ich für dieses Buch eine kleinere Auswahl an Themen, die für die Leser relevant sein dürfte und, wie ich hoffe, auch interessant ist. Das Wissen, das mir vermittelt wurde, ist vorwiegend an die theosophischen Geheimlehren der Madame Blavatsky vom Ende des 19. Jahrhunderts angelehnt und soll mithilfe dieses Buches an die heutige Zeit angepasst werden. Die Geheimlehre selbst wurde einst von den Großmeistern Kuthumi, Saint Germain und El Morya gelehrt, um dieses Wissen im größeren Stile zu verbreiten. Was ihnen auch gelang, jedoch ist das damals verbreitete Wissen in der modernen Zeit nur schwer verständlich, da es in einer Schreibweise verfasst wurde, die heute nicht mehr gängig ist. Dies war ein Grund, der mich bewegt hat, dieses Wissen in einer verständlichen Sprache in einem Buch zusammenzufassen.

Die Arbeit mit den Meistern war von Anfang an unglaublich interessant und derart lustig, dass ich meistens Pausen einlegen musste, um mich wieder zu fassen. Zudem wurde mir auch sehr viel Disziplin und Aufmerksamkeit abverlangt, um den Worten der Meister Folge leisten zu können. So blieb es nicht aus, dass manche Diskussionen bis spät in die Nacht andauerten, bis das Wissen zu Papier gebracht war. Dennoch war

---

* Auf Wunsch der Autorin und da es sich um einen Eigennamen handelt, schreiben wir den Begriff »Weisse Bruderschaft« im Folgenden mit »ss«.

der Lohn sehr groß, da ich auch über das Wissen in diesem Buch hinaus unglaublich viel erfahren durfte und das Vergnügen hatte, die Meister von einer ganz persönlichen Seite kennenzulernen. So sind die Großmeister mit der Zeit auch meine ganz persönlichen Freunde geworden, die mich auf meinem Lebensweg begleiten. So sollte niemand die Einladung zur wunderschönen Zusammenarbeit mit den Meistern ausschlagen, da dies eine einmalige Erfahrung im Leben ist, aus der man unendlich viel lernen kann!

An dieser Stelle möchte ich vor allem meinen Eltern Walter und Margit, meiner Zwillingsschwester Christina sowie meiner verstorbenen Oma Theresia danken, die mich auf meinem medialen Weg stets unterstützt und gefördert haben. Auch ein liebevoller Dank an El Morya, Saint Germain, Kuthumi, Serapis Bey, Erzengel Michael und meine Zwillingsseele Mandalf, die mich seit Beginn meines Weges aus der jenseitigen Welt unterstützen und zu meiner Familie geworden sind. Gerade wenn man sich der Öffentlichkeit stellt, um derartiges Wissen zu verbreiten, braucht man viel Unterstützung, da diese Informationen nicht immer wohlwollend angenommen werden. Ob das Wissen akzeptiert wird oder nicht, ändert nichts an der Tatsache, dass es allgegenwärtig und für jedermann zugänglich vorhanden ist. So bleibt es jedem selbst überlassen, was er in den Bereich des Möglichen oder als Fantasie interpretiert. Ich hoffe dennoch, dass jeder, der das Wissen annimmt, den Aspekt der Möglichkeit im Auge behält, um neutral annehmen zu können, was existent ist. Auch ich bin offen für neue Sichtweisen und Meinungen und versäume es nicht, mir diese in den Bereich der Möglichkeit zu holen, um an mir und meiner Sicht über das Leben stetig arbeiten zu können. Dies ist die beste Möglichkeit, neutral dem Leben gegenüberzutreten, um an reinem Wissen zu wachsen.

In unendlicher Liebe,
Sabrina

DIE KOSMISCHE HIERARCHIE

Wer ist Gott?

»Dies ist die allumfassende Frage, die sich absolut jedes Lebewesen in seinem Entwicklungsweg und auf seinem steinigen Weg der Erkenntnis stellt! Dabei ist die Antwort so einfach, dass man sie meist nicht erfassen oder glauben kann. Die Meister der Weissen Bruderschaft wollen die Antwort auf diese Frage all denjenigen mit auf den Lichtweg geben, die voranschreiten möchten!«
Sabrina Prantl

»GOTT IST BEWUSSTSEIN IN JEDER EINZELNEN ZELLE!«
Großmeister der Weissen Bruderschaft

Was ganz einfach gesagt »ALL-EINS« ist!

Die kosmische Hierarchie

Zentralsonnen (Sonne)
Alpha und Omega
Mittelpunkt der planetarischen Laufbahnen

Planetarischer Logos Aeolus
Kosmischer heiliger Geist
Lenker des planetarischen Sonnensystems

Wächterin der kosmischen Stille Infinita
Planetarische Diplomatin

Kosmischer Christus
Chohan Maitreya[1]
Repräsentant der Christus-Energie

Kosmischer Buddha
Meister Gautama Buddha
Repräsentant der Buddha-Lehren

Weltenlehrer
Maha Chohan Paolo Vernese[2]
Chohan Sanandá
Chohan Saint Germain

---

1 Chohan ist das Oberhaupt bzw. der Lenker und Leiter eines Wirkungsbereiches.

2 Maha Chohan ist ein feinstofflicher Planet ohne manifestiertem Körper. Der individuelle Seelenbereich bildet den Lebensraum für alle dort lebenden Wesen.

DER PLANETARISCHE LOGOS UND HEILIGER GEIST
Großmeister Aeolus

Das Wort »Logos« steht in der deutschen Sprache für »sinnvolle Rede« oder »Vernunft«. Unter anderem versteht man darunter auch die Vernunft Gottes als Weltschöpfungskraft, die über allem steht. Aeolus stieg vor ca. 11.530 Jahren in die Kausalwelt auf und hat seither das Amt des planetarischen Logos zur Verwaltung und Leitung der planetarischen Konstellationen inne. Er repräsentiert somit den kosmischen heiligen Geist, der für Liebe und Gnade steht. Sein energetischer Bereich und somit sein individuelles Bewusstsein erstreckt sich über das gesamte bekannte Sonnensystem. In Verbindung mit der dreifaltigen Flamme ist es ihm möglich, die Energien seiner Arbeit im ganzen Kosmos zu verteilen.

Wesen und Wirken im Sonnensystem

Zu den Aufgaben eines planetarischen Logos gehören die umfangreiche Verwaltung und die Leitung der einzelnen Planeten und der interstellaren Energien im Bereich des Sonnensystems. Ich bin bemüht, einige der unzähligen Aufgaben seiner Tätigkeit anzuführen, damit der Leser sich beispielhaft ein genaueres Bild dieses Amtes machen kann.

Die dreifaltige Flamme

Unter anderem arbeitet Aeolus mit der dreifaltigen energetischen Flamme. Mithilfe dieser Flamme werden alle Informationen, die man gedanklich aussenden möchte, um mindestens das Dreifache verstärkt. Das bedeutet, dass die Schwingungsfrequenz der Information angehoben und somit verstärkt wird, was das klarere Durchkommen auf weitere Distanzen (Lichtjahre) ermöglicht.

Somit sind ein harmonisches Zusammenspiel und der exakte Austausch von Informationen im gesamten Kosmos gewährleistet. El Morya hat auch schon einmal persönlich in einer seiner zahlreichen früheren Inkarnationen als Verteiler der dreifaltigen Flamme gemeinsam mit seiner Partnerin Lady Abedine gearbeitet. Von mindestens zwei aufgestiegenen Meistern wird die Flamme von einem Tempel aus in der Ätherwelt in die Bereiche gesandt, wo sie benötigt wird. Dies erfolgt durch eine Anrufung der Energie. Die Meister entscheiden dann jeweils, in welcher Menge und Konzentration die Energie zugeteilt wird.

Beispiele der Tätigkeit von Aeolus

✳ Die Entstehung neuer Planeten

Jeder Planet ist ein physisch fest gewordener, beseelter Energiekörper, was bedeutet, dass jeder Einzelne von uns einmal zu einem Planeten geformt werden kann. Meistens entschließen sich uralte und weise Seelen zu dem Schritt, als Planet für die inkarnierenden Seelen zu dienen: Die Auraschichten der Seele und somit die des Planeten werden als Sphären bezeichnet, in denen man in der geistigen Welt lebt (physische Welt, Ätherwelt, Astralwelt und Kausalwelt, sowie alle anderen Frequenzen).

✳ Anhebung des Bewusstseins von der Erde gemeinsam mit den aufgestiegenen Meistern der Weissen Bruderschaft

Der Planet Erde, Lady Gaia, steht derzeit in der vierten Dimension. Diese können wir uns wie eine »Entwicklungsstufe« des Bewusstseins vorstellen.

✧ Meisterin Lady Portia verwaltet die erste Dimension
Hierbei geht es um das Erkennen unserer individuellen Lernaufgaben
und den göttlichen Weg, den wir dafür gehen müssen.

✧ Chohan Konfuzius verwaltet die zweite Dimension
Das Ziel ist es, die Lernaufgaben, Karma, Programme und Glaubenssätze, die man im Laufe der Zeit angesammelt hat, weise zu erleben
und daraus zu lernen.

✧ Meister Djwal Khul verwaltet die dritte Dimension
In dieser Dimension geht es darum, angesammelte Erfahrungen und
Wissen zu leben.

✧ Chohan Serapis Bey verwaltet die vierte Dimension
In dieser Dimension geht es um das Erkennen, Aufarbeiten und Lösen von emotionalen Blockaden für die Vorbereitung des Aufstieges
in die Kausalwelt. Dies erfolgt durch die Klärung mit der kristallinen
Aufstiegsflamme.

✳ Koordination des Zusammenspiels der einzelnen Planeten

Das harmonische Wirken der einzelnen Planeten als großes Ganzes
zu koordinieren, bedarf es hoher geistiger Konzentration. Als Logos
ist Aeolus in der Lage, mit seinem Bewusstsein und durch mehrere
Manifestationen seines Körpers im gesamten Sonnensystem zu reisen
und zu kommunizieren.

✳ Achsendrehung und Schwingungsfrequenz der Planeten

Durch die Achsendrehung der Planeten entsteht eine interstellare
Frequenz, die alle Planeten des Sonnensystems miteinander verbin-
det. Wir können uns das Ganze wie ein großes Uhrwerk vorstellen.
Durch die Verbundenheit der einzelnen Schwingungsfrequenzen der

Planeten ergibt sich die Summe der in diesem Bereich gefühlten Wahrnehmung des Lebens. Wenn die Schwingung eines Planeten (Körper) und dessen Seele durch Anhebung des bewussteren Wahrnehmens von allem ansteigt, steigt auch die bewusstere Wahrnehmungsfähigkeit aller Bewohner auf dem Planeten. Alles was auf und um den Planeten ist, wird somit feinstofflicher. Die Vorstellung von Zeit und Raum und das tiefere Verständnis für das Leben selbst verändern sich entsprechend. Bei diesem Prozess sprechen wir von dem »Goldenen Zeitalter«, wobei die Wahrnehmung in eine höhere Dimension eintaucht. Für den Menschen bedeutet dies, dass Gaben wie hellsehen, hellfühlen oder auch hellhören zum normalen Leben jedes einzelnen Menschen zählen werden.

Beispiele dieser Auswirkungen auf der Erde:
- Das Wetter (Treibhauseffekt, Ozonloch)
- Rhythmus von Tag und Nacht (Biorhythmus, Zeitzonen)
- Veränderungen der Wahrnehmung (Zeit und Raum)
- Rhythmus der Ozeane und Meere (Ebbe und Flut)
- Verschiebung der Kontinente

✳ Die Verwaltung und Weiterentwicklung der Beschaffenheit der Planeten

Entschließt sich eine große Seele dazu, weiterzuwandern und somit ihren Seinszustand vom energetisch festen Zustand (Planet) in einen dafür geeigneten feinstofflicheren zu verändern, wird der feste Körper abgestoßen. Dies könnten wir mit dem physischen Tod vergleichen, wenn ein Mensch seinen alten Körper ablegt, um weiterzugehen. Der nicht mehr gebrauchte Körper (Planet) wird sozusagen »aufgelöst« (Sterne). Bevor dies geschieht, werden die darauf befindlichen Seelen im Laufe der »Zeit« (ca. 1,5 Millionen Jahre) auf eine »Evakuierung« vorbereitet. Das Leben schwindet auf dem Planeten und er ist bereit zum »Sterben«.

☀ Lenken der Flugbahnen von Kometen und Sternen

Wir können uns das Kollidieren eines Kometen mit einem Planeten wie eine große Lernaufgabe vorstellen: Nicht nur für den Planeten (die Seele), sondern natürlich auch für die darauf lebenden Seelen. Das Lenken und Steuern der Flugbahnen ist also ähnlich einem riesigen Lebensplan des Sonnensystems. Fliegende Sterne lassen sich mit kleinen, beseelten Insekten des Universums vergleichen. Sie tragen und sammeln Informationen, wo auch immer sie gerade sind. Andere Dimensionen senden Sterne mit Informationen aus, damit unsere Dimension daraus lernen kann oder weil eine Antwort verlangt wird. Der harmonische Austausch von kosmischen Informationen ist wie das Wirken der Insekten auf der Erde, damit sich »die Flora und die Fauna« des Universums gut entwickeln. Der Stern besteht aus göttlicher Materie, die mit einem göttlichen Bewusstsein ausgestattet ist. Deshalb stellt ein Stern auch meistens den Beginn eines neuen Planeten dar, der wie ein menschlicher Körper beseelt wird. Auf diese Weise entsteht im Laufe der Evolution auch Leben auf dem Planeten.

Zusammenarbeit

Kosmischer Logos Metatron

Logos und heiliger Geist Paolo Vernese

Erzengel Michael (als Fürst, Lenker und Repräsentant der Erzengel im Kosmos)

Deva Großmeister Rahaim (bei der universellen Kommunikation mit der dreifaltigen Flamme)

Energetische Unterstützung

Weibliche Elohim[3] Cassasta

Männlicher Elohim Zadur

---

3   Elohim ist eine energetische Unterstützung im Leben von Außen.

Die kartanischen Lehren

Der Grundgedanke der kartanischen Lehren besteht darin, dass wir All-Eins sind und mit dem Wissen und der dadurch entstehenden Macht als Gemeinschaft unermesslich stark sind. Die Urkraft dieser Sicht besteht darin, dass wir in einer Gemeinschaft alles mit Wissen und nicht mit Gewalt erreichen können, denn Kraft liegt vor allem im Geiste und nicht nur oberflächlich gesehen im Körper. Wird dieses Konzept genauer betrachtet, gibt es nichts, was wir theoretisch nicht wissen können, da wir alle mit unserem Sein und somit auch mit unserem Wissen ein großes Ganzes bilden. Stellt sich eine Person nun eine Frage, worauf Sie eine Antwort haben möchte, sollte sie bedenken, dass der Gedanke an die angestrebte Antwort bereits voraussetzt, dass diese schon existiert und nur abgefragt werden muss. So könnte man auch noch sagen, wenn eine Antwort gegeben ist, dann stand schon einmal eine Frage davor. Somit sind Frage und Antwort dasselbe, nämlich ein Gedanke und somit göttliches Bewusstsein, was kollektive allumfassende Intelligenz bedeutet. Dieses bewusste Abfragen des All-Einen-Wissens nennen wir auch Allwissenheit, welche nur zu oft bei den Großmeistern der Weisheit erwähnt wird. Diese Allwissenheit steht somit jedem Einzelnen von uns zur Verfügung.

Wächterin der kosmischen Stille
Lady Infinita

Die aufgestiegene Meisterin Lady Infinita hat seit ca. 12.830 Erdenjahren das Amt der Wächterin der kosmischen Stille inne. In diesem Amt ist es ihr möglich, die Ereignisse und Manifestationen, die im Bereich unseres Sonnensystems wirken, in den Akasha-Chroniken einzusehen und zu überwachen. Hierbei arbeitet sie mit dem planetarischen Logos Aeolus und dem Sonnen-Logos Maha Chohan Gautána eng zusammen. Unter anderem zählen zu ihren Aufgaben auch die Plan- und Beschlussfassung in Ausnahme- und Katastrophensituationen, um die kosmische Stille und Ruhe zu bewahren. Wichtig sind in diesem Zusammenhang auch die diplomatischen Verhandlungen mit anderen Interessensvertretungen des Kosmos. Auch das Empfangen von zahlreichen Gesandten aus dem Kosmos ist ihre Aufgabe. Außerdem ist sie privat die Ehefrau vom planetarischen Logos und heiligen Geist Aeolus, mit dem sie eine gemeinsame Tochter hat.

DER KOSMISCHE CHRISTUS
Chohan Maitreya

Maitreya überschattete das Leben von Sanandá in dessen Inkarnation als Jesus Christus von Nazareth. Er war es, der Jesus als aufgestiegener Meister das Christusbewusstsein mit auf den Weg gegeben hat. Jesus-Sanandá diente in dieser Zeit als Medium für die geistige Welt, um die uralten Lehren ins Bewusstsein der Menschen zu bringen. Dies war auch der Beginn unserer Zeitrechnung und der Verbreitung einer Weltreligion.

Ziel ist es, das Christusbewusstsein wieder auf die Erde, besonders in die physische Ebene und Äther-Ebene, zu bringen. Das heißt nicht, dass Jesus-Sanandá nochmals inkarniert, sondern dass das Christusbewusstsein in allen Menschen erwachen soll, um überhaupt ein goldenes Zeitalter in die Wege leiten zu können. Das ist seither das Ziel der Menschen, nachdem sie Jesus als Lehrer nicht anerkannt hatten. Somit dient Maitreya heute noch als Repräsentant der Christus-Energie (Lehre) im ganzen Kosmos, um an der Wiedervereinigung der einzelnen Sphären zu arbeiten. Unter anderem ist der Meister Maitreya Chohan in der Weissen Bruderschaft und als Lenker der Energie des elften, pfirsichfarbenen Strahles tätig.

Maitreya:

»Die Lehren des Christus waren und werden immer das Wissen des Kosmos in uns sein. Was wir erkennen müssen, ist, dass wir all das Wissen um die Lehren als uralte Seelen und somit als individuelle göttliche Wesenheiten in unserem kosmischen Kern tragen. Kehrt in euch und erkennt dieses. Der kosmische Christus wart und seid Ihr auf ewig!«

DER KOSMISCHE BUDDHA
Meister Gautama Buddha

Meister Gautama Buddha inkarnierte im Jahre 563 v. Chr. als Prinz im lokalen Adelsgeschlecht der Shakya in Lumbini, im nordindischen Fürstentum Kapilavastu. Bereits im Alter von 35 Jahren erlangte er die Erleuchtung, Bodhi, und wurde fortan Buddha, der Erleuchtete genannt. Wenig später hielt er in Isipatana, dem heutigen Sarnath, seine erste Lehrrede. Damit brachte er die Dharma-Lehre (Lehre vom Karma und der Wiedergeburt) in die Welt und setzte somit das »Rad der karmischen Gesetze – Dharmachakra« in Bewegung. Er lehrte bis ins hohe Alter von 80 Jahren und trat dann ins Nirvana (Verwehen) ein. Noch heute werden weltweit die Lehren des Dharma und somit des Buddhismus gelehrt und gelebt. Meister Gautama Buddha vertrat als Medium diese Weisheiten auf der physischen Ebene und repräsentiert diese jetzt als Großmeister im Kosmos.

Gautama Buddha:
»Das Rad des Karmas wird fortan bestehen bleiben. Unsere Aufgabe ist es, zu erkennen, dass es kein Karma gibt, sondern nur das Ansammeln, das Erkennen und das Leben von Wissen für das All-Eine. Da wir sind, sind wir Teil vom göttlichen Bewusstsein und somit perfekt! Karma ist eine Chance, dieses zu erkennen.«

DIE WELTENLEHRER
Maha Chohan Paolo Vernese, Chohan Sanandá, Chohan Saint Germain

Bei der Weltenlehre handelt es sich um das gesamte Wissen im Bereich des uns bekannten Sonnensystems. Als Repräsentanten der bekanntesten Lehren »Das ICH BIN« von Chohan Saint Germain oder das »SEIN der Göttlichkeit« treten die Weltenlehrer im Kosmos für die Verbreitung des uralten Wissens ein. Maha Chohan Paolo Vernese ist das Oberhaupt der Weltenlehrer im Bereich Lady Gaia (Erde). Er hat die Aufgabe, das Wissen dimensionsübergreifend zu repräsentieren. Das bedeutet, er empfängt Gelehrte, Großmeister, Weltenlehrer oder Staatsoberhäupter aus dieser oder anderen Dimensionen. Chohan Sanandá ist auch als Weltenlehrer bemüht, die uralten Weisheiten des Christusbewusstseins zu lehren. Jedoch ist das Christusbewusstsein nur ein Teil von vielen Sichtweisen des göttlichen Wissensschatzes. Bereits in seiner berühmten Inkarnation als Jesus von Nazareth brachte er als physisches Medium die Lehren auf die Erde und begann, das Bewusstsein der Menschen zu schulen.

Sanandá:
»Auch wenn man denkt, man könnte als Einzelner nicht viel erreichen, sollte man immer daran denken, welche Auswirkungen nur ein kleiner Moment haben kann.

Als ich in meiner Inkarnation als Jesus von Nazareth am Kreuz gestorben bin, kam ich aus dem Leid in das unendliche Licht, denn ich konnte sehen, wie viel Licht das All-Eine ausstrahlt (Gemeint ist die Hoffnung auf Erlösung durch Gott in uns, Kommentar Sabrina Prantl).

Somit kann jeder erkennen, wie viel man als Einzelner leisten kann. Chohan Saint Germain vertritt dieses Wissen auf universellen Kongressen oder Seminaren, bei seinen zahlreichen Reden innerhalb der

Schülerschaften oder im Bereich der Gelehrten-Tagungen zur Wiedervereinigung der Sphären. Mit der Lehre des »ICH BIN« war er bemüht, das uralte Wissen so verständlich wie möglich auf die Sphären zu bringen und lehrt sie seither den Schülern und Wissbegierigen, die bereit sind, ihr Bewusstsein und somit ihre Schwingungen zu heben.«

DIE KABBALA

Die Kabbala ist die mystische Tradition des Judentums. Sie wird seit Pico della Mirandola auch in mystischen, nichtjüdischen Kreisen fortgeführt. Die Wurzeln der Kabbala finden sich in der *Thora*, der Heiligen Schrift des Judentums. Die Bezeichnung »Kabbala« geht auf den hebräischen Wortstamm »q-b-l« zurück und bedeutet »Überlieferung, Übernahme und Weiterleitung«. Die Basis kabbalistischer Traditionen ist die Suche nach der Erfahrung einer unmittelbaren Beziehung zu Gott. Nach kabbalistischer Ansicht hat Gott alles, was er im Universum geschaffen hat, auch im Menschen geschaffen. Hieraus ergibt sich das Weltbild der wechselseitigen Entsprechung von Oben und Unten und der kabbalistische Grundgedanke von Mikro- und Makrokosmos wird deutlich. Die ganze »untere« Welt wurde demnach nach dem Vorbild der »oberen« gemacht, und jeder Mensch an sich ist ein Universum im Kleinen.

Beschreibung

Der körperlichen Gestalt des Menschen kommt hierbei eine universelle Bedeutung zu, denn Gott selbst wird in der Tradition der jüdischen Mystik anthropomorph gedacht. Die Vollkommenheit des göttlichen Makrokosmos personifiziert sich hierbei im Menschen, welcher als Mikrokosmos zwar unvollkommen, aber dennoch ein Abbild des himmlischen Urmenschen Adam Kadmon darstellt. Gott als das Grenzenlose und Ewige benötigt das von ihm geschaffene Mittlerwesen, den Menschen, um durch die zehn geistigen Kräfte seine göttliche Allmacht wirken zu lassen.

Diese zehn Sephiroth sind die göttlichen Urpotenzen, welche in der Form des kabbalistischen Weltenbaumes alle Ebenen des Seins durchdringen. Dieser Weltenbaum, mit dem darin verbundenen Menschen, stellt den verkörperten Organismus des Universums dar. Diese elementare Verflechtung des Menschen in ein göttliches Universalsystem verdeutlicht nach kabbalistischer Ansicht auch das gegenseitige Potenzial der Beeinflussung der göttlichen und der menschlichen Ebene. Der Mensch steht unter dem ganzheitlichen Einfluss universaler Kräfte, kann diese aber seinerseits beeinflussen.

Es geht in der Kabbala-Lehre um den bewussten und selbst gesteuerten Übergang in die Ekstase, also einen Weg des Ichs aus dem Körper. Dazu gibt es verschiedene Techniken, die als Geheimlehre, die studiert und erfahren werden kann, überliefert sind. Diese Erfahrung der Initiation vermittelte sich anfänglich in einer zunächst rein mündlichen, später schriftlichen Überlieferung. Deshalb wird in der Kabbala auch heute noch die Beziehung zwischen Lehrer und Schüler als wesentlich angesehen.

Die kabbalistische Erfahrung soll die Grenzen zwischen Subjekt und Objekt aufheben können. Ein Kabbalist durchbricht demnach die Mauer, die »härter als ein Diamant« ist, und erfährt die All-Einheit. Es gibt verschiedene kabbalistische Schriften und Schulen, aber keine Dogmatik oder prüfbaren Lehrinhalte, also keine einheitliche kabbalistische Lehre. Aber es gibt kabbalistische Techniken. Alle schriftlichen Hinterlassenschaften der Kabbalisten sind stark symbolisch.

Nach jüdischer Überlieferung gelangten nur vier Weise zu Lebzeiten ins Paradies und von diesen kehrte allein Rabbi Akiba unversehrt zurück. Den meisten Menschen gelingen nur ein paar Stufen auf der Himmelsleiter oder das Öffnen einiger weniger Tore. Jedoch behalten alle ihre besonderen und erlangten Fähigkeiten und sollen sie nach außerbiblischer Tradition sogar vererben. So soll der Segen (hebr. »Bracha«) entstehen. Um Missbrauch dieser Kraft zu verhindern, werden Schüler vor ihrer Aufnahme geprüft. Um »würdige« von »unwürdigen« zu trennen, hat man die Kabbala in eine theoretische und eine praktische Lehre unterteilt, wobei erstere das System darstellt und letztere magische und mantische Praktiken umschreibt, wie das Amulettwesen, das Loswerfen etc.

Die jüdische Kabbala

Die ersten Träger kabbalistischer Traditionen stammten aus dem rabbinischen Judentum, insbesondere aus dem Schülerkreis des Rabbi Jochanan ben Sakkai und des Rabbi Akiba ben Josef, die beide in Judäa im ersten Jahrhundert nach Christus wirkten. Inhalte zur Technik dieser Traditionen sind im Talmud, in Mythen über die biblische Schöpfungserzählung sowie über die Visionen im ersten Kapitel des Propheten Ezechiel vom göttlichen Thronwagen überliefert. Wir sprechen von der Merkaba-Mystik. Ein Hinweis auf die Ekstase, um die es geht, liefert das Wort Merkaba, welches sich vom Stamme »rakav« für »reiten, fahren, entrücken« ableitet. Als kabbalistischer Midrasch gilt das *Sefer ha-Bahir* (hebr. »Buch des Glanzes«), ein anonymes Werk der jüdischen Mystik. Es enthält die erste Darstellung der damals noch sieben Sefirot (Die heute bekannteren zehn Sefirot findet man erst im *Sohar*, Anmerkung Sabrina Prantl) und der 22 Buchstaben des hebräischen Alphabets als den Urzahlen und Verhältnissen, auf denen die Welt beruht. Diese kommen in der Darstellung des kabbalistischen Weltenbaumes zum Ausdruck.

Im hohen Mittelalter waren die Zentren kabbalistischer Bewegungen der deutsche Chassidismus im Rheinland (Mitte des 12. bis Mitte des 13. Jahrhunderts) und vor allem die sogenannte »prophetische Kabbala« in Spanien, deren bedeutendste Vertreter Abulafia und Gikatilla waren. Aus der Tradition des spanischen Judentums entstand gegen Ende des 13. Jahrhunderts die bedeutendste kabbalistische Schrift überhaupt: der *Sohar* (Sefer ha Sohar, hebr. »Das Buch des Glanzes«). Als Autor gilt der spanische Kabbalist Mosche de Leon (verstorben 1305). Der Sohar enthält in verschiedenen, teils sehr umfangreichen Abhandlungen Auslegungen der *Thora*, Erzählungen zu mystischen Gestalten des Judentums, insbesondere zu Rabbi Schimon ben Jochai und seinen Schülern, sowie Spekulationen zu Zahlen und Buchstaben als den Fundamenten der Welt. Der *Sohar* gilt wohl neben dem *Tanach*, der jüdischen heiligen Schrift, und dem *Talmud* als wichtigste Einzelschrift des Judentums.

Nach der Verfolgung und Vertreibung der Juden aus Spanien im Jahr 1492 wurde das Örtchen Safed in Galiläa zum Zentrum kabbalistischer Lehren. Hier wirkte vor allem Isaak Luria (1534–1572), der wesentliche Beiträge zur Auffassung von der Schöpfung der Welt entwickelte. Dazu gehören Vorstellungen von Adam Kadmon und einem »Sich-Zurückziehen« Gottes, um der entstehenden Welt Platz zu schaffen (Zimzum), dem »Zerbrechen der Gefäße« bei der Schöpfung und dem Freiwerden der göttlichen Lichtfunken (Schebirath ha Kelim), Vorstellungen vom Unendlichen (En Sof) und eine Lehre von der Seelenwanderung (Gilgul). Ziel aller Bemühungen des Menschen ist es danach, in einem Prozess der Vervollkommnung (Tikkun) den ursprünglichen heilen Zustand der Welt aus der göttlichen Existenz wiederherzustellen.

Die in Safed entstandene Kabbala des Isaak Luria hat im Judentum erheblichen Einfluss gewonnen. Viele Elemente dieser Lehre waren auch im osteuropäischen Chassidismus des 17. und 18. Jahrhunderts wirksam. Unter behutsamer Einbeziehung messianischer Elemente und einer gewissen Vereinfachung des ursprünglichen, sehr differenzierten Lehrgebäudes konnte die Kabbala große populäre Bedeutung in den chassidischen Zentren des Ostjudentums entfalten. Kabbalistische Tradition wird auch in der Gegenwart gepflegt und weiterentwickelt, vor allem in den chassidischen Gemeinden der USA und in Israel. Als einer der bedeutendsten Kabbalisten des 20. Jahrhunderts gilt Yehuda Ashlag.

Die christliche Kabbala

Athanasius Kircher prägte den Begriff »christliche Kabbala«. Die Frage, ob es eine eigentlich christliche Kabbala im Sinn einer originären kabbalistischen Mystik mit christlichen Elementen jemals gegeben habe, kann nicht mit Gewissheit beantwortet werden. Kreative kabbalistische Denker wie Isaak Luria, der mit seiner Vision eines Adam Kadmon einen eigenen vitalen, gnostisch-kabbalistischen Schöpfungsmythos schuf, fehlen der christlichen Kabbala. Im Frühhumanismus wurden kabbalistische Schriften stark rezipiert. Allen voran ging Giovanni Pico della Mirandola in seinem 1486 erschienen werk *Conclusiones philosophicae, kabblisticae et theologicae sive theses* (Philosophische, kabbalistische und theologische Schlussfolgerungen) und mit seinem 1496 posthum herausgegebenen Werk *Oratio de hominis dignitate* (Über die Würde des Menschen).

Johannes Reuchlin verband christliche Theologie, pythagoreische und neuplatonische Philosophie sowie jüdische Mystik zu einer Synthese in seinen Werken *De verbo mirifico* (1494) und *De arte cabalistica* (1517). Mit dem 1530–1533 erschienen Werk *De Occulta Philosophia* (Von der verborgenen Philosophie) gelang Agrippa von Nettesheim auf Anhieb ein frühhumanistischer »Bestseller«. In diesem Buch stellte er die kabbalistische Esoterik in den Dienst christlicher Dogmatik.

Heinrich Khunraths 1595 erschienen Buch *Amphitheatrum Sapientiae Aeternae Solius Verae* (Amphitheater der einigen wahren und ewigen Weisheit) ist eine Mischung aus christlicher Magie, Alchemie und Kabbala. Die zweibändige *Cabbala denudata* (1677–1684; Offenbarte Kabbala) des Geistlichen Christian Knorr von Rosenroth stellt die erste größere *Sohar*-Übersetzung ins Lateinische dar. Wie weit die Interessen dieses Theologen, Dichters und Hermetikers gehen, zeigt die von ihm kommentierte Übersetzung von G. della Portas *Magia Naturali*, aus dem Jahre 1680, aber besonders die enge Zusammenarbeit mit dem Alchemisten und Linguisten Johan Baptista van Helmont.

Die hermetische Kabbala

Kabbalistische Lehren und Motive finden seit Anfang des 20. Jahrhunderts wachsende Aufmerksamkeit auch außerhalb des Judentums. Zunächst nur von Theologen und okkulten Kreisen, wie der Theosophie oder dem »Golden Dawn«, beachtet, dehnte sich die Bekanntheit der Kabbala, vor allem durch die Verbreitung von New Age und moderner Esoterik, weiter aus. Die Grenzen zwischen spekulativer Kabbala (theoretischer Kabbala) und Magie (praktischer Kabbala) sind auch in der abendländischen Hermetik fließend. Wo Gershom Scholem noch in »Alchemie und Kabbala« Verbindungen zwischen jüdischen Kabbalisten, christlichen Kabbalisten und Alchemisten dokumentierte, verschwammen bei den Hermetikern des 19. Jahrhunderts sämtliche Trennlinien. Die Hermetiker integrierten nahezu vollkommen Alchemie und Kabbala. Kabbala als Mittel der Initiation gab es auch bei ihnen. Die mündliche Weitergabe von *Thora*kenntnissen und mystische *Thora*deutung (Sefer Jezirah, Sefer Bahir, Sohar) gabe es bei den Hermetikern weitestgehend nicht. Schon die Kabbala des »Golden Dawn« verband wenig mit der jüdischen Kabbala und der kabbalistischen *Tanach*-Hermeneutik. Kabbala nach Crowleys *Ordo Templi Orientis* (OTO) hat Crowleys *Liber AL vel Legis* zur Grundlage und entfernte sich völlig von der jüdischen Kabbala. Bei der Kawwana-Kirche des neuen Aeon ist die lurianische Kabbala eine mehrerer Quelle. Bei Mysterienschulen, wie den Martinisten und Rosenkreuzern, werden sowohl Cabala Simplex (die lateinische Kabbala), als auch die griechische Kabbala angewendet.

Das Goldene Zeitalter und die Anhebung der Schwingungsfrequenzen

El Morya, Saint Germain, Lady Abedine und Erzengel Michael

Die Zeit ist reif, um in das goldene Zeitalter des bewusst gelebten All-Eins einzutauchen. Die Menschheit soll nicht länger mit einem Schleier des »Nicht sehen Wollens« inkarnieren, sondern dass große Ganze auch bewusst leben, das bedeutet, die geistige Welt hören, fühlen und sehen. Erreicht wird damit, dass die »Stufen« des gelebten Bewusstseins von Mutter Erde angehoben werden, um von der geistigen Entwicklung her in die fünfte Dimension aufsteigen zu können. Mit der eigenen Dimension des Bewusstseins ist all das gemeint, was in uns allgegenwärtig ist. Genau wie im Außen, existieren in unseren Zellen auch ein Mikro- und ein Makrokosmos und somit auch die Dimensionen. Unaufhaltsam folgt hierauf die Erhöhung der eigenen Schwingungen, was wiederum dazu führt, dass man zugänglicher und feinfühliger für das All-Eine wird.

Es ist wichtig, dass jede einzelne Seele, die in den Sphären (Auraschichten von Lady Gaia) der Erde lebt, an der Weiterentwicklung ihres Bewusstseins arbeitet. Dadurch heben sich die Schwingungsfrequenzen jedes Einzelnen, und kollektiv gesehen wird es möglich, ins Goldene Zeitalter einzutreten. Da wir alle miteinander vernetzt sind, helfen wir sozusagen der gesamten Menschheit, wenn wir an uns arbeiten. Steige ich auf, steigen auch meine Mitmenschen auf. Dies lässt sich nicht aufhalten, da wir All-Eins sind. Diese Entwicklung geschieht schon seit Anbeginn des Planeten unaufhörlich, was wir Evolution nennen. Die Menschen werden in Zukunft nicht nur in den anderen Sphären feinere und somit höher schwingende Körper tragen, sie werden immer körperbewusst medialer und zugänglicher für die Wahrheit. Daher sind große Projekte der geistigen Welt, wie die Förderung der Spiritualität, der Weltreligionen und der uralten Weisheitslehren, wichtiger denn je, denn so kann sich jeder auf die Wahrheit vorbereiten, um sie furchtlos zuzulassen. Erst dann kann man sie annehmen und leben. Wir alle sind in unserer göttlichen Natur medial begabt und jederzeit in der Lage, alles zu sehen, zu hören und zu fühlen. Aus diesen Gründen werden auch immer mehr speziell ausgebildete Lichtarbeiter auf die einzelnen Sphären gesandt, um genau dies jedem klarzumachen. So sollen Irrtümer vermieden werden, wenn z. B. jemand behauptet, dass er über spezielle Begabungen verfügt, die anderen Personen nicht zuteil geworden sind, oder dass wir als Medium geboren sein müssen, um auf diese Weise leben zu können. Jeder, der gewillt ist, auf seine Weise bewusst zu leben, hat immer und überall Zugang zum All-Wissen und der damit erhöhten Wahrnehmung.

Wenn wir uns dazu entschließen, zu sehen, zu hören oder noch feiner zu fühlen, müssen wir dies lediglich mit jeder einzelnen Zelle der Seele annehmen und leben wollen, was auch bedeutet, nicht nur zu nehmen, sondern auch bereit zu sein zu geben! Die meisten Menschen wollen Medium werden, um Hilfe zu erhalten, stellen sich aber niemals die Frage, welche Hilfe Sie dann anbieten können. Dies ist unglaublich schade, da jeder eigentlich gern Hilfe gibt.

El Morya:

»Als Großmeister der Weissen Bruderschaft bin ich persönlich durch die Ausbildung zahlreicher Schüler im Hellsehen, Hellfühlen und Hellhören bemüht, jeden der gewillt ist, den »Schleier« der physischen Inkarnation abzunehmen, dabei zu begleiten. Zahlreiche Bildungen von Interessensgemeinschaften zur Anhebung des Bewusstseins und somit der Schwingungsfrequenzen sind Ausdruck der stetigen Bemühungen seitens der geistigen Welt. Hierbei ist es nicht vonnöten sich als Gemeinschaft zu vereinen, denn wir sind All-Eins. Jeder, der an sich arbeitet, arbeitet immer für das große Ganze! Allein der Grundgedanke und die Absicht, an der Seele arbeiten zu wollen sind große Schritte zum Aufstieg aller!«

Saint Germain:

»Gerade durch die Arbeit mit der violetten Flamme wird mir selbst oft gezeigt, wie viel jeder durch Eigeninitiative zum Aufstieg beitragen kann. Wenn wir an uns selbst arbeiten, tragen wir automatisch auch immer einen großen Teil für das All-Eine bei, da wir immer miteinander verbunden sind, auch wenn viele dies aus Ignoranz nicht sehen oder gar akzeptieren wollen! Gerade das stetige Lernen und die Transformationen von eigenen Blockaden können hierbei wichtig sein, da diese uns am Weiterschreiten hindern. Jedoch hilft nichts mehr, als sich selbst so zu akzeptieren, wie man ist, ohne ständig einem Ideal hinterherzujagen. Wir sollten erkennen, dass wir perfekt sind, eben genau so wie wir sind, aus dem Grund weil wir sind! Die Ich bin-Lehre kann hierbei ein grundlegender Wegweiser in diese Richtung sein, aber erkennen müssen wir diese edle Erkenntnis selbst.«

Lady Abedine:

»Viele Menschen denken, das Goldene Zeitalter sei etwas, das angebrochen ist und das unsere Umgebung und unser Leben prägen und verändern wird. Dabei hat dieses schon mit dem Grundgedanken und der Absicht zum bewussten Aufstieg begonnen. So ist das Goldene Zeitalter ein Aspekt in uns selbst, der für jeden individuell beginnen sollte und ist nichts, mit dem wir im Außen einfach mitschwimmen können. Hierbei ist jeder selbst aufgerufen, an sich und seinem Wesen zu arbeiten, je nachdem wie er gerne sein möchte. Ist man mit sich zufrieden und im Einklang, hat man bereits erreicht, wonach andere immer suchen, wo es doch eigentlich keine Suche gibt, da wir immer und allgegenwärtig mit unserer Göttlichkeit am Ziel unseres perfekten Sein sind!«

Erzengel Michael:

» Auch bei den Engeln, Devas und Erzengeln wird fleißig am Aufstieg der Menschen und Wesen ähnlicher Schwingung mitgeholfen, da wir schon seit Anbeginn des Goldenen Zeitalters am Aufstiegsplan mitwirken! Wir sind keine fernen Wesenheiten, sondern vielmehr Eure liebevollen Nachbarn, die lediglich in einer anderen Frequenz leben als Ihr. Leider ist diese Tatsache für viele von Euch noch schwer zu akzeptieren, da wir nur zu oft als ›höher‹ oder ›weiter‹ entwickelt beschrieben werden, dabei sind wir, genau wie Ihr auch, von gleicher göttlicher Natur. Auch wir Engel wandern auf den Sphären und beschäftigen uns mit Spiritualität und anderen Methoden zum bewussteren Wahrnehmen der eigenen Ich-bin-Natur und dem Erlangen von Wissen für den Aufstieg in eine höhere Schwingungsfrequenz!«

Die himmlischen Sphären

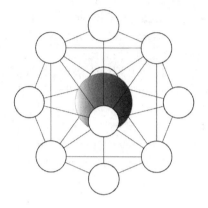 Die Gitternetze können wir mit einem komplexen Netz um die Erde vergleichen, das sich als Mikro- und Makrokosmos schichtweise, in- und übereinander erstreckt und eigens von den Hermetikern (Rat) der kausalen Sphäre für den Planeten Erde manifestiert wurde. Dieses Netz ist wie alles mit dem gesamten Kosmos verbunden. Über das Netz ist einfach alles miteinander verbunden, jedes noch so kleine elektromagnetische Teilchen der Seele bis hin zu den großen Brennpunkten, Galaxien und Universen. Es fließen alle Informationen, die in und um das Netz sind, also das Bewusstsein aller, in und um uns, allgegenwärtig. Je feinstofflicher unsere Frequenz ist, desto mehr Zugang haben wir zu diesen Informationen, also dem All-Wissen!

Einem aufgestiegenen Meister ist es aufgrund seines feinstofflichen Kausalkörpers möglich, jederzeit alles über diese Verbindungen abzufragen. Egal was er wissen möchte, das Bewusstsein aller gibt die Antwort preis. Egal in welchem Körper wir derzeit wandern, haben auch wir Zugang zum All-Wissen. Doch dort sind unsere Frequenzen derart grobstofflich, dass wir keine konkreten Antworten bekommen, so wie die Großmeister. Helfen kann hierbei schon die Erhöhung der Schwingungsfrequenzen des eigenen Körpers. Ein Medium sieht, hört und fühlt aus diesen Gründen auch mehr als jemand, der diese hohen Schwingungen nicht annimmt. Entscheidend ist hier die Annahme der gedanklichen bzw. energetischen Impulse, welche stetig im Fluss sind.

Die Gitternetzlinie

Als Gitternetzlinie kann man die als Ziel gesetzte »Richtung« des göttlichen großen Inkarnationswegs einer menschlichen Seele oder Engelseele im Bereich Mutter Erde – Lady Gaia – bezeichnen, welche auch »kosmischer Lebensplan« genannt wird. So können wir uns die Verbindungslinie zwischen zwei Brennpunkten als grobe Beschreibung des Lebensplanes einer Seele vorstellen, die es sich zum Ziel gemacht hat, von einem Brennpunkt aus in den nächsten zu wechseln, wobei ein Zwischenleben in den anderen Sphären von Mutter Erde als Lernaufgabe gesetzt wurde. Diesen Weg können wir uns so vorstellbar, als wenn eine Seele aus dem Jenseits in das physische Leben inkarnieren möchte, um anschließend durch den Tod wieder ins Jenseits zurückzukehren, nur an einen anderen Ort. Diese Definition wurde geschaffen, um diese Form der möglichen Inkarnation beschreiben zu können, wofür sich auch der Großteil der im Bereich Erde lebenden Seelen entscheidet. Der Weg selbst ist jedoch natürlich nicht die Regel und es gibt noch unzählige andere Formen der Lebensgestaltung.

Engel, Menschen und Dämonen, genauer gesagt alle Wesenheiten der Erde, haben den gleichen Inkarnationsbereich, nur leben wir »nebeneinander« bzw. auch »ineinander«, um ungestört den Lebensraum der Erde nutzen zu können. Der »Platz« geht sozusagen aufgrund der verschiedenen Frequenzen niemals aus. Alle Wesen leben eigentlich im gleichen Bereich wie wir und sind allgegenwärtig, nur können sie von uns schwer wahrgenommen werden. Wir machen uns auf unserem Lernweg von einem Brennpunkt, an dem wir als aufgestiegene Meister sozusagen »absteigen«, auf den Weg zum nächsten Brennpunkt, an dem wir nach Beendigung unserer Lernaufgaben wieder »aufsteigen«. Das Ab- und Aufsteigen hat eigentlich viel mehr mit der Feinstofflichkeit oder Grobstofflichkeit des körperlichen Zustandes zu tun und nicht mit dem Wissen, wie viele denken. Hierbei begeben wir uns lediglich auf eine andere Art zu leben und suchen uns hierfür einen passenden Ort auf den Sphären. Wo wir in den Sphären leben möchten, ist global gesehen nicht eingeschränkt oder bestimmt, daher können wir »den Inkarnationsweg« nicht als Weg oder gerade Linie bezeichnen, sondern vielmehr als die definierte Richtung zum nächsten Brennpunkt, den wir uns ausgewählt haben.

Der gesamte Bereich der Erde und die Auraschichten der Erde, die als Sphären bezeichnet werden, können als Lebensraum für die verschiedenen Seinszustände (physisches Sein, Äther- oder Astralsein) genutzt werden. Das Beschreiten des Inkarnationswegs, der im Bild als eine Linie zwischen zwei Brennpunkten dargestellt wird, kann bis zu 15.000 Jahre dauern und der Weg ist mehr als nächstes Ziel zu sehen. Die Dauer des Lernprozesses hängt von der individuellen Entwicklung ab. So kann es auch vorkommen, dass eine im Bewusstsein aufgestiegene Seele, die ihre Meisterschaft schon erreicht hat, für die eigene Familie oder andere Lebensumstände noch länger auf den Sphären verweilt und sich der Aufstieg ins Nirvana verzögert. Meist wird der Aufstieg, der für die auf den Sphären lebenden Personen eine Art astraler Tod und Übergang ins kausale Leben bedeutet, schon vor dem großen Inkarnieren bestimmt, da hierbei auch ein dementsprechender Lebensplan mit eigenen Lernzielen entworfen wird.

Der Brennpunkt – das Nirvana

Als Brennpunkt wird der energetische hochfrequente Bereich bzw. »Ort« bezeichnet, in den wir aufsteigen und in dem wir dann als aufgestiegene Meister leben, nachdem wir unsere Lernaufgaben erkannt, gelernt und gelebt haben. Das Nirvana kann auch als eine Art kleiner kausaler Plan außerhalb des Bereiches von Lady Gaia gesehen werden. Im Brennpunkt selbst hat man aufgrund der hohen Feinstofflichkeit wieder ungehinderten Zugang zu all seinen göttlichen Fähigkeiten und dem Allwissen. Die körperlichen Frequenzen können hierbei gedanklich gesteuert werden, vom Ätherzustand bis zum superkausalen Zustand. Dann leben wir in der Energie des Großmeisters, dessen Bereich den Brennpunkt bildet, und verschmelzen als dort lebende Einheit, indem wir eine spezielle Zusammengehörigkeit spüren. Die Brennpunkte der Engel und Dämonen liegen aufgrund der unterschiedlichen Frequenz sozusagen neben dem menschlichen. Sie ergänzen sich aber, da die Energien sozusagen ineinander greifen.

Der bekannteste Brennpunkt und heilige Geist bei Lady Gaia ist der aufgestiegene Logos und Maha Chohan Paolo Vernese. Der energetische Bereich seines Seins bildet den Brennpunkt, wir leben sozusagen in seiner Energie. Viele Menschen beschreiben den Einstieg in das Nirvana als ein Verschmelzen aller Seelen, die in diesem Bereich leben. Insgesamt gruppieren sich zwölf Brennpunkte um den Planeten Erde, die durch Gitternetzlinien miteinander verbunden sind!

Unter dem Prozess des Verschmelzens verstehen wir eher eine sehr große Verbundenheit, da wir geistig und körperlich ganz »normal« bleiben. Die Frequenzen des Maha Chohan gehen bis ins Superkausale[4], was auch das Leben in ihm und nicht auf ihm wie bei Mutter Erde ermöglicht. In seltenen Fällen manifestiert sich der Maha Chohan im Bereich des Astralen auf der physischen Ebene, um am göttlichen Plan zur Zusammenlegung der Sphären mitzuwirken.

Nach der emotionalen Klärung der vierten Dimension und dem damit verbundenen Verarbeiten der großen Inkarnation sind wir bereit, ein Leben im Brennpunkt als aufgestiegener Meister anzutreten. Der Aufstieg erfolgt immer gemeinsam mit der Dual- und der Zwillingsseele.

---

4 Das Superkausale ist die reine Gedankenebene, ohne einen manifestierten Körper.

Wir können uns das wie einen Neubeginn der eigenen Lebensumstände und das »Sterben« bzw. Weitergehen aus den Sphären vorstellen. Die aufgestiegenen Meister beschreiben diesen Vorgang, als würden wir neu geboren werden, jedoch in einem erwachsenen Körper. Das Leben geht somit normal weiter und ordnet sich lediglich neu. Die kausale Frequenz unterscheidet sich je nach individueller Frequenz des Brennpunktes und wird durch den Aufstieg entsprechend angepasst. Das heißt, sollten wir als Meister in einen anderen Brennpunkt wechseln wollen, um dort zu leben, müssen wir unsere kausale Energie den dortigen Lebensumständen anpassen. Da der energetische Bereich des Großmeisters den Brennpunkt selbst bildet, ist diese Energie auch durch sein individuelles Wesen geprägt, was wir auch erfühlen können. Jeder Brennpunkt hat daher seinen eigenen Charakter und wir müssen selbst wählen, wo es uns für unser Weiterleben am besten gefällt.

Die Sphären

Als Sphäre wird der Lebensraum bezeichnet, der den jeweiligen Frequenz-Zuständen unseres Körpers am nächsten kommt. Das bedeutet, dass wir alle immer und zu jeder Zeit gemeinsam in einem Bereich leben, nur sind diese Bereiche durch die jeweilige Sichtweise »getrennt«. Ein hellsichtiger Mensch vermag es, die feinstofflicheren Frequenzen wahrzunehmen, und ist dadurch in der Lage, auch die anderen Lebensweisen zu sehen. Hierfür werden die Schwingungen des Körpers mit dem Bewusstsein angehoben, jedoch der Körper an sich bleibt, wie er ist. Wir können den Bereich der Sphären auch als die Aura von Mutter Erde bezeichnen. Er ist der energetische Bereich, in dem es uns möglich ist, als Seele auf unserem Lernweg zu wandern und zu leben. Die Sphären sollten wir daher nicht als einzelne Schichten sehen, sondern vielmehr als Bereiche bzw. Energien, die in einer bestimmten Frequenz schwingen. Die verschiedenen Frequenzen werden physische-, Äther-, Astral- und Kausalfrequenz genannt. Der Frequenzbereich, in dem wir uns bewegen, bestimmt die Sphäre.

Die anderen Frequenzen liegen nicht darunter oder darüber, sondern vielmehr dazwischen. Deshalb spielt es auch keine Rolle, ob wir astral »weiter oben« oder »weiter unten« leben, dies dient nur der Vorstellung. In dem Sinne gibt es keinen Raum, sondern vielmehr ein Gefühl davon, wo wir sein möchten. Es spielt außerdem keine Rolle, auf welcher Sphäre wir leben oder wie dicht unser Körper ist, der Aufstieg vollzieht sich im Bewusstsein und hat nichts mit der Lebensweise zu tun. Wir können auch genauso im physischen Körperzustand aufsteigen, indem wir uns weiterbilden; der letztliche Aufstieg ins Nirvana ist mehr ein Weitergehen.

Verbinden der Sphären

Hierbei ist gemeint, dass es das Ziel ist, in Zukunft ohne einen »Schleier« inkarnieren zu können, d. h., seine geliebten Freunde oder Familienmitglieder aus der geistigen Welt bewusster an seiner Seite wahrzunehmen. Die physische Inkarnation ist dann kein »Voneinander-getrennt-Leben« mehr, sondern ein »Sich-auf-den-Weg-machen«, um zu lernen. Alle Sphären sind dann für jedermann frei zugänglich.

Je nach Ausrichtung der momentanen Frequenz des Seinszustandes (physisch, Äther- oder Astralfrequenz) werden wir in der Lage sein, allein mithilfe der Gedanken auch die anderen Frequenzbereiche und Sphären wahrzunehmen und uns dann auf diesen zu bewegen. Wir können uns das so vorstellen, dass wir von jedem Körperzustand einen grobstofflicheren oder feinstofflicheren Bereich mit dem Bewusstsein wahrnehmen. Mithilfe der Gedanken gelingt es uns, uns körperlich jederzeit so anzupassen, dass wir auf eine »andere« Sphäre reisen oder dort leben können. Wir wechseln bei diesem Vorgang die Dichte des Körpers. Diese Fähigkeit ist derzeit lediglich den aufgestiegenen Meistern vorbehalten, was sich aber in Zukunft ändern soll. Jedoch muss noch viel Arbeit an der Weiterentwicklung und am Wissensstand der Menschheit getan werden, dass die Menschen bereit sind, mit so viel göttlicher Macht umzugehen.

Reisen im Universum

Auch im Universum können wir genau wie auf der Erde mit ganz gewöhnlichen Hilfsmitteln reisen, diese sind jedoch in den meisten Fällen von einer feinstofflicheren Natur und daher in den seltensten Fällen sichtbar. Sogenannte »Raumschiffe« sind meisten nichts anderes als Manifestationen zum Zweck einer Reise, die von hellsichtigen Personen wahrgenommen werden können. Auch Menschen, die diese Gabe derzeit nicht ausleben möchten, können derartige Objekte bzw. universell Reisende sehen, wenn die Aufmerksamkeit im Moment der Sichtung sehr hoch ist. Das bedeutet, dass die Person in diesem Augenblick gewillt ist, hellzusehen. Dies geschieht jedoch meistens in Gefahrensituationen, wenn die geistige Welt durch ihr Einschreiten helfen möchte. Das gedankliche Reisen ist zwar auch eine gängige Möglichkeit, es kostet jedoch je nach Entfernung meist zu viel Energie, sodass man sich für ein anderes Fortbewegungsmittel entscheidet. Selbst die Großmeister bedienen sich gelegentlich solcher Reisemöglichkeiten, wenn sie in Gruppen reisen, um die Lehren im Kosmos zu verbreiten oder um Staatsbesuche durchzuführen.
Ich muss sagen, dass ich noch nie ein Ufo oder etwas Ähnliches erblickt habe, aber ihre Existenz nicht ausschließen möchte. Wenn man hellsichtig ist, ergeben sich unendlich viele visuelle Eindrücke, wobei tatsächlich nichts unmöglich ist.

DIE GROSSE INKARNATION

Jeder aufgestiegene Meister entscheidet sich nach einer für ihn bestimmten Zeit wieder für die Weiterreise seiner Seele. Es steht ihm frei, ob er inkarniert, um wieder auf den Sphären zu wandeln, oder zu einem anderen Brennpunkt oder Lebensbereich im Kosmos reist, um dort zu leben. Der Großmeister Sanat Kumara reiste beispielsweise vom Planeten Venus als aufgestiegener Meister in den Brennpunkt Paolo Vernese, um dort seine Berufung zu erfüllen. Seither bestreitet er sein Leben auch hier im Bereich Lady Gaia und dient der Menschheit als Chohan des zwölften Strahls.

Das Inkarnieren in den Sphären

Entscheidet sich ein Großmeister für das Inkarnieren in die Sphären und somit auch für das Herabsetzen seiner Frequenzen, wird ein passender Lebens- und Lernplan erstellt über die Themen, die der Meister neu oder anders erfahren möchte. Danach werden passende Eltern und ein schöner Wohnort ausgewählt, entweder in der Ätherwelt oder im astralen Bereich der Sphären. Der Körper des Meisters wird in die Form eines kleinen Babys gebracht und durch die helfende Hand eines gesandten Engels an die wartenden Eltern übergeben. Die Eltern stellen einen Antrag beim Rat der kausalen Inkarnationen mit dem Wunsch, eine Familie zu gründen. Danach wartet das Paar, genau wie ein physisches Elternpaar, einige Monate (gefühlte Zeit) auf die Ankunft des Kindes. Zum Vergleich kann die Zeit in Erdenjahren zwischen vier bis sieben Monaten betragen, je nachdem wie schnell sich eine passende Seele findet, die inkarnieren möchte. Außerdem sollte auch für die Dual- und Zwillingsseele ein passendes Elternhaus gefunden werden, da wir immer bzw. fast immer gemeinsam auf unserem göttlichen Lernweg weiterreisen.

Die Dual- und Zwillingsseele wird meistens etwas entfernt vom eigenen Standpunkt in ein Elternhaus gegeben, damit jeder individuell lernen kann, da wir ohnehin sehr eng mit unseren Dual- und Zwillingsseelen verbunden sind. In seltenen Fällen kommt es sogar vor, dass wir die Dual- oder Zwillingsseele tatsächlich finden und ein gemeinsames Leben mit ihm oder ihr eingehen möchten. Da sich beide Seelen unglaublich ähnlich sind, gestaltet sich das meistens sehr schwieriger.

Von nun an lebt die inkarnierte Seele ein ganz normales Leben mit allen Höhen und Tiefen. Bei der großen Inkarnation wird kein Geistführer zugeteilt, da der Inkarnierte ohnehin jederzeit mit der geistigen Welt und den Großmeistern verbunden ist bzw. frei kommuniziere kann. Auf diesem Weg können wir uns dann für eigene physische Inkarnationen entscheiden. Diese Form der Inkarnation in die Sphären kann als harmonischer Idealfall bezeichnet werden, der für die meisten Seelen zutreffend ist. Natürlich gibt es noch zahlreiche andere Konstellationen, wie sich das Leben gestalten kann!

Die physische Inkarnation

Die meisten Seelen entscheiden sich für eine »kleine«, eine physische Inkarnation, da diese Sphäre einer der schnelllebigsten ist und die Seele die Möglichkeit hat, in kürzester Zeit sehr viel zu lernen. Auch hierfür werden ein Lebensplan erstellt und die dazugehörigen Hauptthemen des bevorstehenden Lebens festgelegt. Berücksichtig werden die systemischen Verbindungen, das Karma, Programme sowie andere Verbindungen und Lernthemen, die für das Leben wichtig sein werden. Danach wird der Körper für die Inkarnation vorbereitet und in die Aura der Mutter eingespeist. Nach und nach tritt die Seele des Kindes in den heranwachsenden Leib in der Gebärmutter ein. Etwa ab dem dritten Schwangerschaftsmonat ist dieser Vorgang vollständig abgeschlossen und das Kind kann geboren werden.

In der heutigen Zeit, wo der Schleier der Inkarnation noch an den meisten Seelen haftet, laufen wir nicht unbedingt »blind« durch das Leben, da wir uns auch auf dieser Sphäre im stetigen Kontakt mit der geistigen Welt befinden, auch wenn wir diese meist nicht sehen oder hören können. Gerade in entspannten Zuständen, wie dem Schlaf oder während einer Meditation, befindet sich das menschliche Gehirn in einem Alphazustand, welcher durch die damit verbundene innere Ruhe für eine erhöhte Aufmerksamkeit sorgt. In diesem Zustand ist das Empfangen von Botschaften auch für diejenigen leicht möglich, die ein Leben ohne spezielle mediale Wahrnehmung vorziehen.

Unser Geistführer oder Schutzengel spricht mit uns über Impulse, die wir meistens als ein »ungutes« oder »bestätigendes« Bauchgefühl wahrnehmen. Sollten wir uns dazu entschließen, mit der geistigen Welt Kontakt aufzunehmen, liegt es immer an uns selbst, wie weit sich unsere göttlichen Gaben entwickeln und ausprägen. Nur wenn wir bereit sind, auch zu geben und nicht nur zu nehmen, fließt die Energie frei und ungehindert.

Auch unsere geliebten Freunde und Familienmitglieder sehnen sich danach, nach uns zu schauen und mit uns zu sprechen. Doch wir bekommen es nicht so mit oder unsere Lieben lassen uns die nötige Zeit, um zu lernen, und warten im Jenseits auf uns. Sie erleben die Zeit einer Inkarnation niemals so lange wie wir, die wir das Leben gerade leben. Im Jenseits entspricht eine Erdenwoche etwa einem astralen Tag! Daher ist eine Inkarnation meisten so lang wie ein »kurzer« Ausflug auf eine andere Sphäre. Das Gefühl von Zeit ist individuell und kann somit auch anders empfunden werden. Die meisten Seelen aus dem Jenseits, mit denen ich gesprochen habe, berichteten mir von einem derartigen »Zeitgefühl«.

Der Sterbeprozess vor dem Tod

Sterben ist die Zeit am Ende eines physischen Lebens, die das Verlassen des Körpers und den Übergang in die jenseitige Welt darstellt. Es ist sehr schwierig, die Grenze zwischen Sterben und Tod genau zu definieren, da jeder diesen Prozess anders empfindet. Aus medizinischer Sicht ist die Grenze sehr klar mit dem Hirntod und dem unumkehrbaren Erlöschen des irdischen Lebens definiert. Ab welchem Zeitpunkt ein Mensch im Sterben liegt, hängt von der Weltanschauungen und dem Kulturkreis des Menschen ab. Jeder Mensch spürt den tatsächlichen Zeitpunkt des physischen Todes individuell und kann ihn auch nur selbst definieren. Dass Sterben und Tod unmittelbar zum Leben gehören, ist vielen erst durch die Bücher der bekannten Sterbeforscherin Dr. Elisabeth Kübler-Ross bewusst geworden. Die *Interviews mit Sterbenden* wurden quasi zur Gründungsurkunde der weltweiten Hospizbewegung, die ein »menschlicheres« Sterben ermöglichen will. Dabei spielen nicht nur die Umgebung und eine emotionale Anteilnahme eine wichtige Rolle, sondern auch die Gesprächen sowie die Begleitung und der Körperkontakt bis hin zum letzten Schritt auf unserer Sphäre. Aus Sicht der geistigen Welt ist niemand allein im Sterben, es ist immer sofort ein Lichtarbeiter und ein persönlicher Engel bereit, um uns den weiteren Weg zu weisen.

Wenn wir uns dazu entschließen, einen Sterbenden zu begleiten, übernehmen wir sicher eine der anspruchsvollsten und schwersten Aufgaben, die sonst nur ausgebildete Ärzte oder Pflegepersonal auf sich nehmen. Dennoch sollte man keine unnötige Scheu davor haben, da wir alle diesen Weg bereits schon früher in einem anderen physischen Leben gegangen sind und diesen Weg auch selber wieder beschreiten müssen, wenn unsere Zeit erst einmal gekommen ist. Diese Erfahrung kann durchaus eine der schwersten sein, jedoch auch zu einem der faszinierendsten Erlebnisse werden, zu denen wir nur selten im Leben Gelegenheit finden.

Es gibt kein Programm oder Rezept, wie wir uns verhalten sollen, allein das menschliche Mitgefühl und Einfühlungsvermögen sollten uns leiten. Dennoch gelang es Dr. Kübler-Ross aufgrund ihrer jahrelangen Sterbeforschung, ein Phasenmodell zu erstellen. Es ist folgendermaßen aufgebaut:

Das Verleugnen

»Das kann überhaupt nicht sein, mir geht es blendend!«
»Mir kann so etwas nicht passieren, das kann nicht sein!«

Erhält der Kranke erst einmal die unumgängliche Diagnose, dass er bald sterben muss, schützt er sich und sein emotionales Befinden durch das Verleugnen. Das zu erwartende Schicksal wird abgelehnt und verdrängt. Innerlich stehen wir unter Schock und verweigern auch die Hilfe des eigenen Umfeldes. Wir treten innerlich in den Streik und wollen nicht wahrhaben, dass ein derartiges Ende zutreffen kann. Der Tod betrifft andere, aber nicht uns selbst.

Verhalten

In dieser Zeit sollten die betroffenen Person weder gemaßregelt noch zurechtgewiesen werden, da dies eine emotional belastende Situation ist und selbst »Gut-Zureden« nicht viel helfen wird. Der Betroffene muss erst lernen, sein Schicksal bewusst anzunehmen, um weitergehen und über den Tod sprechen zu können.

Neid und Zorn

»Warum ausgerechnet ich, warum nicht die anderen?«
»Was habe ich verbrochen, um so leiden zu müssen, das ist ungerecht!«

Hat der Betroffene sich erst einmal mit der Situation abgefunden, assoziiert er seine eigne Hoffnungslosigkeit in Zorn und Wut gegenüber der Außenwelt. Alle anderen werden für das unvermeidliche Schicksal verantwortlich gemacht. Ärzte werden als Versager deklariert und Angehörige meistens viel beschimpft. Die volle Energie des Überlebenswillens entlädt sich dabei und die gefallenen Worte sollten nicht zu persönlich genommen werden, da sich die pure Verzweiflung dahinter verbirgt!

Verhalten

Wir sollten so diplomatisch wie möglich mit dem Betroffenen kommunizieren, da er in einer irrationalen Phase seiner Emotionen festhängt. Hier können wir versuchen, erste behutsame und vorsichtige Gespräche über die derzeitige Situation zu führen, um aus dem Dilemma zu helfen.

Verhandeln

»Bitte, ich will nicht sterben, in Zukunft werde ich auch alles anders machen!«

»Es muss doch noch eine Möglichkeit geben!«

In dieser Phase hat sich der Betroffene bereits mit der Situation abgefunden und versucht, letzte Vorkehrungen zu treffen. Er gibt sich und Gott verschiedene Versprechen, um dem Tod noch eine Zeit lang entrinnen zu können, da noch so viel erledigt werden sollte. Hierbei klammert er sich an alle Arten der Hilfe, die in dieser Zeit noch etwas Hoffnung geben können (verschiedene Therapien, spirituelle Hilfe, wie z. B. Wahrsagen oder Wallfahrten).

Verhalten

Hier kann die Hoffnung des Kranken ruhig bestärkt werden, jedoch sollten wir ihn vor unrealistischen Heilungsmöglichkeiten und Illusionen bewahren, da er in dieser Phase alles annimmt, was Heilung bieten kann. Durch mitfühlende Gespräche sollten wir darauf achten, dass der Patient auf dem Boden der Tatsachen bleibt.

Depression, Vergangenheit und Zukunft

»Das bringt alles sowieso nichts mehr, es ist zu spät!«
»Mein Leben war so wunderschön, wie soll es mit mir weiter gehen?«

Der Patient blickt auf sein Leben und führt ständig Rückschauen durch. Hier sollten wir viel Geduld aufbringen und uns das aufregende Leben des Sterbenden anhören, da ihm nichts anderes mehr Freude bereitet. Er macht sich Gedanken, wie sein Leben weitergehen soll und was nach dem Tod mit ihm passieren wird. In dieser Phase können nächtliche Angstattacken auftreten. Häufig wird psychologische Hilfe oder Sterbebegleitung in Anspruch genommen.

Verhalten

Der Sterbende soll wissen, dass es in einer Situation wie dieser ganz normal ist, traurig zu sein. Die Trauer um das vergängliche Leben und die Angst vor dem Tod sollten herausgelassen werden. Der Sterbende sollte sich mit liebevollen Worten zerstreuen. Auch Informationen über das Leben nach dem Tod und viel Zeit für Gespräche können manchen Personen Trost spenden und ein neues Ziel erscheinen lassen.

Akzeptieren

»Wenn meine Zeit gekommen ist, dann muss ich gehen!«
»Ich bitte Gott, meiner Seele gnädig zu sein!«

Der Sterbende wird in dieser Phase viel ruhiger und nimmt sein Schicksal voll an. Er spricht bereits ganz offen über seine Krankheit und beginnt sogar, seine Hinterlassenschaften zu regeln. Die Gespräche werden in dieser Zeit als die letzten erkannt und sind besonders wertvoll für den Betroffenen.

Verhalten

Die Wünsche und Anweisungen des Sterbenden sollten ernsthaft aufgenommen und möglichst bald auch erfüllt werden. Wir sollten dem Betroffenen die Angst nehmen, dass er nach seinem Tod vergessen wird. Es genügt schon die bloße Anwesenheit eines geliebten Menschen, da der Patient diese Person sicherlich spüren kann.

Die Phasen verlaufen oft in unterschiedlicher Reihenfolge oder sie können sich wiederholen. Der Tod aber ist nicht berechenbar und kann in jeder Phase eintreffen. Meistens warten die Erkrankten auch einen Moment der Ruhe ab und sterben in aller Stille, da die Seele die Anwesenheit der geistigen Helfer spürt und bereit ist mitzugehen.

Der Sterbeprozess nach dem Tod

Ist die Seele erst einmal bereit, sich vom physischen Leben zu verabschieden, tritt ein bereits vor der Geburt manifestiertes Programm in Kraft, das uns die Richtung zum Lebensende weist, damit wir ins Jenseits zurückgelangen. Dies wird in den seltensten Fällen bewusst wahrgenommen, wir spüren dann den baldigen Tod. Viele von uns haben eine Vorahnung, ob sie früh sterben werden oder bis ins hohe Alter auf dieser Sphäre verweilen wollen. Ist man bereit, die Heimreise anzutreten, gelangen wir in Situationen (z. B. Krankheit, Unfall oder Mord), die uns dies ermöglichen, auch wenn die Ursache meist als ungerecht angesehen wird. Wir können nicht so einfach begreifen, weshalb wir auf eine bestimmte Weise gehen müssen. Dafür gibt es so viele Möglichkeiten (Karma, Schicksal oder Bestimmung), dass jeder nur für sich selbst entscheiden oder fühlen kann, was die Antwort auf die berühmte Frage nach dem Grund ist.

Jeder von uns wird diese Sphäre eines Tages verlassen, um in dem liebevollen Kreis der jenseitigen Familie wieder Platz zu nehmen, den wir durch dieses Leben auch zuletzt verlassen haben. Niemand muss sich vor dem Tod fürchten, da dieser ab dem Moment des abgelegten Körpers als etwas Schönes und Befreiendes gesehen werden kann.

Ich selbst hatte bereits einmal in meinem jungen Leben eine derartige Erfahrung, die auch als Nahtoderfahrung (NTE) bezeichnet wird. Ich sah einen Tunnel und das Licht und erlebte mich außerhalb meines Körpers. Jedoch war meine Zeit noch nicht gekommen, sodass der Großmeister Aman (Oberhaupt des Kausalen Rats) und der Erzengel Haniel mir in das physische Leben zurückhalfen. Danach erlebte ich meinen physischen Körper und das Leben ganz neu und erlangte eine erweiterte Sicht über den unermesslichen Schatz, leben zu dürfen! Meine Großmeister El Morya, Saint Germain, Erzengel Michael und ganz speziell Aman und Haniel waren in dieser Zeit nicht nur als Meister, sondern auch als liebe Freunde für mich da, wofür ich ihnen an dieser Stelle auch von ganzem Herzen danken möchte, da dies nicht als selbstverständlich angesehen werden sollte!

Die Dinge, die uns nach dem physischen Tod beeindrucken und prägen können, sind immer durch die persönliche Sicht geprägt. Jedoch möchte ich versuchen, die prägnantesten Themen, die aus zahlreichen NTE-Fällen hervorgingen, mithilfe der Großmeister El Morya, Saint Germain und Erzengel Michael näher zu beschreiben. Ich hoffe, Ihnen damit einen Eindruck geben zu können, was uns erwarten kann, sollte unsere Zeit auf dieser Sphäre zu Ende sein. So kann ich Ihnen vielleicht die unbegründete Angst vor dem Tod und dem Leben nach dem Tod nehmen. Jeder erlebt diese Themen anders!

Das Ablegen des physischen Körpers

Das Verlassen des eigenen Körpers kann nicht nur beim physischen Tod erlebt werden, sondern auch bei intensiven Astralreisen oder in tiefer Trance, wenn der Körper nur mehr ganz fein gefühlt wird. Ich habe diese Zustände schon unter Überwachung durch meine Großmeister ausprobiert und die Erlangung dieser Zustände trainiert. Wenn wir den physischen Körper ablegen und dies auch bewusst wahrnehmen, werden das Körpergefühl und die starke Verbindung und Identifikation mit dem Körper als »Ich selbst« langsam weniger, bis es komplett verschwunden ist. Hierbei sammelt sich der gesamte energetische Bereich der Seele (Aura und Energien im Körperinneren) im göttlichen Kern, bis er den physischen Körper über das Kronenchakra am Kopfscheitel verlässt. Das Kronenchakra ist ein allgemein großer und leicht zu durchschreitender Ausgang, der von der Seele am häufigsten gewählt wird. Die Seele kann den Körper aber auch an jeder Stelle verlassen kann, wenn sie austreten möchte.

Der göttliche Kern ist energetisch gesehen die am stärksten konzentrierte Stelle unserer Seele (Dichte). Dieser Kern befindet sich in unserem Bauchraum, wobei gesagt werden muss, dass auch hier individuelle Abweichungen von Mensch zu Mensch vorkommen können. Von dort strahlen auch die restlichen Energien unserer Seele aus, die als Aura bezeichnet werden. Wenn wir uns selbst als Seele sehen und eine Form bestimmen möchten, sehen wir alle aus wie runde Energiekugeln.

Der Körper ist lediglich eine Form, die wir selbst gewählt haben, um uns optisch zu bestimmen. Fühlen wir uns unzufrieden mit unserem Körper, sollten wir vielleicht erkennen, dass der Körper nur eine gedankliche Form ist, und daran denken, dass wir alle göttlicher Natur sind, was die Perfektion einschließt.

Nach dem Austreten aus dem physischen Körper reißt auch die letzte energetische Verbindung, die uns an ihn gebunden hat, die bekannte

Silberschnur. Sie ist ein energetisches Netzwerk der Seelenenergie, das sich mit den physischen Zellen verband, um in dem Körper zu reisen. Wenn wir aus dem Körper austreten, wird aus diesem Netzwerk eine fein gebündelte Schnur, die letztlich beim Tod reißt. Ist dies geschehen, gibt es kein Zurück mehr, da der Körper keine Energieversorgung mehr hat und die Zellen absterben. Eine energielose Hülle bleibt zurück und auch der Mensch kann sich nicht mehr mit diesem Körper identifizieren, da energetisch nichts mehr an ihn erinnert. Deshalb sprechen wir auch davon, dass dieser Leib nicht mehr der geliebte Mensch ist, sondern nur mehr seine Überreste.

Die Seele nimmt absolut alles mit, was im Leben erlebt wurde, da dies unser Sein ausmacht. Jedoch sind auch in den Körperzellen des physischen Körpers alle Eindrücke und Erlebnisse gespeichert, die wir in Erfahrung gebracht haben, als wir auf der physischen Sphäre wanderten. Da unser Körper nach dem Tod wieder mit Mutter Erde verschmilzt, können wir diese doppelt gespeicherten Informationen als Geschenk ansehen, da auch Lady Gaia aus ihnen lernen und wachsen kann. Die Informationen werden auch im Falle einer Organspende weitergegeben und der Empfänger nimmt sie in seinen Körper auf. Energetisch gesehen, können wir um Transformation und somit um das Neutralisieren dieser Informationen bitten, damit der eigene Körper nicht irritiert oder gar belastet wird.

Der Tunnel

Der Tunnel gleicht nicht im eigentlichen Sinne einem Tunnel, sondern vielmehr wird er als solcher wahrgenommen. Der leere schwarze Raum ist nur ein Symbol des Ortes, an dem wir nicht mehr zu verweilen haben. Der physische Körper ist selbst der Tunnel, aus dem wir austreten. Nachdem sich unsere Seele im Zentrum unseres Körpers gesammelt hat, nimmt sie ihre Umgebung auch aus diesem Standpunkt wahr, was nicht zwingend als ein schwarzer leerer Raum gesehen werden muss. Das Austreten der Seele aus dem Körperinneren über das Kronenchakra geht meistens so schnell, dass wir nur selten ein Gefühl von Zeit oder Raum in diesem Moment empfinden. Der physischen Körper ist keine große Strecke für den Austritt der Seele. Was zurückbleibt, ist lediglich die materielle Hülle, mit der wir wanderten, um Erfahrungen auf dieser Sphäre zu sammeln.

Begibt sich unsere Seele auf die Weiterreise und tritt aus dem Körper aus, kann es auch vorkommen, dass sie andere Wege als die üblichen wählt. Diese nennen wir die »Fluchtwege« der Seele, an denen ein Lichtarbeiter auf sie wartet. Hier kann es vorkommen, dass die Seele entweder an einen von ihr selbst bestimmten Ort flüchtet, wo sie glaubt, Ruhe zu finden, oder dass sie sich entschließt, sofort wieder zu inkarnieren.

Das weiße Licht

Meistens wird von einem hellen Licht am Ende des Tunnels berichtet, was als Gotteslicht bzw. als Ziel der Seele, das Jenseits, empfunden wird. Viele berichten davon, dass sie am Ende des Tunnels bereits eine große schöne Wesenheit oder auch verstorbene Bekannte wahrgenommen haben. Das Licht kann unser eigenes Kronenchakra sein, das aufgrund unserer Position im Körperinneren als heller Ausgang gesehen wird, oder es ist ein manifestierter Raum des Lichtarbeiters, um der Seele das Gefühl von Wärme und Liebe zu vermitteln. Licht ist allgemein das Symbol für das Göttliche und Heilige, daher wird davon auch am häufigsten in NTE-Berichten gesprochen.

Lichtgestalten, Engel oder Bekannte

Niemand von uns muss allein sterben. Ist unsere Zeit erst einmal gekommen, steht schon ein aufgestiegener Meister, der als Lichtarbeiter oder wunderschöne Wesenheit gesehen wird, bereit, um uns den Weg ins Jenseits zu weisen. Dort nehmen wir unseren Platz in der göttlichen Ordnung wieder ein. Die Bearbeitung der Sterbefälle der physischen Sphäre obliegt einer eigenen Abteilung im Brennpunkt und wird von den aufgestiegenen Meistern der Weisheit überwacht. Diese Abteilung trägt den Namen »Rat der Wegweisung« und besteht aus einer Vielzahl von aufgestiegenen Meistern, die ihre Inkarnationen bereits abgeschlossenen haben und den Sterbeprozess sehr gut kennen.

Diese Meister nehmen uns in Empfang und begleiten uns auf dem weiteren Weg. Hierzu können auch Engel oder uns bekannte, verstorbene Personen kommen. Schon oft wurde von Personen, die eine Nahtoderfahrung hatten, berichtet, dass die Meister des »Rates der Wegweisung« von großer und anmutiger Gestalt sind. Sie tragen z. B. wallenden weißen Gewänder und haben feinen Gesichtszüge. Dennoch möchte ich sagen, dass sicherlich jeder nach dem Tod ein anderes Empfinden bzw. einen anderen Eindruck von diesen Ereignissen hat und sie auch anders beschreibt. So kann es auch vorkommen, dass manche Person den Weg des Todes lieber allein gehen möchte, was ebenfalls gewährt wird.

Gefühle von Glück

Wenn wir erst einmal den physischen Körper verlassen haben, spüren wir sofort die erheblich feinstofflichere Konsistenz des astralen Körpers und das damit verbundene Wachsen der Feinfühligkeit. Die Energieflüsse in und um den Körper werden viel deutlicher und bewusster wahrgenommen, sodass sich alle Sinne voll aktiv und konzentriert auf das nun folgende Erlebnis richten. Daher werden die Eindrücke in dieser Situation auch meist als ungewohnt deutlich, farbenprächtig und gefühlvoll empfunden und meistens auch von einem schönen Klang begleitet. Wenn wir vor dem Lichtarbeiter stehen, manifestiert dieser eine eigene Umgebung, in der wir uns geborgen, wohl und losgelöst von jeglichen Ängsten fühlen sollen. Wir empfinden das berühmte Gefühl höchsten Glücks und bekommen einen ersten Eindruck von der absoluten Herrlichkeit der jenseitigen Welt. So soll uns das Weitergehen und Loslassen des physischen, jedoch vergangenen Lebens erleichtert werden. Wenn wir weitergehen, brauchen wir keine Angst mehr zu empfinden und können die darauffolgenden Ereignisse freudig annehmen. Wenn wir jedoch in den physischen Körper und in das Leben zurückkehren, können wir diese wunderschönen Eindrücke all denen berichten, die noch eine unbegründete Angst vor dem Tod empfinden.

Die Grenze zwischen Leben und Tod
Niemand von uns wird zum Weitergehen und dem damit verbundenen physischen Tod gezwungen. Auch wenn oberflächlich meist nur schwer zu verstehen ist, warum jemand sterben »musste«, sucht sich jeder sein eigenes Ende selbst aus. So auch an der geistigen Schwelle vor dem Lichtarbeiter wo wir entscheiden müssen, ob wir wieder ins Jenseits einkehren möchten oder ob unser physisches Leben noch weitergehen soll. Der Lichtarbeiter fühlt, was unsere Seele im tiefsten Inneren wünscht und stellt entsprechende Fragen, um uns bei dieser schweren Entscheidung zu helfen. Meistens ist der Todeswunsch derart klar, dass eigentlich keine Worte mehr fallen müssen, dennoch kann ganz normal besprochen werden, was uns bewegt. Der Lichtarbeiter respektiert jeden tiefen Seelenwunsch und leitet daraufhin die entsprechenden Schritte ein, um ihm Folge zu leisten. Es gibt keine Grenze im eigentlichen Sinne, diese ist viel mehr das Wollen der Seele und die Folge davon.

Mögliche Rückkehr
Wenn wir davon sprechen, dass jemand aus dem Jenseits wieder zurückkehrte, ist die Silberschnur nicht abgerissen. Da sie unglaublich elastisch ist und Entfernungen keine Rolle spielen, wird der Wiedereintritt in den Körper meistens als ein regelrechtes Zurückschnalzen wahrgenommen. Die Energieversorgung des physischen Körpers ist in diesem Fall noch vorhanden, was aber nur schwer gemessen oder belegt werden kann. Für die Rückkehr in den Körper gibt es viele Gründe. Meistens ist die Zeit noch nicht abgelaufen oder die Nahtoderfahrung war wichtig für den weiteren Verlauf des Lebens. Jeder empfindet anders, ob dies eine schöne oder eher schmerzvolle Erfahrung ist. Viele berichten davon, dass sie

den physischen Körper als etwas Lästiges und Schmerzvolles empfinden, ab dem Moment wo sie ihn wieder anlegen mussten. Andere sind überglücklich, ihr Leben nicht verloren zu haben. Ich kann sagen, dass die Rückkehr in meinen Körper nach meinem NTE eine eher unangenehme Erfahrung war, da mein Körper unter dem erheblichen Energieverlust gelitten hat und es mir tagelang sehr schlecht ging. Auch das Gefühl der Leichtigkeit und Freiheit ist etwas, das wir nur sehr schwer wieder eintauschen möchten. Dennoch danke ich Gott dafür, noch am Leben zu sein, da ich noch so unendlich viel vor habe und meine Seele das physische Leben missen würde! Wäre es anders gekommen, könnten Sie jetzt dieses – für mich persönlich – wertvolle Buch nicht lesen und meine Familie müsste um mein junges Leben trauern. So hat auch eine Rückkehr immer einen unendlich wertvollen Sinn für uns selbst und für das große Ganze.

Visuelle Eindrücke

Wenn wir uns für das Weitergehen entscheiden und wieder zu unseren Lieben ins Jenseits zurückkehren möchten, beginnen die ersten visuellen Eindrücke nach dem Tod auf uns zu wirken. Diese sind meistens von einem unermesslichen Eindruck und von einer derart prägenden Natur, dass wir sie noch lange in unserer Erinnerung tragen werden. Hier erleben wir, wie wir von verschiedenen Personen, aufgestiegenen Meistern und Lichtarbeitern beschützt und begleitet werden auf dem Weg der nun folgenden Transformation des Erlebten. Dies geschieht in einem eigens dafür manifestierten Tempel der physischen Klärung in der Ätherwelt, wo wir ganz persönlich und liebevoll betreut werden.

Wir werden von unserem Lichtarbeiter an einen Ort geführt der einem unendlichen Garten mit tausenden klarweißen Pavillons gleicht, in dem wir mit einem Meister Platz nehmen dürfen, um ein erstes Vorgespräch zum bevorstehenden Transformationsschlaf zu führen. Dies könnte man mit einem persönlichen und vor allem psychologisch klärenden Gespräch vergleichen, was auch als Beginn der Reinigung gesehen werden kann. Der Pavillon ist rund und mit grünen Ranken und Blumen geschmückt. Er erinnert an einen wunderschönen Sommertag im Garten, jedoch in einer sehr mystischen Natur. Wir nehmen auf einer Bank aus weißem Marmor Platz, in deren Mitte ein großer Monitor steht, der uns beim Erinnern an Situation des vergangenen Lebens helfen soll. Der Monitor vermittelt uns das eigene Leben wie einen Kinofilm, so sollen gerade emotional sehr geprägte Situationen gemildert werden. Es fällt uns auch leichter, über diese zu sprechen, wobei bereits ein Teil verarbeitet werden kann, um in den Zellen zu versinken, damit sie uns in Zukunft nicht mehr belasten oder blockieren können. Dies ist eines der üblichsten Verfahren nach dem Tod, jedoch gibt es viele Möglichkeiten, uns zu beeindrucken. Jeder von uns ist einzigartig und erlebt sein Leben ebenso individuell.

Rückschau auf das Leben

Wenn wir bereit sind, uns zur Ruhe zu betten, um das gesamte physische Leben zu verarbeiten, indem wir es wie in einem Traum noch einmal durchlaufen, werden wir von unserem Meister für diesen Schritt vorbereitet. Hierfür geleitet uns der Meister vom Pavillon – oder wo auch immer wir nach dem Tod zuerst Platz genommen haben – in einen weißen Raum, in dessen Mitte ein kuscheliges Himmelbett steht. Hier dürfen wir Platz nehmen, um in einen tiefen Schlaf zu versinken, in dem wir verarbeiten, was wir erlebt haben. Dies machen wir auch auf der Erde jede Nacht im kleineren Ausmaß, wenn wir das Tagesgeschehen verarbeiten möchten. Jedoch sehen wir nach dem Aufwachen nicht ganz so zerknirscht aus, sondern strahlen vor Energie und sind bereit, das Leben wieder anzunehmen. Diesen Schritt muss jeder allein gehen, da es sich hierbei um unsere eigene Sichtweise des Lebens handelt. Dieser Schlaf kann somit je nach Dauer des Lebens mehrere Wochen bis Monate dauern (nach physischer Zeitrechnung). Daher auch der Spruch »Ruhe in Frieden«, der ein Ausdruck der friedvollen Verarbeitung und nicht des »endgültigen« Todes darstellen soll. In dieser Zeit ist der verstorbene

Angehörige wie eine tief schlafende Person zu sehen, mit der wir durchaus auch sprechen können, da die Seele den Kontakt klar und deutlich wahrnimmt, jedoch kann sie in diesem Zustand wie jeder Schlafende nicht gut auf das Gespräch eingehen. Daher ist es eher ratsam, den lieben Verstorbenen eine Zeit lang in Ruhe verarbeiten zu lassen. Geht uns der Tod des Angehörigen zu nahe und verspüren wir aus tiefster Seele das Bedürfnis, zu ihm sprechen zu wollen, sollten wir dies auch tun. Der Verstorbene möchte lieber die liebevollen Worte vernehmen, als zu spüren, dass jemand vor Trauer vergeht. Bei der Rückschau wird uns auch klar, worin der Sinn der einzelnen Geschehnisse liegt, die wir vorher nicht auf eine derart objektive Weise sehen konnten, da sie uns als ungerecht oder einfach nur unverständlich erschienen. Wir sehen diese Dinge dann aus der Sicht unserer unsterblichen und tiefen Seele, dem Höheren Selbst. Erwachen wir aus diesem Schlaf, werden wir meistens schon erwartet, da unsere Angehörigen im Jenseits von unserer Ankunft durch einen Lichtarbeiter informiert wurden. Diese können uns direkt am Bett abholen, wo wir einen Moment der Ruhe genießen können, da wir hier völlig ungestört sind, oder wir begeben uns mithilfe des gedanklichen Reisens an den gewünschten Ort.

Wissen und Vertrautheit

Nach dem Schlaf erlangen wir das gewohnte jenseitige Wissen wieder und sind der altaramäischen Sprache wieder mächtig, die in unserem Universum als gängigste Sprache gilt. Auch das Erlernte, die Lebensumstände und Erinnerungen des Jenseitslebens befinden sich wieder im normalen Tagesbewusstsein und erlauben uns, sofort die gewohnten Tätigkeiten anzunehmen, die wir vor unserer Inkarnation niedergelegt haben. Alles, was wir bereits erlebt haben, steht als Erinnerung in unserem Bewusstsein zur Verfügung, jedoch verblasst diese im Laufe der Jahrtausende wie jede andere Erinnerung langsam. Diese erscheinen meist als Traum, Gedankenblitz oder lediglich als Ahnung. Erinnerungen aus früheren Inkarnationen sind nicht nur ein Phänomen des Jenseitslebens, sondern können auch in Rückführungen oder Trancereisen im physischen Körper abgefragt werden, da die Körperform niemals eine Rolle für das Bewusstsein spielt. Fast jeder hat schon einmal einen Moment erlebt, wo er ahnte, was er bereits erlebt hat und was nicht aus dem derzeitigen Leben stammen konnte. Diese Informationen sind meist durch einen Seelenimpuls in Erscheinung getreten und sollen uns beim gegenwärtigen Leben Hilfe leisten. Diese Impulse erhalten wir überall, wo wir gerade sind, unabhängig von unserem Zustand und unserem Glauben, damit wir immer voranschreiten können auf unserem Seelenweg.

Die Umgebung und die uns begegnenden Personen dieser Sphäre werden ganz normal erkannt und wirken sofort vertraut, jedoch spüren wir, dass wir sie länger nicht gesehen und vor allem in unserem direkten Umfeld empfunden haben. So bleiben überschwängliche und liebevolle Begrüßungen nicht aus, da auch unsere Lieben lange auf uns warten mussten und uns vermisst haben. Diese Momente des Glücks lassen uns aber dennoch die uns ans Herz gewachsenen Personen des physischen Lebens nicht vergessen. Wir besuchen sie nur allzu gern, um nach wie vor ein Teil von ihnen sein zu können, bis diese ebenfalls im Jenseits begrüßt werden. So gewinnen wir in einer Inkarnation viele Freunde und wertvolle Personen, die wir auch im Jenseits noch lange an unserer Seite finden. Eine Inkarnation sollte somit nicht lediglich als »Ausflug« oder »Arbeitstag« gesehen werden, sondern vielmehr als ein großer Neubeginn der Seele für eine bestimmte Zeit, wobei wir unser gewohntes Leben wieder aufnehmen, wenn das physische Leben durch den Tod endet.

Nahtoderfahrungen

Unter einer Nahtoderfahrung (NTE) versteht man ein Phänomen, bei dem Menschen für eine begrenzte Zeit in die Situation des klinischen Todes geraten, beispielsweise während einer Operation oder eines Verkehrsunfalles. Hierbei unterscheiden sich die Berichte der Betroffenen nur in ihren Details, aber die bereits beschriebenen Grundthemen sind dennoch meistens die gleichen. Diese Berichte wurden teilweise rein religiös gedeutet, können jedoch mittlerweile auch wissenschaftlich durch die Thanatologie (Sterbeforschung) interpretiert werden. In diesem Zusammenhang stehen auch die außerkörperlichen Erfahrungen (engl. Out-of-the-Body-Experience – OBE), wobei sich der Mensch in einer Art Vogelperspektive oder neben seinem physischen Körper wahrnimmt und meistens genau beschreiben kann, was in diesem Moment geschieht. Zahlreiche Berichte wurden von Augenzeugen dieser Situation bestätigt und belegen, dass der Betroffene in dieser Situation selber keinerlei Reaktionen zeigte. Immerhin 15–35 % aller Erwachsenen aus den verschiedensten Ländern und Kulturkreisen geben an, solche Erlebnisse schon einmal gehabt zu haben!

DIE ZWILLINGSSEELE

Entscheidet sich unsere Seele für die Wanderschaft durch das Leben in den Universen, wird ein passender Körper geformt. Nach dem göttlichen Prinzip der Dualität entstehen aus ein und derselben Matrix immer ein weiblicher und ein männlicher Körper. Unsere Zwillingsseele ist ein ewiger Spiegel des weiblichen oder männlichen Selbst. Das muss aber nicht heißen, dass wir komplett gleich sind. Auch der Zwilling hat eigenen Stärken, Vorlieben oder Eigenschaften, worin wir uns ergänzen können. Wir müssen nicht ewig dasselbe Geschlecht als Zwilling haben, da auch unsere Zwillingsseele im Laufe ihrer Reise ein anderes Geschlecht annehmen kann, um ihre Lernaufgaben zu erfahren. Hieraus kann eine gleichgeschlechtliche Anziehung oder Neigung für diese Zeit entstehen, da wir unseren Zwilling immer an unserer Seite spüren. Unseren Zwilling können wir unendlich gut, aber auch weniger gut kennen, dies spielt keine Rolle für unsere Seele, da wir unseren Zwilling ewig an unserer Seite wissen und auch spüren. Er reist seit Anbeginn unserer Wanderschaft an unserer Seite.

Somit ist durch das göttliche Gesetz geregelt, dass wir niemals allein sein müssen. Meistens gestaltet sich die Suche nach unserem Zwilling jedoch etwas schwierig, da er nicht unbedingt auf derselben Sphäre, im selben Brennpunkt, im selben Sonnensystems oder derselben Galaxie leben muss. Er kann sich frei im Universum bewegen und sollte lediglich beim Wechseln der Sphären oder Dimensionen an unserer Seite weilen. Wenn unser Zwilling in diesen Momenten eine Familie hat oder durch andere Gründe verhindert ist, kann es durchaus zu längeren »Wartezeiten« kommen bis wir weiterreisen können. Natürlich kann es auch vorkommen, dass wir eine enge Verbindung zu unserem Zwilling haben und mit ihm direkt als Ehepaar oder in einer anderen

Partnerschaft reisen. Ich habe das große Glück, meine Zwillingsseele Mandalf direkt zu kennen, und ich reise schon ewig mit ihm gemeinsam auf unserem Seelenweg.

Gerade meine Zwillingsseele ist mir als Person tatsächlich schon fast erschreckend ähnlich, auch optisch. Meine Zwillingsseele erscheint wie ein »richtiger« Zwilling, so wie wir Zwillinge auch aus der physischen Sphäre kennen. Ich weiß hierbei genau, wovon ich spreche, da ich eine Zwillingsschwester in diesem Leben habe, die mir unglaublich am Herzen liegt. Ihr Name ist Christina und ich kann behaupten, dass uns nichts trennen kann. So können wir die Zuteilung eines physischen Zwillings als Beispiel des Mikrokosmos sehen, der einen Spiegel für den Seelenzwilling des Makrokosmos darstellt. Der physische Zwilling besteht aus einer gemeinsamen Körpermatrix und nicht zwingend auch aus einer gemeinsamen Seelenmatrix, wie es bei unserem Seelenzwilling oft der Fall ist. Generell lässt sich sagen, dass wir im Gegensatz zu unserem physischen Zwilling ewig mit unserem kosmischen Zwilling zu reisen scheinen, wenn wir einen zur Seite gestellt bekommen haben. Ich erwähne dies, da es natürlich kein »Muss« ist, dass wir als Zwilling geboren werden, genau wie im physischen Leben, da das göttliche Prinzip der Dualität in jeder einzelnen Zelle schwingt!

DIE DUALSEELE

Entscheidet sich unsere Seele dazu, den körperlichen Schwingungszustand zu ändern, erhalten wir einen komplett neuen Körper mit einer
neuen Frequenz. Wenn wir z. B. von einer bestimmten Frequenz in die
astrale Frequenz wechseln, dann reisen wir in einem astralen Körper
weiter. Nach dem göttlichen Prinzip des körperlichen Formens erhalten wir auch hier in den meisten Fällen ein männliches oder weibliches
Gegenstück. Die Dualseele besteht in den meisten Fällen nicht aus der
gleichen Seelenmatrix, wie es z. B. bei einem Seelenzwilling der Fall sein
kann, sondern wird uns als individueller Wegbegleiter zur Seite gestellt.
Lediglich der neu geformte Körper schwingt in der gleichen Frequenz.
So sind wir fortan von dualer Körperfrequenz wie unsere Dualseele, die
persönlichen Eigenschaften differieren jedoch. Auch die Dualseele reist
mit uns gemeinsam, solange wir uns dieser Frequenz bedienen. Sie kann
sich jedoch im Laufe der Ewigkeit einen anderen Seelenweg aussuchen
und weiterziehen. Auch zu unserer Dualseele haben wir einen energetisch engen Kontakt, da wir gemeinsam lernen. Wir können nicht sagen,
wo sich unsere Dualseele befindet, da auch sie sich im Universum frei
bewegen kann.
So kann es im Laufe der Ewigkeit dazu kommen, dass wir mehrere Dualseelen erhalten, wenn wir unsere Körperfrequenz bereits mehrmals
gewechselt haben und unsere bereits vorhandenen Dualseelen mit in
diesen Zustand wechseln. Ich habe beispielsweise bereits drei Dualseelen
erhalten. Ich bin also eine fest entschlossene Person bei der Auswahl
meiner fixen Wegbegleiter, welche sich immer wieder für die gemeinsame
Reise mit mir entschieden haben. Meine Dualseelen sind der aufgestiegene Meister Amuel, der im Kausalen Rat arbeitet, der neue Chohan
Metatron, der an die Stelle von Lady Nada getreten ist, und der Meister
Zikon, den ich in dieser Inkarnation noch nicht kennenlernen durfte.
Die Begegnungen mit meinen Dualseelen oder meiner Zwillingsseele wa-

ren durchaus liebevoll, interessant und auch sehr lustig. Wenn wir Kontakt mit der geistigen Welt haben, sollten wir auch viel Spaß verstehen können, da auch die Meister immer für einen Spaß zu haben sind.

DIE FLUCHTWEGE DER SEELE
Chohan El Morya

Nach dem physischen Tod erwartet uns bzw. die meisten Menschen ein schönes und erfülltes Leben, das wir uns aufgebaut haben. Unsere Lieben warten freudig auf unsere Rückkehr in den Kreis der Familie und wir finden unsere wohlverdiente Ruhe nach einer anstrengenden Inkarnation. In manchen Fällen kann es jedoch passieren, dass die Seele ein derartiges Leid erfahren hat oder sich aus anderen Gründen dafür entscheidet, nicht den »normalen« Weg nach dem Tod in die Äthersphäre oder die astralen Sphären anzutreten. So kann es passieren, dass sich jemand nach dem Austritt aus dem physischen Leib von seinem Lichtarbeiter losreißt und einen anderen Weg einschlägt, die Seele »entwischt« sozusagen. Der Lichtarbeiter macht sich dann auf die Suche nach seinem Schützling, was sich in den unendlichen Möglichkeiten der Seelenreise, oftmals schwierig gestaltet. Die reisende Seele könnte überallhin entwischt sein. Es kann aber nicht passieren, dass eine Seele »verloren« geht, schon gar nicht nach dem physischen Tod. Es gibt eine Ausnahme, wenn die Seele sich wünscht, nicht gefunden zu werden. Wenn wir sterben, kann es passieren, dass unsere Seele aus reiner Verzweiflung an einen Ort gehen möchte, wo sie auf Gleichgesinnte trifft, oder sie möchte umgehend eine neue Chance haben und inkarniert blitzartig in den Leib einer auserwählten Mutter. Die Entscheidung darüber fällt unsere Seele selbst, wobei auch die Seele der zukünftigen Mutter auf geistiger Ebene zustimmen muss, da sonst keine Empfängnis möglich wäre. Jeder Wunsch wird respektiert, da er für den Lebens- und Lernweg unermesslich wichtig ist. Meistens müssen die Gegebenheiten für diese Wünsche erst angepasst werden, was einiger Vorbereitung bedarf.

So kann es auch passieren, dass eine Mutter plötzliche eine Fehlgeburt erleidet oder es zu einem frühen Kindstod kommt. Hierbei wird zum

Wohle der zu inkarnierenden Seele, die noch nicht bereit für ein physisches Leben ist, und auch zum Wohl der Mutter entschieden. Auf längere Zeit gesehen ist es meist der »bessere« oder »vernünftigere« Weg, da Seelen, die zu einem neuen Leben noch nicht bzw. doch nicht bereit sind, meistens zu voreiligen Methoden wie z. B. dem Selbstmord greifen. Es wird individuell entschieden, was schonender für die Seele und zum Wohl aller Beteiligten ist. Dies kann auch eine unglaublich harte, aber für die Seele wertvolle Lernaufgabe sein.

Selbstmord

Entscheidet sich eine Seele zu dem letzten Schritt, den wir gehen können, und zwar dem Selbstmord, flüchtet sie aus dem eigenen Leben in eine andere Welt. Leider bedenkt viele dabei nicht, dass wir auch nach dem physischen Tod derselbe Mensch bzw. dieselbe Seele bleiben und vor unseren Problemen nicht weglaufen können. Auch nach dem Tod können uns belastende Gefühle, Depressionen oder andere emotionale Blockaden einholen, die uns das Weiterleben in den anderen Sphären nicht gerade einfacher machen. Selbstmord ist keine Lösung oder ein Ausweg, da unsere Seele immer verlangt hinzuschauen, was uns beschäftigt und woraus wir lernen können. Wir sollten jede einzelne Gelegenheit wahrnehmen, im Hier und Jetzt an uns und an unserer Seele zu arbeiten.

Auch unseren Lieben im Jenseits ist nicht geholfen, wenn wir völlig zerknirscht und verletzt nach Hause kommen, ohne wirklich an unserem eigentlichen Problem gearbeitet zu haben, besonders wenn uns z. B. eine eigenen Familie mit kleinen Kindern erwartet. Viele Menschen denken nicht daran oder wissen es eben nicht besser. Die Inkarnation sollte ein aufregender, turbulenter, vielleicht auch harter, aber trotzdem schöner und lehrreicher Ausflug unserer Seele auf die physische Sphäre sein, wovon wir unseren Lieben zu Hause berichten können. Gerade unserer Bekannten im Jenseits, die noch nicht oder noch nicht so oft inkarniert sind, werden ganz gespannt unseren Berichten lauschen. Es erwarten uns sicherlich unglaublich viele Fragen über das Erlebte und wie wir gelebt haben.

Auch wenn oft berichtet wird, dass unsere Seele verdammt und durch Karma bestraft wird, wenn wir aus purer Verzweiflung Selbstmord begehen, muss ich an dieser Stelle eindeutig diesen Irrglauben ausräumen. Obwohl wir unser eigenes Leben, das wir uns selbst ausgesucht haben, nicht mehr leben wollen, bestraft uns niemand für diesen Abbruch. Eine Bestrafung widerspräche dem Glauben an die All-Liebe, dem gegenseitigen Respekt und der Vergebung, da wir alle für uns selbst verantwortlich sind und unseren eigenen Impulsen Folge leisten sollten. Niemand kann uns zwingen, an einem Ort zu verweilen, wenn wir doch als unsterbliche Seelen überall leben können. Jedoch muss an dieser Stelle erwähnt werden, dass sehr viele Mitmenschen in den Sphären an unserer Inkarnation mitgeholfen haben. So wurde z. B. ein geeigneter Lebensplan mit uns gemeinsam entworfen, uns wurden ein Schutzengel und ein Geistführer zur Seite gestellt, die uns im Leben helfen unsere Ziele zu erreichen, unsere Lieben verabschiedeten sich liebevoll von uns und bereiteten sich darauf vor, eine Zeit lang ohne uns zu leben. Sollten wir einen Arbeitsplatz im Jenseits haben, wurden wir für die Zeit unserer Inkarnation sozusagen »beurlaubt«. Wir sollten uns aber nicht allein aus diesen Gründen gut überlegen, ob wir die liebevoll vorbereitete Inkarnation und all die damit verbunden Personen einfach aufgeben. Auch das göttliche Zusammenspiel auf der physischen und den anderen Sphären könnte aus dem Gleichgewicht geraten.

Unsere Seele wird genau wie jede andere, die aus dem physischen Körper austritt, ins Licht und somit in das Weiterleben in den Sphären geführt. Wenn die emotionale Belastung so groß geworden war, dass diese allein nicht mehr bewältigt werden konnte, erfahren wir nach so einem schrecklichen Entschluss noch mehr Liebe und Fürsorge, sodass wir leichter über diesen Schock hinwegkommen können. Wir alle waren schon einmal in einer Situation, in der es uns leichter erschien, einfach aus dem Leben zu scheiden, um alles stehen und liegen zu lassen. Dabei vergessen wir schnell, wie viel an unserem Leben wirklich hängt. Dies wird uns meistens erst bewusst, wenn wir nach dem Tod mit ansehen müssen, wie viel Erschütterung, Zerstreuung und vielleicht sogar auch emotionales Chaos wir hinterlassen haben. Meistens denken wir uns: »Sollen sich doch die anderen weiter ärgern, aber ich nicht mehr!« Dabei sind wir unsterbliche Seelen und unser Leben nimmt nie ein Ende, egal wo wir gerade leben wollen. Die anderen, die uns meistens viel mehr lieben, als sie es zeigen können, werden dann mit dem Verlust und der unnötigen Trauer geplagt, auch ihre Seele wird dies niemals vergessen. Selbstmord erscheint vielleicht als ein Ende einer unausweichlichen Situation in einem Leben, er ist dennoch keine Lösung. Die Seele ist etwas derart Unergründliches, und ihre Entscheidungen erscheinen oftmals als etwas völlig Unverständliches und vielleicht sogar Falsches, jedoch muss jeder für selbst entscheiden, wie und was er mit seinem Leben anfängt oder wann er es beenden möchte. Meistens treffen wir diese Entscheidung bereits vor unserer Geburt oder eben während unserer Inkarnation.

Die Entscheidung für einen Selbstmord sollte auf jeden Fall immer respektiert werden, da wir niemals erfahren können, warum jemand einen solchen Schritt tut. Meistens treffen Erlebnisse in einem Leben einen tief sitzenden Seelenschmerz und wirken somit viel schlimmer auf uns, als es jemals eine andere Person von außen verstehen kann.

An dieser Stelle können wir, die Hinterbliebenen auf der physischen Sphäre, leider nicht viel mehr für unsere lieben Verstorbenen tun, als für ihr Seelenheil zu beten und sie durch unsere Gedanken bei ihrem Heilungsprozess im Jenseits zu unterstützen. Sie sind auf jeden Fall in guten Händen und werden in Frieden ruhen und ewig weiterleben. Als Medium kann ich nur sagen, dass es für mich ein Weiterleben nach dem physischen Tod gibt und dass jeder, der in die jenseitigen Sphären zurückkehrt, Reinigung und Heilung erfährt. Die Seele bekommt Zeit, sich zu erholen, und nimmt ihr gewohntes Leben wieder auf. So müssen wir uns keine Sorgen machen, sondern sollten ihnen einfach in Liebe alles Gute bei ihrem Weiterleben wünschen. Eines Tages werden wir ihnen wieder begegnen und selbst sehen, wie gut es ihnen ergangen ist.

Der Notausstieg

Viele von uns sind schon mehrmals in das physische Leben inkarniert und wissen daher ganz genau, dass es meistens ratsam ist, sich einen sogenannten »Notausstieg« in den Lebensplan einzuarbeiten. Gerade wenn wir uns auf unserem Lernweg besonders viel vorgenommen haben oder wenn wir uns nicht sicher sind, wie lange wir tatsächlich im physischen Leib leben möchte, da wir vielleicht noch kleine Kinder oder andere Verpflichtungen im Jenseits haben, sind solche Notausstiege meistens eine gute Gelegenheit, selbst zu entscheiden, wann wir in die Heimat zurückkehren. Dieser Ausstieg ist nichts, was uns zwangsweise erwartet, sondern etwas, das wir uns selbst für unsere Inkarnation ausgesucht haben, um dem Leben ein Ende zu bereiten, sofern unsere Seele bereit dazu ist. Wir entscheiden es durch einen Impuls unseres Höheren Selbst, für das Zeit oder Schnelligkeit keine Rolle spielt. Häufig geschieht es so schnell, dass wir uns selbst nicht mehr so recht daran erinnern können, überhaupt entschieden zu haben.

Die meisten Menschen waren schon einmal in einer Situation, in der sie nur knapp dem Tod entkommen sind oder sogar bereits für kurze Zeit tot waren. Diese Erlebnisse werden meist als Warnung oder als falsches Karma angesehen. Bei diesen Erlebnissen entscheidet jeder individuell und sehr schnell. Manche entkommen blitzschnell der Gefahr, andere kehren erst nach ein paar Minuten zu den Lebenden zurück. Egal ob wir mit dem Schrecken davon gekommen sind oder sogar ein Nahtoderlebnis hatten, unsere Seele hat entschieden, dass das physische Leben weitergehen soll oder eben nicht. So kann es z. B. passieren, dass wir uns als unsterbliche Seele im Jenseits ausgesucht haben, im Alter von 30 Jahren in eine Situation zu kommen, in der wir durch einen Autounfall sterben könnten. Sollten wir uns dann entscheiden weiterzuleben, kommen wir vielleicht mit einem Schrecken davon oder erleiden nur leichte Verletzungen. Unser Leben verläuft dann wie geplant weiter, wobei die nächste Ausstiegsmöglichkeit, sofern wir uns noch eine ausgesucht haben, erst vielleicht in zehn Jahren eintreffen kann. Egal aus welchen Gründen wir uns zu solchen Notausstiegen in unserem Leben entschieden haben, wir hatten einen guten Grund dafür und können aber zeitnah selbst neu entscheiden!

Das sofortige Inkarnieren

Nach dem physischen Tod tritt unsere Seele meist über das Kronenchakra aus und wird in einem gedanklichen Leib, der unseren Äther-, Astralund Kausalkörper beinhaltet, von einem Lichtarbeiter zu ihrem Bestimmungsort gezogen. Dies wird als der bekannte Tunnel wahrgenommen und geht meistens unglaublich schnell. Gerade weil die Seele nach dem Austritt oft noch ziemlich überfordert ist mit der »neuen« Situation und nicht genau weiß, wohin sie gehen soll, erhalten wir diesen gedanklichen Leib, der es dem Lichtarbeiter leichter macht, die Seele bzw. den Körper zu bewegen und zu lenken. Dennoch kann es passieren, dass die Seele nicht den vorbestimmten Weg geht, sondern blitzschnell entwischt und in den Leib einer stolzen Mutter tritt, um sofort wieder zu inkarnieren. Die Seele verspürt dann den Wunsch, als kleines Baby einen Neuanfang zu wagen, um so schnell wie möglich durch das »Vergessen« einer Inkarnation das tragisch Erlebte zu überwinden. Aber die Seele vergisst niemals, was geschehen ist, auch nicht durch das Inkarnieren. Nach wenigen Monaten wird der nun kleine Mensch geboren und beginnt ein neues Leben. Das Leben und die Umstände sind vielleicht andere, jedoch hört die Seele niemals auf, an ihren Blockade oder Lernthemen zu arbeiten. Dieser Seele kann vor allem durch die unendliche Liebe der Eltern und der Familie geholfen werden, sodass sie keine Angst mehr vor dem Leben empfindet. So können wir uns als von dieser Seele auserwählt betrachten, um bei der Verarbeitung des erlebten Schmerzes zu helfen. Gerade die Mutter hat unendlich viele Möglichkeiten, ihrem Kind ein schönes und unbeschwertes Leben zu ermöglichen, was die unsterbliche Seele niemals vergessen wird.

Die Vergessenen

Ich kann mir vorstellen, dass dieses Kapitel viele Menschen daran erinnert, dass wir als verloren und völlig verzweifelt gelten müssen, wenn wir uns eines Tages an dem Ort der Vergessenen wiederfinden sollten, dem ist aber nicht so. Wir können uns diesen Ort als eine Art Ruhestädte oder Zwischenstation der Seele vorstellen, wenn sie nach einem schweren Schock oder aus anderen Gründen eine tiefe und längere Pause braucht. So kann es passieren, dass die Seele lieber in einen tranceartigen Zustand flüchtet, als dass sie ihr Leiden und die damit verbunden Schmerzen noch weiter erträgt und verarbeitet. Wir vergessen schnell, dass die Seele niemals ruht und ewig lebt, sodass wir uns immer transformieren, um nach vorn zu blicken.

Das Tal der Vergessenen ist ein Ort, den wir auf allen Sphären wiederfinden, ob es jetzt ein düsterer und von Schwermut getränkter Ort in der Äther- oder der Astralebene ist, oder es sich vielleicht um eine Nervenklinik handelt, spielt keine Rolle. Es muss nicht immer ein fester Ort sein, da jeder von uns in Gedanken dorthin reisen kann, wenn wir aus

Verzweiflung tief in uns gehen und uns vom Leben abwenden. Fast jeder Mensch hatte schon einmal einen Moment in seinem Leben, in dem er dachte: »Schlimmer kann es nicht kommen.«, und flüchtete aus diesem Grund an einen gedanklichen Ort der völligen Ruhe und verspürte das verlockende Gefühl, alle Verpflichtungen und Probleme fallenzulassen. Bereits dies können wir als Tal der Vergessenen bzw. des gewünschten Vergessens anerkennen.

Die Seele geht aus eigenen Impulsen an diesen Ort, sie wird nicht verbannt. Sie flüchtet, weil sie keinen anderen Ausweg mehr zu sehen glaubt. Diese Impulse kommen aus dem tiefsten Inneren unseres Sein und können meistens nur schwer verstanden werden. Wir sollten diese Personen nicht verurteilen. Meistens verspürt die Seele auch den Wunsch nach einem völligen »Stillstand« des Lebens, um nicht mehr leiden zu müssen. Sie möchte nichts mehr sehen, hören und am besten auch nichts mehr fühlen. Das ist jedoch nicht möglich, da wir uns in einem ewigen und unsterblichen Lebensfluss befinden. Die Suche nach einem Zustand wie diesem kann sehr tief gehen und auch, je nach der Verzweiflung, sehr lange, jedoch nicht »ewig« dauern. Gedanklich gibt es keine Grenzen, so kann es passieren, dass die Seele bei dieser Suche in derart tiefe Sphären gerät, wo ein Gefühl von völliger Einsamkeit entsteht, dass die Seele nichts anderes mehr wahrnimmt. Dies ist ein Zustand völliger Trance, wobei es sehr schwer sein kann, den Rückweg ohne fremde Hilfe wiederzufinden, um ins »normale« Körperbewusstsein zurückzugelangen. Dieser Zustand ist jedoch nicht immer mit Leiden verbunden, da die Seele nach völliger Abgrenzung von Schmerz sucht. Es kommt aber zu einer schweren Blockade im Lebensfluss, da wir an diesen Orten sozusagen stehenbleiben. Die Seele hat für diese Zeit nur eine geringe Möglichkeit, Heilung zu erfahren.

Das Wort »Vergessen« besagt aber nicht, dass niemand bemüht ist, diese Seelen aus ihrem Schlaf zu erwecken und ihnen Heilung gewähren möchte. So kann jeder von uns etwas tun, indem er sich gedanklich mit den Vergessenen auf allen Sphären verbindet, um ihnen mit liebevollen Worten den Weg zurück ins Licht zu weisen. Viele warten nur darauf, das Licht wiederzufinden, um aus diesem Zustand erwachen zu können. Wenn dies geschieht, steht bereits ein Lichtarbeiter bereit, um die Seele an ihren Bestimmungsort zu bringen, damit sie weiterwandern kann. Ich versuche gelegentlich, mit einem liebevollen Gebet die Personen, die sich derzeit an einem dunklen Ort befinden, wieder auf einen lichtvollen Weg zu führen. Es kommt vor, dass ich mich astral im Traumzustand an diesem Ort befinde, um Gutes leisten zu können, indem ich den Licht-weg weise. Jede Seele wird das Licht finden, Zeit spielt dabei keine Rolle. Niemand ist verloren und jeder sollte die Zeit bekommen, die er braucht, um für den Lebensweg wieder bereit zu sein!

Selbstbestrafung

Oft genug kommt es vor, dass wir das Verlangen nach Selbstbestrafung verspüren, um uns den Schmerz, den wir im Inneren verspüren, auch äu-ßerlich vor Augen zu führen. Damit versucht die Seele meistens aus purer Verzweiflung, den Schmerz zu verstärken. Wir können ihn dann besser verstehen. So kann es vorkommen, dass die Gewalt der emotionalen Be-lastung so groß wird, dass eine Person sich mit einem Messer schneidet oder durch einen anderen Gegenstände verletzt. Es gelingt uns dann, der Welt unseren Schmerz zu zeigen, damit die seelischen Wunden auch für andere sichtbar werden. Die Seele versucht, nach Hilfe zu schreien, und hofft, dass dieser Hilfeschrei erhört wird. Es ist ihr selbst nicht gelungen, um Hilfe zu bitten. Nehmen wir solche Anzeichen bei einer Person wahr, sollten wir sie nicht gleich mit unserer Hilfe überfordern, da ihre Seele vielleicht noch zu sehr in der Opferhaltung gefangen ist und somit Hei-lung noch nicht annehmen kann. Wir benötigen viel Feingefühl und vor allem Respekt gegenüber der Person. Wir geben ihr die nötige Zeit, die sie braucht, um aus ihrem eigenen Schutzprogramm auszusteigen. Erst dann kann sie Hilfe von außen annehmen.

Es kann schon helfen, wenn wir einfach nur zuhören, damit der Hilfeschrei der Seele von innen heraufkommen kann. So kann die Person selbst an sich arbeiten, was für ihre Seele immer ein wertvoller Schritt zur Selbsterkenntnis ist. Die Definition der eigenen Probleme und der damit verbundenen Gefühlswelt ist eine Kunst, die trainiert werden muss, wobei wir nur schwer bzw. selten akzeptable Hilfe von außen bekommen können, da wir uns selbst am besten kennen.

Im Alltag erleben wird zudem sehr oft, dass viele Personen an einer allgemeinen Unzufriedenheit erkranken, weil sie sich der Fülle des Lebens verschließen und sich somit nur selbst blockieren. Personen, die sich der eigenen Fülle im Leben entziehen, vermögen es oft nicht mehr, die Fülle in allem zu sehen. Sie haben daher Sehnsucht nach einem Mangel. Leider wissen sie oft selbst nicht genau, wonach sie sich sehnen und welcher Mangel befriedigt werden soll. Meistens werden dabei Themen angesprochen, bei denen es eigentlich keinen Mangel gibt. Wenn wir dies erst einmal genauer betrachten, führen die Themen an das wahre Problem heran, das wir aber nicht aussprechen möchten, weil es uns schwerfällt, es genau zu definieren. So schreien wir meistens nach mehr Liebe, Geborgenheit, Anerkennung und Schutz und lassen aus diesem Grund einen Mangel daraus entstehen, weil wir nicht sehen wollen, dass diese Dinge Gefühle in uns sind. Wir müssen sie aber nur annehmen und ausleben, um sie zu heilen. Die Beschreibungen »mehr« oder »weniger« von etwas entstehen in uns und können somit auch selbst gelenkt und geleitet werden. Wenn wir sie erst einmal in unser Leben integriert haben, werden wir die Fülle allein in unserer Göttlichkeit wahrnehmen und die unendlichen Möglichkeiten des ungehinderten Lebens sehen. Wir manifestieren unser Leben und Erleben stetig selbst!

Die Erden-Hierarchie

Logos und Heiliger Geist – Maha Chohan Paolo Vernese
Lenker und Leiter aller aufgestiegenen Meister
Die zwölf göttlichen Strahlen (Weisse Bruderschaft)
Chohan des achten Strahls

Logos Großmeister Gerdorón
Lenker und Leiter aller Bruderschaften und Räte im Brennpunkt

Die Weisse Bruderschaft
Oberhaupt Chohan El Morya
Gemeinschaft aufgestiegener Meister
zwölf göttliche Strahlen (Chohane)
dienen dem Ursprung der Erde

Der Kausale Rat
Oberhaupt Großmeister Aman
Gemeinschaft aufgestiegener Meister
sieben leitende Mitglieder
Lenken und Leiten die Schwingungszellen der Energiekörper
(Kausal-, Astral-, Äther- und physische Körper)

Hoher Rat
Oberhaupt Chohan El Morya
Gemeinschaft aufgestiegener Meister
zwölf leitende Mitglieder
Umsetzung der kosmischen Gesetze

Karmischer Rat

Oberhaupt Chohan Saint Germain

Gemeinschaft aufgestiegener Meister

Umsetzung des kosmischen Gesetzes von Ursache und Wirkung

Physischer Rat

Oberhaupt Ältester Cougul Merhan

Gemeinschaft der ältesten Weisen

Lenkung und Leitung der physischen Inkarnationen

Dies ist lediglich eine grobe Auflistung der zahlreichen Bruderschaften und Räte der Sphären, die zum Wohle der Menschheit arbeiten. Hierzu zählen auch viele unterstehende Organisationen, Meister, Lehrer, Lichtarbeiter und Medien, die den Menschen hilfreich zur Seite stehen. Wenn es um ein spezielles Projekt geht, das für die Lebensgestaltung in den Sphären dienlich ist, bilden sich eigene Räte, und Lichtarbeiter werden entsandt. Für die Organisation der Erde ist reichlich gesorgt und die Großmeister sind stetig bemüht, sich um das Wohlergehen, die Weiterentwicklung und vor allem um die laufende Kommunikation der auf den Sphären lebenden Personen zu kümmern.

Mutter Erde – Lady Gaia

Die Erde (lat. »terra« und griech. »gaja«) ist von einer Atmosphäre umgeben. Sie ist der einzige Planet im Sonnensystem, auf dessen Oberfläche es flüssiges Wasser in einer beachtlichen Menge gibt. Zusammen mit der Sonne und den übrigen Planeten des Sonnensystems ist die Erde vor etwa 4,58 Milliarden Jahren aus einer turbulenten lokalen Verdichtung der interstellaren Materie entstanden. Die Erde ist von der Sonne aus gesehen der dritte Planet im Sonnensystem.

Lady Gaia ist eine der uralten Seelen, die sich bereit erklärt haben, ihren körperlichen Zustand zur Heimat aller dort lebenden Seelen zu machen. Der Name »Mutter Erde« bezieht sich darauf, dass wir alle einen erheblichen Teil ihrer Energie bilden und sie ein erheblicher Teil unserer Energie und unseres Lebensraumes darstellt. Ihr Körper ist der physisch feste Erdball, den wir alle kennen, und ihre Auraschichten bilden den Bereich der Sphären.

So leben wir nicht nur direkt auf ihrem Körper, sondern wir bewegen uns auch in ihrer individuellen Seelenenergie im feinstofflicheren Bereich. Solange wir hier wandern und unser Leben bestreiten, sind wir alle eng mit ihr verbunden. Wir teilen unsere Gedankengänge, Wünsche und Vorstellungen mit Mutter Erde, da wir in ihrem energetischen Bereich Platz gefunden haben. Auch sie nimmt uns alle wahr. Unser Aufstieg ist auch immer ein Aufstieg für Lady Gaia, sowie auch wir mit ihr aufsteigen werden, wenn sie an Weisheit gewinnt.

Entschließen wir uns zu einer großen Inkarnation und verlassen den gewohnten Brennpunkt, werden wir in ihren Bereich hineingeboren und verschmelzen zugleich als ein Teil von ihr. Je grobstofflicher unser eigener Körper ist, desto mehr gleicht er dem physisch festen Körper von Lady Gaia. Im physischen Zustand erbitten wir daher auch viel öfter die Energie der Erde und wünschen uns eine gute Erdung, da wir direkt auf ihrem Körper wandern und den Erdkontakt zum Leben brauchen. Auch das stetige Vergehen, Wachsen und Gedeihen zeigt uns den regen Wechsel des Lebens und führt uns den raschen Wandel jeden Tag vor Augen. In den anderen Sphären werden wir dies sicherlich vermissen, da dort die Umwelt niemals vergeht, sondern stetig blüht und strahlt. Auch Mutter Erde wird durch unsere lichte Energie belebt und ist für jede einzelne Gabe dankbar. So sollten wir immer daran denken, dass nicht nur wir Erdenergie annehmen, sondern wir auch unsere Energie an Mutter Erde zurückgeben, indem wir in ihrem Bereich leben.

In seltenen Fällen kommt es auch vor, dass die Erde sich in einem astralen Körper manifestiert, um zu wandern. Sie übermittelt dann Texte ihrer Weisheit, nimmt an Besprechungen teil oder genießt den regen Wandel des Lebens in ihrem Energiebereich. Auch sie bildet sich stetig weiter und arbeitet an ihrem Aufstieg, was zugunsten aller geschieht, da wir stets mitwandern. Entschließt sich Lady Gaia dazu, ihren physischen Körper abzulegen, um weiterwandern zu können, wird das Leben in ihrem Bereich langsam entsiedelt, bis jede Seele in ihrem Energiebereich einen neuen Lebensraum angenommen hat. Dann muss der alte Körper abgelegt werden, was die totale Vernichtung bedeutet und mit dem physischen Tod vergleichbar ist. So kommt es auch im Universum oft vor, dass ein physisch fester Planet plötzlich explodiert oder anderweitig abstirbt und sich dort kein Leben mehr finden lässt. Der Körper vergeht im Laufe der Evolution sozusagen von selbst. Im Vergleich mit einem Brennpunkt findet die angestrebte Wanderschaft des Maha Chohan viel einfacher statt, da dieser lediglich seinen energetischen Bereich verkleinert, da wir sozusagen in seiner Aura-Energie und nicht auf seinem Körper leben. Der Wechsel geht daher auch viel schneller, da kein Körper abgelegt werden muss. Der neue Maha Chohan wird lediglich ernannt, eingewiesen und sein energetischer Bereich wird auf die Größe eines kleinen feinstofflichen Planeten vergrößert, damit wir in seiner Energie leben können. Dieser fließende Übergang wird kaum wahrgenommen und das Leben wird nicht beeinträchtigt. Die Brennpunkte bleiben auch weiterhin bestehen, wenn der Planet Erde eines Tages tatsächlich nicht mehr existieren sollte, da sie unabhängig von der Erde existieren und in einem anderen Frequenzbereich liegen.

Der Sterbeprozess unseres Mutterplaneten hat sich in den letzten Jahrzehnten erheblich verlangsamt, ist jedoch immer noch nicht gestoppt. Nach wie vor verschlimmert sich die Situation des Ozons und unser Planet verschmutzt von Tag zu Tag mehr; niemand kann genau sagen, wohin diese Entwicklung führt und welche Auswirkungen sie auf die

Evolution hat. Die Zukunft wird uns gewiss die Auswirkungen auf unsere Umwelt und die Körperzellen zeigen. Seitdem wir auf Mülltrennung, ökologische Brennstoffe, Solarenergie, Katalysatoren für Autos, Naturschutzgebiete, Artenschutz, Aufsicht der Meere und vieles mehr achten und etwas für die Rettung und Erhaltung unseres Planeten tun, also den Körper von Lady Gaia, geht es auch ihr besser. Lady Gaia fühlt sich in ihrem physisch festen Körper krank, da auch sie Schmerz, Leid und andere negative Emotionen empfindet. So hilft es weder ihr noch uns, da wir in ihren Sphären leben, wenn wir uns nicht um sie sorgen. Wir sind ein Teil von ihr und sie ein Teil von uns. Es ist unendlich wichtig, dass wir in unseren Schwingungen steigen, damit die gesamte Erdfrequenz angehoben wird, so kann auch der physisch grobstoffliche Körper der Erde feinstofflicher werden. Dies begünstigt die Erdheilung, da nicht mehr so viel Schaden angerichtet werden kann. Je gedanklich feiner eine Matrix ist, desto leichter können wir sie mit der Gedankenkraft verändern und neu formen. Dies ist eines der größten Ziele des Goldenen Zeitalters!

Die zwölf Transponder der Erde

Ein Transponder ist ein kristallähnlicher Obelisk, der ein grobstoffliches Fundament und eine feinstoffliche Ausrichtung hat. Es gibt derzeit neun Hauptleylines (energetische Verbindungen zwischen den Obelisken, wie ein Gitternetz vorstellbar) auf dieser Erde. Die Anzahl der Leylines sollen im Laufe der Evolution auf zwölf erhöht werden, um dem Aufstieg von Gaia folgen zu können.

Diese Transponder sind jeweils mit einem ätherischen Tempel und einer Sternenebene verbunden. Die Sternenebene ist eine kraftvolle Energie aus dem Kosmos, die durch die Transponder direkt in die Turmalin- und

Kristallschichten der Erde einfließt. Die Kristallschichten modifizieren die Energie, wofür sie gerade benötigt wird. Die Transponder sind Leiter und Träger von Informationen, die sie aus dem Kosmos empfangen und direkt in den Kosmos wieder zurückstrahlen. Jedes Jahr findet eine Erdheilungsreise zu den auf der ganzen Welt verteilten Transpondern statt, um diese je neu auszurichten. Dies geschieht durch eigene Gesandte des Kosmos, die wir uns als »Filmtechniker« vorstellen können, die geschulten Seelen, die sich im Umgang mit den Transpondern und deren Ausrichtung auskennen und speziell für die Arbeit zur Erde gesandt werden. Durch die Neuausrichtung der Transponder verändert sich unter anderem auch das morphogenetische Feld der Sphären.

Derzeit existieren zwölf Haupttransponder und 144 Zwischentransponder. Die Energie, die sich auf die Sphären auswirkt, lässt uns die jeweilige Wirklichkeit der von uns wahrgenommenen Umgebung und der gefühlten Umstände individuell wahrnehmen. Je nach Frequenz der Sphäre »sieht« man eine andere Welt und andere Beschaffenheit. Sie geben sozusagen alles wieder, was unsere Sinne im Außen des uns bekannten Lebensraumes wahrnehmen können. Jeder Transponder hat ein Hauptthema und unzählige Unterthemen, die sich in der Grundschwingung des Landes und in den dort lebenden Menschen widerspiegeln, daher variieren auch die Mentalitäten der Menschen.

Die Engelwesen Kiria Deva und Elyah arbeiten seit ca. 1561 an der Erforschung der aktiven Arbeit mit den Energien der Transponder zur individuellen Heilung der physischen und psychischen Ebene der Menschen. Die Turmalin- und Kristallschichten können wir mit einer Art »Bewusstseinsstufe« unseres Selbst vergleichen. Aus diesem Grund gibt es auch die einzelnen Heilungsaspekte der Transponder. Egal was wir heilen wollen, wir können dann einen entsprechenden Kristall (z. B. Bergkristall) mithilfe einer Anrufung der Energie von den Engelmeistern Kiria Deva und Elyah und der zu heilenden Absicht (Nummer des Transponders nach der Auswertung der Engelmeister)[5] aufladen.

Die 144 Kristallschichten

Die Kristallschichten, oder auch Kristallgitternetz genannt, waren zu atlantischen Zeiten in ständiger Bewegung. Deshalb wurden sie auch als »gläsernes Meer« bezeichnet. Diese Bewegung erzeugte einen Klang, den Klang der Einheit. So wie wir heute das Kristallgitternetz innerhalb der Erde als »festes« Sein wahrnehmen, ist es ein Ausdruck des Schocks, der durch die Zerstörung von Atlantis zur Erstarrung der fließenden kristallinen Struktur geführt hat. Vor diesen Ereignissen befand sich das morphogenetische Feld der Menschheit in der Erde, dort wo jetzt das Kristallgitternetz ist. Seit der Harmonischen Konvergenz zu diesem Thema im Jahre 1898 bewegen sich die unteren Schichten. Die letzte Harmonische Konvergenz fand im August 1987 statt, wobei es sich um eine Sammlung aller Gedanken zur Erhöhung der Erdschwingungen handelte. Diese gesammelten Gedanken aller Lichtarbeiter werden fortlaufend von differierend ausgewählten Oberhäuptern verschiedener Räte (z. B. Weisse Bruderschaft oder karmischer Rat) und von Mutter Erde – Lady Gaia überwacht, um sie im Einklang zu halten. So ziehen wir alle an einem Strang und der Übergang von einer Schwingungsebene in die nächste verläuft harmonischer, da die Absicht und die Bereitschaft aller Wesen für den Aufstieg reiner und klarer bleiben.

Das Kristallgitternetz besteht aus 144 Schichten, d. h., es sind zwölf mal zwölf Schichten. Es stellt die Vereinigung der Zahlen Zwei und Sechs dar. Die Sechs ist die »Zahl des kosmischen Menschen« und die Zwölf ist die

---

5   Vgl. dazu Antan Minatti: Kristallwissen – der Schlüssel von Atlantis. Woldert 2004.

»Zahl der Vollendung«. Alle Kristallschichten sind mit Saturn verbunden, der ebenfalls 144 Ringe hat. Das Wissen dieser Schichten wurde bei der Zerstörung von Atlantis zum Saturn gebracht. Die beiden Hauptmonde des Saturns kollidierten dabei und durch die Gravitation bildeten sich die Ringe aus. Diese Ringe sind auch gemeint, wenn wir von der »Bibliothek des Saturn« sprechen oder diese aufsuchen, um beispielsweise Informationen über den Aufbau und die Heilung des physischen Körpers zu erhalten.

Die einzelnen Ebenen der Kristallschichten durchdringen sich und stehen in Zwölferschritten mit den jeweiligen Transpondern in Verbindung:

1 – 12	Ebene der Materie	Stier
1 – 24	Ebene der Manifestation, Durchbruch, Aufbruch	Widder
1 – 36	Ebene der expandierenden Formgebung	Schütze
1 – 48	Ebene der Kommunikation, Vernetzung, Verbindung	Zwilling
1 – 60	Ebene der Klarheit	Steinbock
1 – 72	Ebene des Geistes, Spiritualität	Fisch
1 – 84	Ebene der Einheit, Heilung und Dualität	Skorpion
1 – 96	Ebene der Heilung, emotionale Heilung	Krebs
1 – 108	Ebene des Ausgleichs	Waage
1 – 120	Ebene der Vollendung	Löwe
1 – 132	Ebene der Ernte	Jungfrau
1 – 144	Ebene des Neuen Zeitalters	Wassermann

LOGOS UND HEILIGER GEIST DER ERDE
Maha Chohan Paolo Vernese

Der Gelehrte Paolo Vernese stieg 1593 in den heiligen Brennpunkt (Nirvana) der Menschen auf, um dort als aufgestiegener Meister und Chohan zu leben und zu arbeiten. Nach etwa 250 Jahren übernahm er das Amt des Maha Chohan und somit des heiligen Geistes selbst und wurde mit seinem energetischen Bereich zur Heimat aller derjenigen, die den geistigen Aufstieg der vierten Dimension erreicht haben und nun in seiner Energie als aufgestiegene Meister leben. Er selbst verrichtet seine Arbeit mithilfe der zahlreichen Räte und Bruderschaften, deren Bereich von ihm manifestiert wurde, und indem er seinen eigenen Körper mehrfach materialisiert. Jeder Körper wirkt dann, als wäre es sein eigener, zudem sind alle miteinander verbunden wie durch eine große Schaltzentrale. Er selbst kann sich aussuchen, in welchem Körper er hauptsächlich verweilen möchte. Wie jeder aufgestiegene Großmeister ist er in der Lage, seinen Körper aufzulösen. In diesem Zustand reist Paolo Vernese durch seine gewaltige Gedankenkraft und sein komplettes Sein derart feinstofflich, dass absolut alles und gleichzeitig gefühlt werden kann, was in und um seinen Bereich geschieht.

Paolo Vernese ist stets bemüht, mit den anderen Brennpunkten zu kooperieren und zieht vor allem die Arbeit mit den Engeln vor. Sein Kollege Devarná Bey, der Brennpunkt und somit das Nirvana der Engel und Devas, nimmt persönlich an eigenen Großsitzungen teil und arbeitet mit ihm an den großen Plänen zur Beschaffung und Förderung des Aufstieges der Menschen und der Engel in den Sphären.

Amt

Weltenlehrer
Maha Chohan (Heiliger Geist)
Chohan des achten Strahls in der Weissen Bruderschaft
Farbe des Strahls: Aquamarin
Aufstieg 1593 n. Chr.

Themen

Klarheit, Unterscheidungsvermögen im Sinne des Sehens und Erkennens, Hierarchien, Kontrolle, Struktur, das Väterliche, Meinungsfreiheit und Tatendrang.

Tätigkeit

»Der göttliche Weg des All-Einen liegt in jedem, der die Perfektion in sich und in allem gefunden hat und sie auch sehen kann!«
Paolo Vernese

❋ Koordinierung der einzelnen Abteilungen im Brennpunkt

In seiner Energie befinden sich zahlreich Räte und Bruderschaften, deren Bereiche von Paolo Vernese manifestiert wurden. Sie dienen ihm als Hilfe bei seinen Arbeiten für die Beschaffung der Lebensräume im Nirvana, bei den Arbeiten auf den Sphären und bei der Kooperation mit den anderen Brennpunkten.

❋ Kooperation mit anderen Brennpunkten

Dazu zählt die gemeinsame Planerfassung zum Umsetzen des göttlichen Plans im jeweils eigenen Wirkungsbereich in eigenen Großsitzungen der Loge. Die »Loge« ist eine Zusammenkunft aller Brennpunkte im Bereich der Erde. Diese Zusammenkunft ist vergleichbar mit einer Generalsitzung auf höchster Ebene und findet je nach Bedarf statt. Hier werden das Wesen und Wirken im eigenen Bereich und die Aufträge und Pläne aus den höheren Reihen des Universums besprochen.

✷ Leitung einzelner Lichtarbeiter, die als aufgestiegene Großmeister inkarniert oder materialisieren sind

Diese Medien gaben ihr Leben für Großaufträge, die zum Wohl der Menschheit geplant wurden. Dazu zählen Aufträge wie die Wiederkunft des Buddha oder Aufträge zur Verbreitung uralter Weisheitslehren auf der ganzen Welt. Paolo Vernese arbeitet als großer Logos über die gesamte Inkarnation und erteilt dem Medium selbst oder deren begleitenden Großmeistern die Aufträge.

✷ Kommunikation auf allen Ebenen

Nicht nur die zahlreichen Anrufungen an seine Energie und an ihn persönlich, die, um ein Beispiel zu nennen, bis zu 300 Bitten (z. B. telepathische Wünsche von Personen, die mit seiner Energie arbeiten möchten) gleichzeitig umfassen können, sondern auch die universelle Kommunikation zählen hierzu. Paolo Vernese kommuniziert nicht nur akustisch, sondern ist auch in der Lage, zahlreiche Impulse, Gefühle und visuelle Botschaften zu beantworten. Auch die feine Seelensprache mithilfe des Gefühlsflusses zählt dazu.

✷ Beschlussfassung über größere Manifestationen

In seiner Energie wird das Leben aller aufgestiegenen Meister verwaltet, gelenkt und geleitet. Auch die Neufassung von Gebäuden, Straßen, Wäldern oder anderen Manifestationen gehört zu seiner Arbeit. Möchte sich jemand beispielsweise häuslich verändern oder möchte ein Großmeister eine Abteilung seiner Loge hinzufügen, muss dies zum Gesamtbild passen und genehmigt werden. Meistens manifestiert Paolo Vernese selbst oder erteilt die Genehmigung hierfür.

✷ Verwaltung der Aufstiege und Abstiege

Nach dem Aufstieg beginnt ein komplett neues Leben für jede Seele. Lebenspläne müssen nicht mehr angefertigt werden, da die Lernaufgaben bereits absolviert worden sind, jedoch der Lebensraum muss gestaltet werden. Geplant, geregelt und verwaltet wird, wo der Meister wohnen möchte und wo bzw. ob er einer Beschäftigung nachgehen möchte. Möchte ein Meister absteigen, werden seine Hinterlassenschaften, also die nicht mehr benötigten Manifestationen, aufgelöst oder umgeformt.

✳ Verwaltung der Stellenvergabe in den einzelnen Abteilungen

Die meisten Meister haben das Bedürfnis, sich am Geschehen der Welt zu beteiligen und mit ihrem Wissen der Menschheit zu dienen, um diese zu fördern. Es findet ein reger Austausch statt, Stellen werden frei und werden wieder neu vergeben, je nach spezieller Begabung und Eignung wird ein passender Platz zugeteilt. Auch auf die Wünsche über den Bereich der Tätigkeit wird eingegangen.

✳ Großsitzungen mit Lady Gaia in der Loge der heiligen Großmeister

Regelmäßig finden Zusammenkünfte der einzelnen Brennpunkte um Mutter Erde statt. Für diese seltene Gelegenheit materialisiert sich Lady Gaia zu einem weiblichen Körper, um frei vor der Versammlung sprechen zu können. Geplant wird der Aufstieg ihrer Schwingungszellen und somit das freiere Fließen ihrer Energie.

✳ Botschaften an die Menschheit

Da wir uns mitten im Goldenen Zeitalter befinden und jeder hart am eigenen und auch am gemeinschaftlichen Aufstieg arbeitet, teilt sich auch der Maha Chohan Paolo Vernese immer öfter mit. Er bedient sich dafür verschiedener Medien, wie z. B. des Internets oder Bücher. Auch bei Gruppensitzungen dient ihm ein Medium als Sprachrohr.

Begleiter

Höchster Geist der Engel Devarná Bey
Kosmischer Logos Metatron
Planetarischer Logos Aeolus
Die Weisse Bruderschaft
Karmischer Rat
Die Hermetiker
Der Kausale Rat
Komitee der emotionalen Klärung
Die Erzengel

Melodie: »At Dawning« (Cadman)
Edelstein: Aquamarin, Larimar
Chakra: Kronenchakra und alle acht Chakren
Weibliche Urkraft: Maitreiá (Macht)

Tempel

»Tempel des Trostes« über Sri Lanka, Südspitze Indiens

Anrufung seiner Energie bzw. der Energie des Tempels

✧ um das Gefühl des heiligen Geistes bzw. des Nirvana zu erfahren,
✧ bei der Arbeit an der Seele (Aufstiegsarbeit),
✧ bei emotionaler Überbelastung und gefühlter Erschöpfung,
✧ für das himmlische Gefühl des All-Einen (Zusammengehörigkeit),
✧ wenn wir das Bedürfnis nach Trost haben,
✧ um Blockaden auf allen Ebenen zu erkennen und zu klären,
✧ bei der Chakrenarbeit.

Vergangene Tätigkeiten und Inkarnationen

✳ Meister Gallaga (ca. 560 v. Chr. in Atlantis; Äther)

Meister Gallaga war ein Staatsoberhaupt für kulturelle Angelegenheiten, ein Meister und ein Medium, das der geistigen Welt diente. Er inspirierte die moderne Kunst und förderte die Lichtarbeit auf dieser Sphäre. Ziel war es, das Bewusstsein der Atlanter zu öffnen, um sie als Lichtarbeiter auszubilden. Zu seiner Arbeit zählte unter anderem auch das Organisieren von Veranstaltung verschiedenster Interessengruppen, um die öffentliche Meinungsfreiheit zu fördern, was zu dieser Zeit auch im Äther noch ein Tabuthema war.

✳ Meister Matraier (ca. 381 v. Chr. in Ägypten)

Meister Matraier war ein moderner Architekt der esoterischen Architektur im alten Ägypten. Durch seine Arbeiten und künstlerischen Werke drückte er die Schönheit in der Symmetrie und Tiefsinnigkeit der ägyptischen Bauten aus. Für die damalige Zeit waren seine Ideen und Vorstellungen sehr fein, spirituell und einzigartig. Dieser Stil änderte die Sichtweise vieler Menschen und begründete eine neue Kunstrichtung. Selbst die Könige Ägyptens wurden auf ihn aufmerksam, jedoch starb Matraier bevor er für diese Aufträge ausführen konnte an einer Lebensmittelvergiftung.

✳ Paolo Veronese oder auch Paolo Caliari (1528 – 1588)

Der venezianischer Maler Paolo Veronese, bzw. Paolo Caliari, wie er sich auch nannte, lebte ein eher bescheidenes Leben. Zu seiner Arbeit gehörte die moderne Aktmalerei, wobei er auch das Vergnügen hatte, die Meisterin Lady Abedine zu malen, die damals den Namen Carla Nedori trug und ihm als Muse diente. Seine Werke gingen im Laufe der Jahre leider auf verschiedenen Wegen verloren. Aus diesem Grund sind nicht viele seiner grandiosen Arbeiten bekannt. Paolo Veronese verstarb im Jahr 1588 an einer Lungenentzündung.

Paolo Vernese

»Seit Anbeginn meines Amtes ist es mir ein besonderes Anliegen, nicht nur die großen Arbeiten der Adepten und anderen Gelehrten in den Vordergrund zu stellen, sondern auch die hervorragende Arbeit der gesamten Lichtarbeiterschaft, die einen erheblichen Beitrag zur Zusammenlegung der Sphären leisten. Jeder Einzelne arbeitet in kollektiver Gemeinschaft mit all denen, die am eigenen und somit am Aufstieg aller mitwirken. Die Zeit ist reif, sich zu erheben und zu handeln. Das Goldene Zeitalter hat bereits begonnen.«

Das Leben im Nirvana

Viele kennen die aufgestiegenen Meister der Weisheit durch ihre zahlreichen Taten, durch Aufstiegstexte aus dem Internet oder aus anderen Skripten, Büchern oder Spielkarten oder durch die Botschaften eines Mediums. Viele Menschen beschäftigen sich dabei mit der Frage: »Wie kann mir der Meister helfen oder was kann ich für die geistige Welt tun?«, das ist auch sehr gut bei der Aufstiegsarbeit des Bewusstseins oder bei der Lichtarbeit. Aber auch jeder Einzelne steigt eines Tages zum Großmeister auf und unser Leben geht dann in einer anderen Körper- und Bewusstseinsform weiter. Ich möchte Ihnen einen Einblick geben, wie sich der körperliche Aufstieg vollzieht und was uns als Seele im Nirvana erwarten kann.

Bei der energetischen Reinigung der Schwingungszellen durch die kristalline Flamme von Serapis Bey wird auch der Körper optisch dem erreichten Wissensschatz angepasst und wir dürfen uns aussuchen, wie wir in Zukunft aussehen möchten. Meistens behalten wir unsere gewohnte Form, mit der wir Jahrtausende gereist sind und mit der wir uns identifizieren, und wir wünschen uns lediglich eine Ausbesserung kleiner Makel, wie z. B. Fältchen oder graue Haare. Nach dem Transformationsschlaf wachen wir gereinigt und in einem neuen Körper auf. An dieser Stelle beginnt das Leben als aufgestiegener Meister, da der Aufstieg unter anderem mit dem Verändern der körperlichen Frequenzen und den gelernten Aufgaben der Seele zu tun hat. Die Seele muss dazu bereit sein, weiterzugehen und ihr Wissen weitläufig weiterzugeben. Genau wie beim physischen Tod und beim Weitergehen in die rein geistige Welt bleibt das Vermissen seiner zurückgebliebenen Lieben nicht aus. Jedoch haben wir in diesem Zustand mehr Möglichkeiten uns mitzuteilen. Vielleicht ist der noch auf den Sphären lebende Mensch ein Medium oder nimmt die von uns gesendeten Impulse wahr. Nach dem Aufstieg gelten wir auf den rein geistigen Sphären, genau wie bei den physisch Verstorbenen, als ein in eine andere Welt eingetauchter Verstorbener, der nun ein neues Leben beginnt und das »alte« hinter sich gelassen hat. Die Besitztümer werden entweder bei den Hinterbliebenen aufgeteilt oder aufgelöst, doch dies beschäftigt den Aufgestiegenen nicht mehr. Nach dem Aufstieg sind wir zunächst damit beschäftigt, uns an den extrem feinstofflichen Körper zu gewöhnen und an die Tatsache, dass alle Informationen jederzeit zugänglich sind, die bekannte Allwissenheit.

Hat der Aufgestiegene beschlossen, wo und wie er wohnen möchte, wird ihm ein Haus seiner Vorstellung manifestiert oder er bekommt eine Genehmigung dafür, da er selbst alles materialisieren kann. Die meisten Seelen möchten sich erst einmal einleben und sich mit der neuen Umgebung im Nirvana vertraut machen. Auch hier erwarten uns viele Seelen, die wir aus unserer großen Inkarnation kennen und die wir aufsuchen möchten, meistens werden wir von den vorangegangenen Lieben auch abgeholt und eingewiesen. Nicht selten finden wir unsere aufgestiegenen Eltern wieder, die bereits eine neue Familie gegründet haben, da auch sie ein neues Leben führen. In diesem Zustand sind uns alle Seelenerinnerungen und alle Erlebnisse jederzeit zugänglich und wir können uns fragen, was uns mit anderen Seelen verbindet. Meistens sind die Ergebnisse spannend, überraschend oder auch manchmal erschreckend.

Entschließt sich der Großmeister mit seinem Wissen und seiner Energie dazu, der Menschheit zu dienen, und möchte er eine passende Beschäftigung, wird seine Qualifikation geprüft und eine Einschulung, so ähnlich wie bei einem Beruf, wobei das Handwerk erlernt wird, auf den entsprechenden Platz vorgenommen. Der Übergang bei der Stellenvergabe funktioniert dabei fließend und Unterschiede sind kaum zu erkennen. Die Arbeiten der aufgestiegenen Meister regeln alles, was für den Kreislauf der Sphären notwendig ist. Aus diesem Grund wurden sie oftmals als Götter oder unerreichbare Wesen gepriesen und verehrt. Dabei sind sie, genauso wie wir es auch selbst sind, göttliche Wesen, die als Seele ihre Erfahrungen machen und auf dem ewigen Weg des Sein wandern. Ein aufgestiegener Meister ist eine Seele aus unseren Reihen, die auf dem Lernweg vorangegangen ist und nun anderen hilft. Auch wir werden eines Tages an ihrer Stelle stehen und unseren Mitmenschen beim Aufstieg helfen. Die Meister haben ganz normale Bedürfnisse, die ihre Seele in all den zahlreichen Erfahrungen ihres Seins erlebt hat, dazu zählen der Wunsch nach einer Familie, der berufliche Erfolg, gelegentlich auch etwas zu essen oder auch Zärtlichkeit und Erotik. Die Großmeister leben, genau wie wir, teilweise als Single, in Partnerschaften oder auch in einer Ehe und zu ihrem Leben gehört auch der körperliche Sex. Als Meister bewegen wir uns größtenteils in einem kausalen oder auch gelegentlich in einem astralen Körper, mit dem wir Sex haben und Zärtlichkeiten austauschen können. Da der rein geistige Körper keine Grenzen mehr kennt, können wir von normalem körperlichem Sex, wie wir ihn auch kennen, bis zum Verbinden mit dem göttlichen Kern, dem Seelensex, alles machen, was wir uns wünschen. Beim Verbinden mit dem Kern findet eine sehr intensive und schwer zu beschreibende, seelische, gefühlvolle und unglaublich emotionale Verbindung statt, bei der alle Gefühle der Seele und die dabei entstehenden Gedanken ausgetauscht werden. Es ist auch möglich, dass wir Bilder, Stimmen und Emotionen des Partners vermittelt bekommen, die zu einem lustvollen Zusammenspiel der Seelen führen. Hinzugefügt werden muss diesem Thema noch, dass eine derartige erotische Verbindung von Seele zu Seele nichts mit dem körperlichen Zustand zu tun hat, da jeder manifestierte Körper gefühlsmäßig zu allen Frequenzen Zugang hat. So kann es sogar vorkommen, dass ein physischer Mensch eine zärtliche Begegnung mit einer feinstofflicheren Person hat oder dies sogar des Öfteren auslebt. Dies sollte als Beispiel der grenzenlosen Liebe dienen, wobei wir erkennen dürfen, dass Partnerschaften oder die Liebe zu einer Person nichts mit körperlichen »Grenzen« zu tun haben müssen. Bei derartigen Liebschaften sollte jedoch aus physischer Sicht immer hinterfragt werden, ob eine Partnerschaft und somit eine in Liebe wartende Person im Jenseits existiert, um die Verletzung von Gefühlen zu vermeiden. Nicht nur heterosexuelle Beziehungen existieren unter den aufgestiegenen Meistern, auch bisexuelle und homosexuelle Neigungen und Partnerschaften werden im Brennpunkt gelebt. Wir bleiben von unserem Wesen her, wie wir sind und wie wir uns selbst kennen, wir führen eine neue Form des Lebens, aber wir bleiben uns selber dabei treu. Nicht nur die Menschen, sondern auch die Tiere steigen vereinzelt eines Tages auf und leben im Nirvana gemeinsam mit den Menschen in Harmonie. So ist es uns auch als aufgestiegener Meister möglich, uns eine süße Hauskatze, einen treuen Hund oder andere Tiere, die wir von Herzen lieben, zu uns zu nehmen, um uns um sie zu kümmern und uns an dem liebevollen Tier zu erfreuen. Es gibt viele Meister, die einem verstorbenen Tier, das sie aus den Sphären kennen und das vielleicht sogar vor ihnen aufsteigen konnte, wieder begegnen und ihren bekannten treuen Begleiter als Schützling zu sich nehmen. Auch Tiere haben, genau wie wir, eine unsterbliche, göttliche Seele, die ihre eigenen Lernaufgaben zu bewältigen hat und eines Tages aufgrund ihres angesammelten Wissensschatzes aufsteigen wird.

DIE GÖTTLICHEN STRAHLEN
Lady Abedine

Oft wird bei den Großmeistern von deren Strahlen und den damit verbundenen Themen berichtet und was mit deren Energie erreicht werden
kann, aber selten wird auch erklärt, woher diese Strahlen kommen und
was wir uns darunter genau vorstellen können. Die Antwort hierauf ist
eigentlich recht einfach. Ein »Strahl« ist eine grobe Umschreibung für
den energetischen Bereich des Großmeisters selbst. So strahlt der Meister, was auch Aura genannt wird, den Strahl von sich selber aus. Die Aspekte dieses Strahls sind eigentlich seine eigenen persönlichen Stärken
bzw. die Themen, die er selbst gern repräsentieren möchte, da sie seinem
Wesen am ähnlichsten sind. Arbeitet ein Großmeister als Chohan in der
Weissen Bruderschaft, eine der bekanntesten Bruderschaften des uns
bekanntesten Brennpunkts Paolo Vernese, wird die Aura des Meisters
derart hochfrequent und groß, dass sie als »Strahl« bezeichnet werden
kann. Die Farbe des Strahls ist – genau wie bei jeder Aura – die Farbe,
die am meisten auffällt und hervortritt aus allen Aurafarben des Meisters. Jeder kann die Aspekte dieser hervortretenden Farbe am besten bestimmen. Aus diesem Grund lassen sich auch Einzelthemen der Strahlen channeln. In jedem Brennpunkt um die Erde herrscht eine große
Bruderschaft mit aufgestiegenen Meistern (wie z. B. die Großmeister der
Weissen Bruderschaft) in dieser energetischen Größe, deren Energien
sich im gesamten Bereich von Mutter Erde überlappen. Dies trifft auf die
menschlichen, die Engel-, und die dämonischen Brennpunkte gleichermaßen zu, die gewissermaßen aufgrund ihrer differierenden Frequenzen
parallel zueinander stehen. So sind die Meisterenergien der aufgestiegenen Meister, Engel, aber auch Dämonen allgegenwärtig auf den Sphären
spürbar. Diese Aura-Energien erstrecken sich aufgrund ihrer Größe auch
in den umliegenden Kosmos.

Wenn wir davon sprechen, dass jemand »auf« dem Strahl arbeitet, meint dies, dass der Großmeister des Strahls das Oberhaupt dieser »Abteilung« ist und die dort arbeitenden Personen ihm unterstehen und ihm bei seiner Arbeit behilflich sind. Die Weisse Bruderschaft kann daher allgemein als eine Art »große Firma« im Brennpunkt bezeichnet werden, deren Energien überall in unserem Bereich verteilt sind. Die Geschehnisse der Erde liegen somit im direkten individuellen Bewusstseinsbereich der Großmeister, was ihnen die globale Übersicht erleichtert.

DIE WEISSE BRUDERSCHAFT
Oberhaupt Chohan El Morya

Die Weisse Bruderschaft bildet sich aus aufgestiegenen Meistern, die den Mahamanvantara (Einweihungsweg) zum höchsten Paranishpanna (Vollendung der Weisheit) errungen haben. Einige der bekanntesten Meister der Bruderschaft der Neuzeit sind El Morya, Saint Germain, Kuthumi, Serapis Bey, Djwal Kuhl, Hilarion, Maitreya, Sanandá und Konfuzius. Ziel ihrer Tätigkeit ist es, dem Ursprung der Erde und der Menschheit soweit dienlich zu sein, dass die Menschen auf dem Weg ihrer Entwicklung und somit Einweihung zu den höheren Sphären aufsteigen können.

✯ CHOHAN EL MORYA ✯

Amt
Oberhaupt der Weissen Bruderschaft
Chohan des ersten Strahls
Farbe des Strahls: Blau in allen Facetten
Aufstieg 1862 n. Chr.

Themen
Mut, göttlicher Wille, Macht, Kraft, Struktur, Glaube, Fortschritt, Technologie, Sprache, Gefühle und Schutz.

Tätigkeit
»Der Wille Gottes geschehe durch mich.«
»Du musst bereit sein, den Willen Gottes in freudiger Bescheidenheit anzunehmen.«
»Was Ihr sät, das erntet Ihr.«
»Seid gewillt, die göttliche Kraft, Stärke und Macht mit dem göttlichen

Wissen zu vereinen, um nach dem Willen Gottes, der Ihr seid, zu handeln.«
El Morya

✳ Wissenschaft der Gegenwart und Zukunft

Gerade als Oberhaupt der Weissen Bruderschaft leitet El Morya nicht nur die Bruderschaft, sondern koordiniert auch deren Aufgaben. Im Bereich der Wissenschaft sind besonders El Morya und Hilarion beschäftigt. Gearbeitet wird nicht nur an Selbsthilfeprodukten, wie z. B. Aura-Soma oder den Meister-Quintessenzen, sondern vielmehr an der evolutionären Entwicklung der menschlichen Körper. In Zukunft werden unsere Körper immer feinstofflicher und somit durchlässiger, gesünder und medial zugänglicher werden. Gerade auf der physischen Sphäre wird in diesem Bereich die stärkste Aktivität der dämonischen Energien wahrgenommen. Die Bruderschaft ist daher stets bemüht, mit ihren positiven Energien dagegen zu arbeiten, um für einen besseren Verlauf der Zukunft zu sorgen. Besonders die gegenwärtige und künftige Wissenschaft wird durch den großen Wissensschatz El Moryas gefördert, da er auch im Universum als Gelehrter der biologischen Wissenschaften, besonders im Bereich der Körperbeschaffenheit und Körperfunktionen wirkt, was gerade im grobstofflichen Bereich der physischen Sphäre vonnöten ist, da hier noch besonders viel Schmerz empfunden werden kann.

✳ Diplomatie und Weltpolitik

Zu seinen Aufgaben zählt die stetige Bemühung, dem Krieg ein Ende zu setzen und eine friedvollere Lösung der Gemeinschaften zu finden. Das Projekt des Vereinten Europa ist ein Beispiel für diese Arbeit. Diese Bemühungen sollten wir jedoch nicht immer nur im Großen sehen, da der wirkliche Aufstieg und auch der Gedanke vom Frieden der Menschheit im Herzen jedes Einzelnen entstehen. Hierzu zählen auch die Aufklärung und das Fördern und Verbreiten von Wissen für die Allgemeinheit. Nicht nur die speziell ausgebildeten oder gesellschaftlich höhergestellten

Menschen können dazu etwas beitragen und leisten. In Diskussionsrunden oder durch das Schreiben von Texten oder Büchern kann jeder einen enormen Beitrag leisten, damit jeder Einzelne seine Sichtweise, z. B. zur Rassenfeindlichkeit, noch einmal überdenken kann. Auch wenn wir individuell immer wieder Unterschiede wahrnehmen, wenn wir erst einmal an der Schwelle des Todes stehen, werden wir doch alle gleich und erkennen, dass wir All-Eins sind!

✳ Ausbildung in den universellen Gesetzen und Lehren

Dazu zählen unter anderem die »Wir sind«-Lehre von Chohan El Morya, die »Ich bin«-Lehre von Chohan Saint Germain, die »So ist es«-Lehre von Chohan Konfuzius, die »Ich habe«-Lehre von Lady Abedine und die Gesetze der Entsprechung, der Geistigkeit, der Polarität, der Schwingung, der Dualität und des Rhythmus sowie das Gesetz von Ursache und Wirkung, die am meisten verbreitet sind. Auch die theosophischen Geheimlehren, die El Morya gemeinsam mit dem Meister Saint Germain und Kuthumi Ende des 19. Jahrhunderts durch das Medium Helena P. Blavatsky speziell auf der physischen Sphäre verbreiten ließ, gehört dazu. El Morya tritt in zahlreichen öffentlichen Diskussionsrunden der einzelnen Sphäre, bei universellen Kongressen oder anderen Lehrveranstaltungen auf, um dieses Wissen zu lehren und zu repräsentieren als Oberhaupt und im Namen der Weissen Bruderschaft.

✳ Einweihung in die theosophischen Geheimlehren auf allen Sphären

Ziel ist es, durch die Ausbildung von Schülern in den alten Geheimlehren der Theosophischen Gesellschaft das Wissen der uralten Lehren auch in der modernen Zeit weiterzugeben und immer wieder verständlich und lehrreich darzulegen. Diese speziell ausgebildeten Medien und Lehrer versuchen als Lichtarbeiter, neue Bücher mit diesem Wissen zu verfassen oder es auf anderen modernen Wegen, wie z. B. dem Internet, im Namen der Meister zu verbreiten. Jeder sollte versuchen, sich mit dem Thema zu befassen, was er von diesem uralten Wissen in seinem modernen Leben integrieren und anwenden kann, da dies immer eine Hilfestellung für den eigenen Aufstieg sein sollte.

❋ Ausbildung von Schülern in allen Sphären

El Morya selbst kennt die Situation als physisches Medium auf der Erde sehr gut, da er in zahlreichen Inkarnationen selbst als Medium und als Lichtarbeiter in den Zeiten seines Aufstieges gedient hat. Aus diesem Grund fällt es ihm leicht, uns als Meister mit viel Mitgefühl und Verständnis beim harten Lernweg zum praktizierenden Medium zur Seite zu stehen, was von vielen seiner Schüler berichtet wird und auch von mir als einer seiner Schülerinnen an dieser Stelle bestätigt werden kann. Die Ausbildung erfolgt in den verschiedensten Bereichen der medialen Fähigkeiten. Jeder nimmt sie aber individuell an.

- Hellhören, Hellsehen und Hellfühlen
- Trancereisen
- Manifestationsarbeit und Visualisieren
- Gefühle definieren und aussprechen können (Seelensprache)
- Unterschiede der Seinszustände definieren
- Ausarbeitung von Aufstiegstexten
- Gedankliches Reisen und Astralreisen
- Telepathie, auch visuell wahrzunehmen
- Telekinese
- allgemeine Energiearbeit

❋ Channeling-Sitzungen mit einem Medium

Dazu zählen das Verfassen von Büchern und Aufstiegstexten bzw. mithilfe der Weissen Bruderschaft die Energiearbeit, die Selbsterkennung, der Unterricht und die Erziehung, die öffentlichen Auftritte und das Überbringung von Botschaften. Aber auch die allgemeine Unterstützung von aktiven Medien bei der Energiearbeit ist wichtig. Leider wird oft vergessen, dass wir alle dem Licht dienen und unsere Arbeit zum Wohle aller sein sollte. Es gibt immer noch zu viele Medien, die lediglich Geld verdienen wollen und aufgrund des spirituellen Neides gegeneinander arbeiten. Diese Erfahrung musste ich leider auch schon machen. Schon des Öfteren versuchte ich, Kontakt zu einem anderen, öffentlich arbeitenden Medium herzustellen, um Erfahrungen auszutauschen. Leider blocken die meisten aus Angst vor »Konkurrenz« ab, anstatt sich daran zu erinnern, dass wir alle medial begabt sind. Vertraue ich auf meinen Weg und meine Berufung als Lichtarbeiter, brauche ich keinen Gedanken an Konkurrenz oder Versagen zu verschwenden, dann folge ich einfach meinem mir bestimmten Weg!

Auch wenn wir nur privat channeln, können wir mit der Arbeit an unserer Seele und auch dem Behilflich-sein in der eigenen Familie oder dem Bekanntenkreis viel Gutes tun. Meine Schwester Christina ist einer meiner neugierigsten und liebevollsten »Kunden« in diesem Bereich und steht mir immer hilfreich zur Seite, wenn ich im energetischen Bereich etwas Neues ausprobieren möchte.

✳ Mitarbeit an der Entwicklung von Aura-Soma und anderen Energieessenzen

Es steht der Aspekt der Selbstheilung und Arbeit an der eigenen Seele im Vordergrund. Jeder kann mithilfe der Energieessenzen, für die es einen immer größeren Markt gibt, an seiner eigenen Verfassung und an seinen Blockaden arbeiten. Auch die demütige Bitte und Anrufung der Energien der Meister kann bei der Selbstheilung und Bewältigung des Alltages helfen. Jeder Meister ist gern bereit, seine Energien demjenigen zu schicken, der nicht nur sich selbst, sondern auch gern seinen Mitmenschen helfen möchte. Auch ein Meister kann dabei zu einem liebevollen »Mitmenschen« werden, indem er ein Begleiter für uns ist. Jeder ist in der Lage, auch einmal seinem Meister oder einem anderen Lichtwesen zu helfen. Nicht nur wir, sondern auch sie nehmen gerne Hilfe an. Ich frage oft, ob ich behilflich sein kann, da jeder die göttliche Fähigkeit hat, Energien zu spenden und nicht nur sie anzunehmen.

✳ Energetische Vorbereitung der aufgestiegenen Meister im Brennpunkt auf eine große Inkarnation

Entschließt sich ein aufgestiegener Meister dazu, als Seele weiterzureisen und möchte er für diesen Weg inkarnieren, so tritt er in den Tempel des Willen Gottes von Chohan El Morya ein, um gemeinsam mit dem Erzengel Michael die energetische Vorbereitung anzutreten. Darunter verstehen wir die emotionale Klärung, die Anpassung der Frequenzen und die damit verbundene Umformung des Energiekörpers. Es wird hier entschieden, wie sich das folgende Leben gestalten soll, und eine Auswahl der Eltern wird getroffen. Meistens stehen mehrere Inkarnationswege zur Auswahl, wobei man selbst entscheiden kann, welchen man letztlich antreten möchte.

✳ Förderung der spirituellen Energiemedizin

El Morya ist ein Gelehrter, was die Körperformen und ihre Funktionen angeht und ist besonders mit dem physischen Körper sehr vertraut. Bei der spirituellen Energiemedizin wird vor allem auf den Energiefluss des Körpers eingegangen, der sich in verschiedene Bereiche einteilen lässt. Man unterscheidet zwischen Energiekörpern, Energieflüssen, Botenstoffen, Chakren und Energietypen, die auch messbar sind. Diese werden mit einem eigens dafür hergestellten Gerät gemessen, das die Vitalwerte des Körpers anzeigt. Durch Vergleiche der Reaktionen des Patienten mithilfe des kinesiologischen Muskeltests lassen sich die individuellen Energiewerte eines Menschen ermitteln.

Wir können so die Ladung einer Energieebene messen, vergleichbar mit der Ladung einer Batterie. Je höher die Energiewerte eines Menschen sind, wobei das Maximum bei 100% liegt, desto gesünder und energiegeladener ist der Getestete im Allgemeinen. Müde und kranke

Menschen haben niedrige Energiewerte. Der gesunde Durchschnittsmensch hat Werte von vital 100 / emotional 100 / mental 100 / kausal 40. Durch die Kenntnis der Energiewerte einer Person bekommt der Arzt so etwas wie einen individuellen Fingerabdruck, weil sich die Werte auch nach längerer Zeit kaum oder nur geringfügig ändern. Die vier verschiedenen Schichten der Lebensenergie waren bereits im alten Indien bekannt. Was die Werte im Einzelnen bedeuten, will ich kurz erklären.

Die Werte werden bei der Untersuchung mit den Methoden der psychosomatischen Energetik ermittelt. Dazu benutzt der Therapeut ein Testgerät, das dem Patienten schwache Stresssignale sendet. Diese Signale werden so verändert, dass sie mit den vier verschiedenen Energieebenen des Getesteten in Resonanz gehen. Je mehr Lebensenergie jemand hat, desto mehr Stresssignale kann er auf einer bestimmten Energieebene tolerieren. Ein gesunder Mensch toleriert sogar 100% des betreffenden Frequenzspektrums, ein kranker oder geschwächter Mensch dagegen deutlich weniger. Der größte Vorteil dieser Methode ist, dass sich damit die Lebensenergien eines Menschen zuverlässig auf allen vier Ebenen messen lässt:

1. Vitalenergie
2. Emotionalenergie
3. Mentalenergie
4. Kausalenergie

Die fünf Körperfrequenzen (Koshas) nach der indischen Weisheitslehre:

1. Annamaya	=	der physische Körper
2. Pranamaya	=	der Vital-Körper
3. Manomaya	=	der Emotional-Körper
4. Vijnamaya	=	der Mental-Körper
5. Anandamaya	=	der Kausal-Körper

Diese fünf Körper präsentieren die verschiedenen Körperfrequenzen, die wir alle haben. Legen wir den physischen Körper eines Tages ab, wechseln wir unsere Körperfrequenz in eine der anderen vier Hauptfrequenzen. So können wir auch als Großmeister beliebig mithilfe unserer Gedanken die Frequenzen wechseln und ungehindert auf den verschiedenen Sphären reisen. Lediglich der physische Körper muss speziell geformt werden, da er derart grobstofflich ist, dass wir ihn nicht einfach gedanklich verändern können.

Begleiter

Maha Chohan Paolo Vernese
Großmeister Gerdorón
Chohan Saint Germain (violette Flamme)
Chohan Serapis Bey (weiße Aufstiegsflamme)
Chohan Kuthumi
Erzengel Michael und Raphael
Ehefrau Lady Abedine
Männlicher Elohim Hercules
Weiblicher Elohim Amazone

Behilfliche Priester aus Atlantis

Mafese (Priester des Mutes und der Kraft)
Samuele (Priester des Selbstvertrauens)
Josira (Priesterin der kreativen Kommunikation)
Desdena (Priesterin der positiven Nutzung der Macht)
Bigenes (Priesterin für das Umsetzen des ersten Impulses)
Zahsira (Priesterin des Vertrauens in Schutz und Führung)
Kiara (Priesterin der Zielsetzung)

Melodie: »Pomp and Circumstance« von Sir Edward W. Elgar
Edelstein: Saphir
Wochentag: Sonntag

Chakra: Kehlkopfchakra
Weibliche Urkraft: Faith (Glaube)
Aura-Soma Equilibrium Flasche: Nr. 50 – Bereitschaft, sein Leben von nun an ganz und gar in Übereinstimmung mit dem großen Ganzen zu leben

Tempel
»Tempel des Willen Gottes« über Darjeeling, Indien

Anrufung der Energie des Tempels
»Wer sein Herz in reiner Absicht öffnet, wird bereit sein, seinen göttlichen Auftrag zu erkennen und auch in freudiger Absicht anzunehmen.«

»Wenn wir erkennen, dass wir Gott sind und immer sein werden, dann erkennen wir, dass der Wille Gottes nur unser eigener Wille sein kann und wir somit nicht nur für uns etwas tun, sondern immer für das All-Eine, denn Gott ist Bewusstsein in allem.«
El Morya

✧ Bearbeitung von Anrufungen zur Auflösung von verarbeitetem Karma, Programmen und Glaubenssätzen (Seelenarbeit)

✧ zur energetischen Raumreinigung (Transformation von emotionalen Ablagerungen in den energetischen Gitternetzen)

✧ zum genauen Definieren des Lebensplanes bzw. spezieller göttlicher Aufträge (Seelenaufträge und Verträge)

✧ für ein besseres Verständnis der theosophischen Lehren (Einführung in die alte Geheimlehre)

✧ um den tieferen Sinn einer Botschaft zu erkennen (Visionen, Träume, Eingebungen usw.)

Vergangene Tätigkeiten und Inkarnationen

✳ Großmeister Gandor

Großmeister Gandor war der Verteiler für die Dreifaltigkeitsflamme mit seiner damaligen Arbeitspartnerin Lady Abedine.

✳ Botschafter El Morya

Als El Morya auf dem Planeten Merkur lebte, hatte er das Amt des Botschafters inne. Er vertrat die Interessen seiner Heimat im ganzen Kosmos. Hier begegnete er Lady Abedine, die zu dieser Zeit als Diplomatin der kosmischen Interessen El Morya empfing.

✳ Abraham, Begründer der zwölf Stämme Israels (ca. 1.900 v. Chr.)

Er war ein Hirte und Prophet der im *Alten Testament* eine große Rolle als Begründer und Stammvater der zwölf Stämme des Volkes Israel spielt. Nach jüdischem und islamischem Glauben befindet sich sein Grab in Hebron.

✳ König Melchior (Anbeginn der modernen Zeitrechnung)

Melchior war einer der drei weisen Könige aus dem Morgenland, die zur Geburt des Jesuskindes kamen. Sie brachten die Geschenke Weihrauch, Myrre und Gold mit. Auch andere aufgestiegene Meister waren bei der Geburtsstunde der Weltreligion anwesend: Joseph von Nazareth (Meister Saint Germain), Maria (Lady Maria), König Baltasar (Meister Serapis Bey), König Caspar (Meister Kuthumi) und Jesus Christus (Meister Sanandá).

✳ König Artus (ca. 5. bis 6. Jahrhundert)

Artus war ein sagenhafter kelto-britischer König, der gegen die eindringenden Angeln und Sachsen gekämpft haben soll. Es gibt Legenden um das Schwert Excalibur und den Alchemisten Merlin (Meister Saint Germain) und Morgain La Fey (Lady Portia).

* Thomas Becket (geboren am 21.12.1118 in London;
gestorben am 29.12.1170 in Canterbury)
Er war Lordkanzler und Erzbischof von Canterbury, England. Heinrich II erteilte vier Rittern den Befehl, ihn zu ermorden, was in einer
Kathedrale mit Schwertern geschah.

* Jacques de Molay (geboren zwischen 1244 und 1250
in der Freigrafschaft Burgund, Franche Comté;
gestorben am 18.03.1314)
Er war der letzte Großmeister des Tempelordens. In seine Zeit als
Großmeister fällt die Zerschlagung des Ordens durch den König von
Frankreich, Philipp den Schönen.

* Thomas Morus (geboren am 07.02.1478 in London;
gestorben am 06.07.1535 in London)
Thomas Morus war ein englischer Staatsmann und humanistischer Autor. Er ist ein Heiliger der römisch-katholischen Kirche (Gedenktag: 22.
Juni) und Patron der Regierenden, Politiker sowie der Katholischen Jungen Gemeinde (KJG).

* Jalaluddin Muhammad Akbar (geboren am 15.10.1542
in Umarkot; gestorben am 15.10.1605 in Agra)
Akbar folgte seinem Vater Nasir du din Muhammad Humayun als
Großmogul von Indien in den Jahren 1556–1605, und gilt, neben
Ashoka, als einer der bedeutendsten Herrscher in der Geschichte des
Landes.

* Thomas Moore (geboren am 28.05.1779 in Dublin;
gestorben am 25.02.1853 in Slopertone Cottage
bei Bromham, Wiltshire, England)
Er war ein irischer Dichter und Schriftsteller. Er veröffentlichte insgesamt
zehn Werke, z. B. die bekannten Satiren *The Twopenny Post Bag* und *The*

Fudge Family in Paris, und wurde für die Verbreitung von den »Irish Melodies« bekannt, die er unter anderem auch selber spielte und sang.

✻ Meister El Morya, Aufstieg in die Kausalwelt (im Jahr 1862 aus der Astralebene)

In der Kausalwelt arbeitete El Morya als Großmeister und stieg in den hohen Bund der Weissen Bruderschaft ein. Bereits hier unterrichtete er das Medium Helena P. Blavatsky als astraler Meister in den medialen Gaben und den uralten Geheimlehren.

Als aufgestiegener physisch manifestierter Meister El Morya

✻ El Morya Khan (ca. 1871 bis 1898, indischer Prinz, Radjut Indien)

Er arbeitete mit dem Medium Helena P. Blavatsky, Meister Saint Germain und Meister Kuthumi die Theosophie mithilfe der Mahatma (Meister) Briefe aus. Die theosophische Gesellschaft wurde daraufhin von Helena P. Blavatsky, Henry Steele Olcott und William Quan Judge am 17.11.1875 gegründet.

Optische Beschreibung des Meisters

El Morya ist ein Mann, der uns sicher in Erinnerung bleibt, wenn wir ihn erst einmal ins Auge gefasst haben. Er ist von großer Statur (1,95m) und hat einen durchtrainierten Körper. Sein optisches Alter schätze ich auf Anfang 50, jedoch zeichnen sich nur wenig Fältchen in seinem Gesicht ab. Er trägt sehr volles, kurzes, schwarz-grau meliertes Haar, das er mit Gel gerichtet hat. Seine Augen sind von einem derart kräftigen Blau, dass wir glauben könnten, dass er seinen eigenen Seelenozean dadurch ausgedrückt. Den Blick in seine Augen vergessen wir sicher nicht mehr, da dieser Blick es vermag, uns tief auf einer emotionalen Seelenebene zu berühren. Seine Erscheinung flößt sehr viel Respekt ein, ja er wirkt fast schon einschüchternd. Jedoch ist der Meister selbst von derartiger Sanftmut, Liebe, Stärke und Geduld, dass wir ihm schnell Vertrauen schenken.[6]

✸ CHOHAN KONFUZIUS ✸

Amt
Chohan des zweiten Strahls in der Weissen Bruderschaft
Farbe des Strahls: Goldgelb
Aufstieg 1231 n. Chr.

Themen
Lehren, alte Weisheiten, Erleuchtung, Erkennen des göttlichen Planes, Geben und Nehmen im Einklang, Meisterschaft über das Leben, Lohn für seine Mühen, Anerkennung, Freundschaft und Freundlichkeit, Vergeben, Handeln.

Tätigkeit

✳ Einführung in die Kunst der fernöstlichen Meditationstechniken
Konfuzius selbst erreichte zu Lebzeiten auf der physischen Sphäre den höchsten Grad der tiefen Meditation und Trance. Meditation ist ein Werkzeug der inneren Ruhe und tiefen Sicht in die Seele selbst. Wenn wir die hohe Kunst beherrschen, uns selbst in einen ruhigen und emotional harmonischen Zustand zu versetzen, können wir mit unserer tiefen Seele kommunizieren, wodurch Blockaden nicht mehr so leicht auftreten können, da wir die eigenen Lernthemen schneller und leichter erkennen, um stetig an der eigenen Seele zu arbeiten.

---

6   Die optische Beschreibung der Großmeister entspricht meiner persönlichen Wahrnehmung und kann von jedem Medium anders empfunden werden.

Wir vermögen es auch, in einem derartigen Ruhezustand mit der Seele einer anderen Person zu sprechen. Hierbei sollten wir aber vorsichtig vorgehen, da wir dadurch auch großen Schaden anrichten können. Die Seele selbst entscheidet sich für eine Kontaktaufnahme. Schön ist es, sich auf diese Art mit einer anderen Seele zu verbinden, wenn wir dieser zum Beispiel vergeben möchten. So versetzen wir uns in einen meditativen Zustand, stellen uns die betreffende Person visuell vor, rufen die Seele bei ihrem Namen und bitten sie nun liebevoll um Vergebung oder auch um eine Antwort auf eine wohlüberlegte Frage. Meistens lässt die Antwort nicht lange auf sich warten und die Person gibt uns ein Zeichen. Vielleicht umarmt sie uns oder sie wendet sich von uns ab und ist zur Vergebung oder Kommunikation noch nicht bereit.

Wenn wir uns tief auf dieses Gespräch einlassen, kann es auch zu einer normalen Kommunikation kommen, hierbei sollten die Worte jedoch sehr gut überlegt sein. In seltenen Fällen kann es sogar zu Versprechen kommen, die sich dann im Lebensplan verwirklichen. Auch dabei ist Vorsicht geboten!

✳ Leitung als Vorstand mehrere lehrreicher Diskussionsrunden

Themen dieser Diskussionen sind häufig die Bildung von Religionssichtweisen, die Verbreitung eines Grundgedankens, das Zusammenführen von Gleichgesinnten im Hinblick auf die freie Meinung, der Ausdruck des Göttlichen im Leben, Massenansammlungen der Zeitgeschichte und ihre Auswirkungen oder das Empfangen von Botschaften. Als Vorstand kann Konfuzius die Themen der Diskussionen selbst bestimmen, lenken und leiten. Meistens wird es nicht versäumt, diese lehrreichen Texte niederzuschreiben, damit auch andere aus deren Weisheit lernen können. So werden aus Schülern schnell die Lehrer und ihre Schüler lehren an ihrer Stelle eines Tages weiter, daraus entsteht ein ewiger Kreislauf des Lehrens, an den wir uns wissbegierig anschließen sollten!

Ein Beispiel ist auch die »So ist es«-Lehre vom Chohan Konfuzius selbst, die auch in der modernen Zeit noch genug Integration erfährt, sofern wir uns mit dem tiefen Sinn der Lehre beschäftigen. Der Meister ruft seine Schüler immer wieder dazu auf, sich selbst auf die Suche nach einer individuellen Lehre zu machen, die aus der eigenen tiefen Sichtweise des Lebens gewonnen wird.

✳ Grundlehre des Konfuzianismus in diversen Lehrgängen für Anfänger und Fortgeschrittene auf den verschiedenen Sphären

Der Konfuzianismus ist eine der philosophisch-politischen Strömungen Chinas, die sich als Antwort auf eine tief greifende Krise der Gesellschaft herausgebildet hat und an die Lehre des Konfuzius anschließt. Schon im *Lun Yu* sagt Konfuzius (XVIII, 6): »Wäre die Welt in Ordnung, dann brauchte ich mich nicht damit abzugeben, sie zu ändern!« Der Begriff »Konfuzianismus« ist allerdings eine westliche Prägung ohne genaues chinesisches Äquivalent.

Die Lehren des Konfuzius wurden von Zeng Zi an Zi Si, den Enkel des Meisters, weitergegeben und nach dessen Tod durch seine Schüler an Menzius. Es gibt die sogenannten »Fünf Klassiker« des Konfuzianismus, deren Studium von Konfuzius empfohlen wurde. Angeblich wurden diese Bücher von Konfuzius herausgegeben:

- *Yijing, das Buch der Wandlungen* (Vierundsechzig Hexagramme, Textbuch des Großwahrsagers)
- *Shijing, das Buch der Lieder* (Sammlung alter Volkslieder)
- *Shujing, das Buch der Urkunden* (Sammlung von Gesetzen und Erlassen mit Kommentierung)
- *Liji, das Buch der Riten* (Riten für den Umgang mit den Ahnen, dem König und der Familie)
- *Chunqiu, die Frühlings- und Herbstannalen* (das einzige, von Konfuzius selbst verfasste Buch; eine Chronik der Ereignisse seines Heimatstaates Lu vom 8. bis zum 5. Jahrhundert v. Chr.)

Begleiter

Chohan Kuthumi und Sanandá
Meister Lanto und Afra
Erzengel Jophiel und Constance
Männlicher Elohim Cassiopeia
Weiblicher Elohim Minerva

Behilfliche Priester aus Atlantis

Wontan (Priester der Astrologie)
Selestes (Priester der alten Künste)
Ligatha (Priesterin für Yoga, Tai Chi, Qi Gong und Autogenes Training)
Nokate (Priesterin der Philosophie)
Hannane (Priesterin der Lehrer und Erzieher)
Menedes (Priester des Schutzes der Umwelt)
Bellana (Priesterin des Schutzes der Tiere)

Chakra: Scheitelchakra
Weibliche Urkraft: Constantia (Beständigkeit)

Tempel

»Tempel der Präzipitation« über den Rocky Mountains in Wyoming, USA

Anrufung der Energie des Tempels

✧ um Klarheit und Reinheit in die Gedanken zu bringen
✧ zum besseren Verständnis der alten Weisheit und um sie in der modernen Zeit umsetzen zu können
✧ bei Lernproblemen von schwierigen Texten der Grundlehren der alten Religionen, der Theosophie oder auch des Konfuzianismus
✧ um Leidenschaften zu entfachen (für diverse Themen im Leben oder Lernaufgaben, aber auch beim Körper)
✧ um das Gefühl der Gemeinschaft und das gegenseitige Begleiten zu fördern (bei Lerngruppen)

Vergangene Tätigkeiten und Inkarnationen

✳ **Mai Ta Lung, angelernter Meister in der Kunst der chinesischen Schrift (831–781 v. Chr.)**

Er malte für die großen Königshäuser, die Schriftrollen der Weisheit und trug diese vor auserwählten Schülern vor.

✳ **Qiu Zhongni Kongzi, genannt Konfuzius in China (551–478 v. Chr.)**

Er war ein Gelehrter und Großmeister in der chinesischen Dynastie und Begründer der Weisheitslehre Konfuzianismus.

Der Konfuzianismus

Der Begriff »Konfuzianismus« stammt aus dem Chinesischen und bedeutet »Ideen der Anhänger der Schule der Gelehrten«. Gegründet wurde diese Glaubens- und Denkrichtung von christlichen Missionaren im 17. Jahrhundert.

Die fünf Tugenden der Weisheitslehre lauten:

Gegenseitige Liebe oder auch Menschlichkeit, Rechtschaffenheit, Gewissenhaftigkeit, Ehrlichkeit und Gegenseitigkeit

Daraus werden auch die drei sozialen Pflichten abgeleitet:

Loyalität, kindliche Pietät sowie Wahrung von Anstand und Sitte

Optische Beschreibung des Meisters

Der Meister Konfuzius ist ein älterer und sehr weise wirkender Mann von mittlerer Größe. Seine Statur ist sportlich schlank, was das Schätzen seines optischen Alters schwer macht. Generell schätze ich ihn auf Anfang 50, jedoch zeichnen sich so gut wie keine Fältchen in seinem

Gesicht ab. Sein Haar ist allgemein von einem reinen Schneeweiß und er trägt einen längeren Bart, wie einer der älteren Weisen des Fernen Osten. Jedoch lässt die Energie, die er ausstrahlt, auf ein anderes Alter schließen. Seine Augen sind königsblau, wie der Ozean selbst, was mir einen flüchtigen Einblick in sein sehr hohes Seelenalter gewährt.

✭ LADY ROWENA ✭

Amt

Chohan des dritten Strahls in der Weissen Bruderschaft
Farbe des Strahls: Rosa
Aufstieg 1872 n. Chr.

Themen

Bedingungslose göttliche Liebe, Toleranz, Menschlichkeit, Freiheit, Kreativität, Schönheit, Intuition, Loslassen von Illusionen, Balance zwischen Geben und Nehmen, Achtung, Vertrauen, Mentalität und gefühlte Hierarchien erkennen und klären.

Tätigkeit

✳ Die Verwaltung der Hierarchien in der Bruderschaft

Es geht vor allem um die Verwaltung der frei gewordenen Stellen in der Bruderschaft oder um das Organisieren von Versetzungen. Wenn ein aufgestiegener Meister als Medium oder in einer anderen Funktion in der Bruderschaft beruflich Fuß fassen möchte, bewirbt er sich, genau wie in jeder »Firma«, bei der Großmeisterin Lady Rowena. Anschließend wird der Bewerber auf seine Talente und speziellen Qualifikationen geprüft, um die Eignung für den angestrebten Beruf zu garantieren. Ist der Bewerber für einen speziellen Beruf nicht geeignet, wird er für eine andere Tätigkeit vorgeschlagen, denn es gibt meistens unendlich viele Möglichkeiten, zum Wohle aller seine Berufung zu finden. In welcher Funktion wir tatsächlich arbeiten möchten, kann meistens nur schwer bestimmt werden. Daher bieten die Meister der Bruderschaft so etwas Ähnliches wie Schnupperkurse an, in denen wir uns ein besseres Bild der verschiedenen Tätigkeiten machen können. Diese Tätigkeiten kennen jedoch keine sphärischen Begrenzungen, da wir überall ein arbeitendes Mitglied der Bruderschaft sein können. So bin ich ein aktives Medium der Weissen Bruderschaft, das Bücher und Texte mit den Meistern verfasst, um an der Verbreitung von Wissen zu arbeiten. Jeder der gewillt ist, etwas für das große Ganze zu leisten, ist herzlich willkommen, sich bei der Bruderschaft zu bewerben. Jeder hat spezielle Talente und die passende Berufung dazu. Die Meister helfen uns gern, die richtige Berufung zu definieren, und sie helfen auch bei der Ausführung und Umsetzung von kleineren und größeren Plänen ihrer Mitarbeiter.

Steht erst einmal fest, in welcher Funktion wir arbeiten möchten, werden wir entsprechend geschult, um unser Talent so gut wie möglich zu entfalten. Dies kann von körperlicher bis rein gedanklicher Arbeit alle Formen annehmen, da bei der Umsetzung der Arbeit alle Möglichkeiten offenstehen. Es gibt außer den Hierarchien und den zu vergebenden Posten keine festen Vorschriften zur Arbeitseinteilung. Solange wir in Harmonie mit den anderen Mitarbeitern und nach dem universellen Plan arbeiten, spielt es keine Rolle, wann und in welcher Reihenfolge die Tätigkeiten erfolgen. Je weiter wir in unserer Verantwortung aufsteigen, desto mehr Hilfe können wir bei der Arbeit erbitten. So kann ein Großmeister für einen größeren Auftrag eine eigene Abteilung beantragen, die ihm bei der Umsetzung behilflich ist. Diese eigenen Arbeitskreise finden sich auf allen Sphären wieder, welche meistens leider als »geheim« gelten. Da unsere Gesellschaft spirituelle Themen eher zurückweist, arbeiten die Organisationen im Hintergrund. Dies ist leider nur zu oft der Fall, sodass der Laie auf dem Gebiet der spirituellen Arbeit nur selten deutliche Ergebnisse wahrnehmen kann. Es ist mir auch persönlich ein großes Anliegen, das Wesen und Wirken der Weissen Bruderschaft den Interessierten zu vermitteln, um einen besseren Eindruck der daraus gründenden Ergebnisse des Alltages zu ermöglichen.

Wenn wir uns in die Schülerschaft der Weissen Bruderschaft begeben und eine Ausbildung für eine spirituelle Tätigkeit erbitten, werden wir einem Ausbilder zugeteilt. Dieser wird bereits nach seinem Wesen ausgewählt, da Meister und Schüler gut miteinander auskommen sollen. Wenn wir uns erst einmal für die lichten Energien der geistigen Welt geöffnet haben, folgt der Schritt, bei dem wir uns auch für die Schattenseiten öffnen müssen, um das volle Potenzial entfalten zu können. Gerade bei der medialen Arbeit gibt es genug Schatten, aber auch Lichtseiten, die beide im Einklang zueinander stehen sollten. Wenn wir beide Aspekte berücksichtigen und emotional gefestigt sind, setzt der Meister ein Programm in Kraft, das die kausalen Schwingungen des Körpers kontinuierlich anhebt. Somit verbessern sich die Hellsichtigkeit, Hellhörigkeit und das feinere Fühlen von Tag zu Tag. Nebenbei werden wir, je nachdem was wir bereits praktizieren, in unserem spirituellen Wissen ausgebildet. Das Wissen um die Sphären, einzelnen Frequenzen, Brennpunkte usw. wird uns mit den zur Verfügung stehenden Mitteln erklärt. Hier kann es sein, dass wir durch Impulse zu den entsprechenden Büchern geführt werden, im Internet auf eine geeignete Homepage stoßen, beim Lesen eines Buches plötzlich ein gedankliches Bild vor Augen sehen, um den Inhalt besser zu verstehen und vieles mehr. Der Meister kennt bei der Vermittlung von Wissen keine Grenzen und muss sich lediglich an die emotionale Verträglichkeit des Schülers halten. So kann es eben auch Personen geben, die sich plötzlich fürchten, wenn sie eine Vision erhalten oder eine Stimme im Kopf hören, auch wenn diese Vorgänge positive Absichten tragen. Ein Rezept oder einen Plan gibt es leider nicht, da jeder seinen eigenen Weg gehen kann und dieser immer individuell zugeschnitten ist. Ich kann aus eigener Erfahrung nur sagen, dass sich niemand vor dieser

Arbeit fürchten muss, da sie unglaublich faszinierend und aufregend ist. Jedoch müssen wir auf jeden Fall emotional einiges aushalten können, da es eben auch die Schattenseiten gibt.

✳ Manifestationsarbeit auf den astralen Sphären

Die Energie eines Chohans erstreckt sich über die gesamte Erde und über den umliegenden Kosmos hinaus. In diesem Wirkungsbereich darf ein Chohan eigenständig manifestieren, was benötigt wird. So auch bei der Manifestationsarbeit auf den astralen Sphären im Zuständigkeitsbereich der Weissen Bruderschaft. Lady Rowena ist das Oberhaupt dieser Abteilung und zuständig für die einzelnen Ansuchen und Anrufungen. Sie leitet Besprechungen, überwacht die Geschehnisse und manifestiert im größeren Stil auch selber. So kann jeder, der ein astrales Leben führt, die geistige Welt um eine dauerhafte Manifestation bitten, je nachdem was er zum Leben benötigt.

Das bedeutet, dass wir uns einen Gegenstand in Gedanken vorstellen, den wir gern haben möchten, und wir bitten anschließend einen Großmeister oder die geistige Welt im Allgemeinen, das Gewünschte gedanklich zu erschaffen aus der göttlichen Materie. Dies geschieht, indem der Großmeister die umliegende Materie, die zur Verfügung steht, sozusagen zusammenschiebt, bis sich ein fester Gegenstand formt. Die Materie gewinnt an Dichte und kann nun angefasst werden. Jeder von uns ist gedanklich dazu in der Lage und kann selber göttliche Materie formen. Es wird jedoch zum Wohl aller von den Großmeistern der Weisheit überwacht, da diese Fähigkeit auch Schaden verursachen kann. Hellsichtige Menschen können Manifestationen sehen, da diese in einem anderen Frequenzbereich liegen.

Kleinere und häufig verwendete Manifestationen sind immer und überall auf dieser Sphäre erhältlich. So gibt es im Jenseits, genau wie bei uns auch, Geschäfte, Passagen oder größere Einkaufszentren, wo wir bereits manifestierte Gegenstände einfach abholen können. Es wird kein Geld oder Ähnliches benötigt. Besonders ich als Frau bin begeistert von der Information, dass ich auch auf anderen Sphären grenzenlos Shoppen gehen kann. Einfach himmlisch! Wenn wir jedoch etwas Größeres haben wollen, z. B. ein Haus, muss dies erst geplant, Platz geschaffen und entschieden werden. So kann jeder den Wohnort bekommen, den er sich verdient und von tiefster Seele gewünscht hat. Meistens wünschen wir uns auf dieser Sphäre ein neues Produkt, um uns darüber zu informieren, was gerade modern oder neu auf dem Markt ist. Auf der physischen Sphäre kommt das auch oft vor, wobei Produkte erfunden werden, die bereits auf einer anderen Ebene existieren. Viele lassen sich auch einen Fernseher oder Radio manifestieren, um sich die Programme der Erde anzusehen oder zu hören.

Wie wir uns einen Gegenstand herbeiwünschen können, so kann er auch gedanklich jederzeit wieder entfernt werden. Dies ist unglaublich praktisch, wenn wir Kinder im Jenseits haben. Sie können munter in der Sandkiste oder mit einem bunten Ball spielen, das Spielzeug muss aber nicht aufbewahrt werden. So funktioniert es auch, wenn wir etwas essen möchten. Das gewünschte Menü wird gedanklich geformt und kann dann verzehrt werden. Da dieses Essen viel hochfrequenter ist als physisches Essen, muss es auch nicht ausgeschieden werden, die Energien des Essens gehen direkt in den Organismus ein.

✳ Mitarbeit an der Entwicklung von Aura-Soma und anderen Energieessenzen (Equilibrium Flaschen, Pomander und Quintessenzen)

Lady Rowena war in der Entwicklungsphase der Energieessenzen ein aktives Mitglied in einem Wissenschaftskomitee, das mit der Verbreitung von Energien und mit der aktiven Anwendung im Alltag beschäftigt war. Hauptaufgabe für sie war das Gestalten der Fläschchen, um diese so alltagstauglich wie möglich zu machen, die Farbauswahl und die Duftkreationen der Essenzen. Sie sollten alle Sinne berühren, damit wir bei der Auswahl unserer Intuition sicher folgen können. Aus dieser Tätigkeit sind unzählige Fläschchen, Formen, Farben und Düfte der Energieessenzen entstanden, die in verschiedensten Variationen erhältlich sind. Dazu zählen vor allem die Quintessenzen der Großmeister der Weissen Bruderschaft.

✴ Beherrschung der Elementarkräfte (Blitz, Hagel, Zorn, Donner, Regen und Schnee) mit den Engeln Baradiel, Ziíel, Zaáphiel, Zacamiel und Zigiel

Lady Rowena hat mit dieser Tätigkeit sicher eine der undankbarsten Tätigkeiten erwischt, die es beim Regeln des Klimas geben kann. Gerade in diesem Bereich wird von der Menschheit oft hemmungslos geflucht und geschimpft, was die Großmeisterin Rowena durchaus spüren und hören kann. Da ich gelegentlich zu den Personen, die sich über das Wetter beklagen, gehöre, fragte ich an dieser Stelle und bei dieser wunderbaren Gelegenheit gleich bei Lady Rowena nach, ob sie diese verbalen Ausbrüche persönlich nimmt? Sie hat eigentlich nur laut gelacht und meinte, dass es trotzdem weiter regne!

✴ Überwachung der Lebensräume in den Gewässern, Meeren und Ozeanen mit dem Großmeister Poseidon

Gerade dem Großmeister Poseidon, der einst als Großmeister zum Meeresgott ernannt wurde, sind die Lebensräume der Gewässer gut bekannt. Er zählt tatsächlich zu einem Experten auf diesem Gebiet und ist nach wie vor, obwohl er den Bereich von Lady Gaia bereits verlassen hat, bei der Überwachung behilflich. Lady Rowena verwaltet hier hauptsächlich die evolutionäre Entwicklung des Tierreiches im Wasser und die dort vorhandenen Gruppenseelen.[7]

---

7 Der Begriff »Gruppenseele« meint eine Seele, die mehrere Körper manifestiert hat. Dies kommt z. B. bei Fisch- oder Insektenschwärmen vor. In ganz seltenen Fällen kann es zu einem derartigen Phänomen auch beim Menschen kommen. Die Anzahl der Körpermanifestationen geht jedoch nur selten über zwei bis drei Körper hinaus.

Gerade die Entwicklung der Polarkappen und die dort fortschreitende Eisschmelze machen der Großmeisterin Sorgen, da dies bereits große Auswirkungen auf Mensch und Tier zeigt. So ist es unumgänglich, die daraus entstehenden Entwicklungen des Tierreiches zu beobachten, um durch intensive Impulsarbeit einschreiten zu können. Vor allem Gruppenseelen spielen eine große Rolle, da sie sich mit dem universellen Aufstieg viel schneller weiterentwickeln als in den vergangenen Jahrhunderten. So werden aus Fischschwärmen, deren Fische einzelne physisch manifestierte Körper der Gruppenseele sind, größere Tiere, wie zum Beispiel ein Wal, der eine Einzelwanderseele ist. Aus kleinen und bedrohten Arten werden große und »höherentwickelte« Tiere, denen es leichterfällt, in der Evolution zu überleben.

Begleiter

Chohan El Morya, Maitreya und Sanandá
Chohan Hilarion und Lady Portia
Erzengel Raphael und Charity
Meister Poseidon
Männlicher Elohim Orion
Weiblicher Elohim Angelika

Behilfliche Priester aus Atlantis

Xelahra (Priesterin der Menschenrechte)
Tunere (Priester der Kreativität)
Hellenis (Priesterin der Menschenführung)
Danina (Priesterin der Nächstenliebe)
Yocara (Priesterin für Verständnis und Toleranz)
Wellina (Priesterin der Kinder des neuen Zeitalters)
Eglaia (Priesterin des Ablebens der Eifersucht)

Melodie: »Marseillaise« und »Ach so fromm« aus der Oper »Martha oder Der Markt von Richmond« von Friedrich von Flotow
Edelstein: rosa Turmalin
Wochentag: Dienstag
Chakra: Herzchakra
Weibliche Urkraft: Charity (Wohltätigkeit)

Tempel

»Lichtstädte der Freiheitsflamme« (Chateau de Liberté) im Süden Frankreichs, Rhonetal.

Anrufung der Energie des Tempels

✧ Selbstbeherrschung, wenn die Wellen der Emotionen überzuschwappen drohen (vor allem in Liebesdingen)

✧ bei Rassenkonflikten, wenn wir aufgrund unserer Mentalität in eine Schublade gezwängt werden, obwohl jedes Lebewesen gleich ist

✧ bei hierarchischen Verhältnissen in der Arbeit oder der Familie; Erleichterung des Erkennens der eigenen »Position« in der Gesellschaft

✧ zum Erkennen und Auflösen von falschen Hoffnungen und den damit verbundenen Illusionen

✧ für die innere Balance von Geben und Nehmen, männlicher und weiblicher Urkraft und das Gefühl der Ausgeglichenheit im ganzen Körper (die eigene Mitte finden)

Vergangene Tätigkeiten und Inkarnationen

※ Priesterin Avernae (1271–1315)
Sie war eine Priesterin in Atlantis, das zu dieser Zeit bereits in das Ätherreich übergegangen war. Im Tempel der Freiheit und Liebe setzte sie sich besonders für die Rechte der Frauen ein.

✳ Jeanne d´Arc (geboren ca. 1412 in Domrémy, Lothringen; gestorben am 30.05.1431 in Rouen, Haute-Normandie)

Jeanne d´Arc, in Deutschland auch Johanna von Orléans genannt, ist eine französische Nationalheldin und Heilige der katholischen Kirche. Während des Hundertjährigen Krieges führte sie die Franzosen gegen die Engländer. Durch einen Verrat wurde sie von den Burgunden gefangen genommen und an die mit ihnen verbündeten Engländern verkauft. Sie wurde wegen Verstößen gegen die Gesetze der Kirche in Rouen auf dem Scheiterhaufen verbrannt.

✳ Maria Stuart (geboren am 08.12.1542 im Palast von Linlithgow; gestorben am 08.02.1587 in Schloss Fotheringhay)

Maria I war die Tochter König Jakobs V. von Schottland und seiner zweiten Ehefrau Marie de Guise. Sie war Königin von Schottland vom 14.12.1542 bis zum 24.07.1567 und durch ihre Ehe mit Franz II. Auch Königin von Frankreich von 1559–1560. Maria Stuart wurde am 8. Februar im Schloss Fotheringhay durch Enthauptung hingerichtet.

✳ Marie Antoinette (geboren am 02.11. 1755 in Wien; gestorben am 16.10.1793 in Paris)

Marie Antoinette war eine Erzherzogin von Österreich und Königin von Frankreich und Navarra. Sie und ihr Gatte Ludwig XVI (1754 – 1793) wurden auf dem Höhepunkt der Französischen Revolution hingerichtet. In diese Zeit fiel auch die sogenannte Halsbandaffäre, ein Skandal des französischen Hofes in den unter anderem auch der Kardinal Louis de Rohan und Jeanne de Valois-Saint-Rémy verwickelt waren.

✳ Bernadette Soubirous (geboren am 07.01.1844 in Lourdes; gestorben am 16.04.1879 in Neveres an der Loire)

Die heilige Bernadette Soubirous oder Maria Bernada Sobeirons in okzitanischer Sprache war eine französische Ordensschwester, die als Mädchen im Jahre 1858 mehrere Visionen von Marienerscheinungen hatte.

Optische Beschreibung der Meisterin

Die Meisterin Rowena gleicht einer griechischen Göttin der alten Mythologie. Ihr Gesicht ist von rosiger Blüte, das den Eindruck von noblem Porzellan erweckt. Ihr langes, haselnussbraunes Haar trägt sie meistens in weichen Locken bis über die Schultern oder zu einem Zopf geflochten. Ihre Statur ist eher kleiner, sehr weich und als sehr feminin zu beschreiben. Ihre Augen sind kaffeebraun und strahlen puren Lebensgenuss aus. Sie wirkt sehr weich und schon fast mütterlich, ich fühlte mich sofort geborgen und behütet.

✭ Chohan Serapis Bey ✭

Amt

Chohan des vierten Strahls in der Weissen Bruderschaft
Farbe des Strahls: Kristallweiß – im Licht komplettes Farbspektrum
Aufstieg 436 v. Chr.

Themen

Reinheit, Disziplin, Aufstieg, Bewusstheit, Emotionen, Stärke, Selbstbeherrschung, Kontrolle, Gleichgewicht, Verarbeiten und Wahrheit.

Tätigkeit

✳ Aufstiege in die Kausalwelt

Entscheidet sich eine Seele, ihren Lebensweg auf einer der Sphären von Mutter Erde zu bestreiten, inkarniert sie hierfür astral, um den entsprechenden Neubeginn zu vollziehen. Dies kann mit einer physischen Inkarnation verglichen werden, da wir auch hier ein komplett neues Leben beginnen und uns an frühere Geschehnisse nur schwer erinnern. Diese Erinnerungen sind erst im kausalen Bereich wieder deutlicher und können visionär abgefragt werden. Auch ein Medium aus den Sphären ist dazu in der Lage, wenn seine Schwingungsfrequenzen in den kausalen Bereich angehoben werden. So kommt es vor, dass wir plötzlich einen wirren, aber absolut realen Traum, eine Vision oder einen Gedankenblitz haben, der für die Seele einen tieferen Sinn ergibt, sich jedoch nicht genau erklären lässt, da diese Erinnerungen meistens Jahrhunderte, Jahrtausende oder durchaus auch Millionen von Jahren zurückliegen. Diese Erinnerungen treten aus der Seele hervor, um uns im täglichen Leben jetzt durch das bereits erlangte Wissen zu helfen. Daher sollten wir sie nicht gleich als reine Fantasie abtun, sondern nachdenken, ob sie tatsächlich geschehen sind, auch wenn sie noch so absurd erscheinen, und uns nach der Botschaft befragen. Eine gute Möglichkeit dazu ist es, wenn wir uns einen Block und einen Stift neben das Bett legen, um das Traumgeschehen zu dokumentieren. Vieles wird sicherlich einen Sinn ergeben und kann durchaus hilfreich sein, wenn wir im Leben vor einer »Mauer« stehen. Unsere Seele ist derart komplex und unergründlich, dass wir nicht immer sofort verstehen, warum wir bestimmte Botschaften erhalten, jedoch lösen sich »Missverständnisse« meistens bei einer kurzen Rückschau auf und ergeben plötzlich einen klaren Sinn. Wenn wir erst etwas geübter im Entschlüsseln von Visionen sind, kann das nicht nur eine Bereicherung für das eigene Leben sein, sondern mit der Zeit können auch Botschaften für andere Personen auftauchen. Wir sollten nicht zögern, wenn wir das Gefühl haben, diese Vision könnte einen tieferen Sinn für eine Person ergeben, und die Botschaft dem eigentlichen Empfänger überbringen. Sie werden überrascht sein, wie freudig sie angenommen wird.

Ich selbst habe zu Beginn meiner medialen Fähigkeiten oft daran gezweifelt, wie die Botschaften der geistigen Welt ankommen und wie ich selber zukünftig in den Augen anderer Menschen gesehen werde. Nachdem ich über meinen Schatten gesprungen bin und begonnen habe, Botschaften zu übermitteln, zeigte sich schnell eine tiefe Dankbarkeit und vor allem auch unglaublich viel Bestätigung. Viele Menschen berichteten mir, dass Geschehnissen übereinstimmten. Daher versuche ich zu übermitteln, aber mich nicht einzumischen, da jeder seine Lernaufgaben selbst bewältigen muss.

Wenn der Zeitpunkt gekommen ist, an dem wir unsere Reise fortsetzen möchten, steigen wir in den kausalen Körperzustand auf, indem wir diese Frequenz zur Hauptschwingung des Körpers bestimmen. Dies geschieht im Tempel des Aufstiegs vom Großmeister Serapis Bey mit der kristallinen Aufstiegsflamme im Äther. Er liegt in Luxor, Ägypten. Da die Seele des Meisters sich zu Ägypten und der Stadt Luxor sehr hingezogen fühlt und er selbst häufig in diesem Land inkarniert ist, manifestierte er vor mehr als 2400 Jahren diesen Tempel, in dem er seither die Aufstiege vollzieht.

✳ Zusammenarbeit mit den Engeln

Serapis Bey inkarnierte einst aus einem Engelbrennpunkt auf den menschlichen Weg, um neue Erfahrungen zu sammeln. Aus diesem Lebensabschnitt kennt er viele Engel, die seine engeren Freunde blieben und entweder immer noch im Engelbrennpunkt leben oder den parallelen Weg auf den Sphären der Engel gingen und nun auch zu den aufgestiegenen Meistern zählen. Selbst als physisches Medium ließ sich Serapis Bey von einem Engelgroßmeister leiten. Gerade für die Zukunft ist der Zusammenhalt und das Erkennen, dass alle Seelen im Inneren das gleiche Potenzial haben, sehr wichtig. So sollte es im Herzen aller keine Unterschiede mehr zwischen Menschen, Engel, aber auch Dämonen geben, lediglich die unterschiedlichen Lebensweisen sollte dabei gesehen werden. Der Großmeister Serapis Bey arbeitet bereits seit 2.000 Jahren mit den Engeln und Devas eng zusammen, um diese Botschaft zu verbreiten. Von den Engeln können wir gerade im physischen Bereich viel lernen, da ihre zelluläre Matrix aufgrund der verschiedenen Frequenzen anders aufgebaut ist. Auch die Weitergabe von Erbanlagen und die Genetik differieren erheblich und sind weiterentwickelt als beim Menschen. Der Großmeister El Morya ist auf dem Gebiet der Körperformen sehr bewandert und steht Serapis Bey zur Seite, um Pläne für die Zukunft in Zusammenarbeit mit dem kausalen Rat zu entwickeln. Auch die Ehefrau von El Morya, Lady Abedine, hilft mit ihrem Wissen, da sie selbst ein aufgestiegener Engel ist und das Oberhaupt des Kausalen Rates gut kennt.

✳ Verbreitung von Wissen

Gerade im vergangenen Jahrhundert arbeitete die Weisse Bruderschaft an der Verbreitung von Wissen durch ihre öffentlich-mediale Arbeit, da die Menschheit nun bereit ist, von den Großmeistern und ihrem Wirken auf Erden zu erfahren. Ich bin ein Medium der Bruderschaft, das in ihrem Namen Wissen verbreitet durch das Verfassen von Texten und Büchern. Mir ist durchaus bewusst, dass einige Informationen in diesem Buch nur schwer vorstellbar sind und sicherlich teilweise nicht angenommen werden, jedoch sollte nicht versäumt werden, wenigstens kurz darüber nachzudenken, um den Sinn der Texte zu erkennen. Auch wenn diese Informationen und das uralte Wissen nicht angenommen werden, bleibt es dennoch bestehen und steht all denen zur Verfügung, die gewillt sind, in ihrem Wissen zu wachsen. Sehr wichtig ist den Großmeistern der Weisheit zudem, dass die Menschheit sich nicht länger durch bereits gedruckte Wahrheiten von der eigenen Wahrheit ablenken lässt. Unendlich viele Gedanken- und Glaubensrichtungen wurden bereits niedergeschrieben. Es liegt allein an uns selbst, mit dem Nachdenken und somit dem bewussteren Leben zu beginnen. Dies soll ein Aufruf sein, an die eigene Wahrheit zu glauben, auch wenn andere eine abweichende Sichtweise darüber haben. Dafür wurde uns das individuelle Leben geschenkt!

Serapis Bey ist ein Gelehrter der universellen Lehren und kennt sich bestens im Aufbau des Universums aus. Die Vorstellungen von Mikro- und Makrokosmos spielen eine große Rolle, da der Meister versucht, Wege der Zellkommunikation zu vermitteln. So lernen wir, durch Selbstdisziplin die Sprache des Körpers und der umliegenden Zellen verstehen, und können entsprechend handeln. Dies ist das Wissen, das auch der

Chohan Saint Germain mit seiner »ICH BIN-Lehre« vermitteln möchte. Mit etwas Übung auf diesem Gebiet, können viele »Wehwehchen« und durchaus auch größere Erkrankungen vermieden werden.

Serapis Bey ist stets bemüht, diese uralten Geheimlehren in verständlicher Form weiterzugeben, damit jeder einen wertvollen Teil dieses Wissensschatzes annehmen kann, um mit diesem zu arbeiten. Hierfür gibt es zahlreiche Internet-Channelings, Buchtexte, Anleitungen für Energiearbeiten, Aufrufe zur Arbeit mit der kristallinen Flamme und vieles mehr. Gerade die aktuellen Lebensthemen, wie die wachsende Spiritualität der Gesellschaft, die neue Generation der Menschen (z. B. Indigo- und Kristallkinder), die Arbeit mit den Großmeistern und deren Energien (Flammen), das Wissen um die kosmischen Hierarchien, das altatlantische Wissen und die Kristallarbeit spielen eine große Rolle, da sie Antworten für die aktive Seelenarbeit geben.

✳ Förderung der spirituellen Energiekunst

Bei dieser Kunstrichtung geht es vor allem um die individuelle Farblehre und um die energetische Aufladung eines Bildes durch bewusst gesetzte Informationen. Wenn wir nach dieser Methode ein Bild malen, wählen wir zunächst ein Thema aus, das als Hauptinformation im Bild integriert werden soll. Dies können Themen wie Liebe, Glück, Zukunft, Meister, Visionen, Träume und vieles mehr sein. Wir wählen aus, was das Bild gegenwärtig und in der Zukunft ausstrahlen soll. Dann nehmen wir intuitiv die passende Farbe zu der Information. Die allgemeine Farblehre spielt keine Rolle, da jeder Mensch Farben individuell empfindet. So muss z. B. Rot nicht zwangsläufig für Liebe und Leidenschaft stehen, sondern kann einen Menschen auch anders berühren. Nun malen wir das Bild und konzentriert uns stets auf das Hauptthema. Wir verankern die Absicht in uns, diese Information im Bild zu speichern. Form oder Motive des Bildes sind nicht ausschlaggebend, da der Betrachter sich hineinfühlen soll. Betrachten wir nun das fertige Werk, soll die darin gespeicherte Energieinformation auf jeden Menschen individuell

wirken. So kann jemand, z. B. eine Vision bei dem Thema »Zukunft«
erhalten.

Ich selbst wurde in dieser Technik geschult und male seither solche Ener-
giebilder mit Acrylfarben. Der Kreativität ist dabei keine Grenze gesetzt.
So habe ich schon mit den bloßen Fingern, Pinseln, Fensterfarben,
Glitzer und anderen Effekten gearbeitet, da meine Intuition mich geleitet hat. Es war bis jetzt immer erstaunlich, wie ähnlich die emotionale
Erfassung meiner Bilder bei verschiedenen Personen war. So haben viele
Freunde beim Betrachten ein und desselben Bildes fast identische Themen genannt, die dem Hauptthema entsprachen. Mithilfe solcher Bilder
können z. B. im Schlafzimmer die Traumerinnerung gefördert, Visionen
oder Energiearbeit unterstützt oder einfach nur Freude an den Farben
empfunden werden. Auch als Geschenk sind diese Bilder energetisch
betrachtet unglaublich wertvoll, vor allem mit der eigenen Seelenenergie
versehen, und somit vom Gedanken her unbezahlbar!

Begleiter

Chohan Saint Germain (violette Flamme)
Deva Amai (türkise Flamme)
Erzengel Gabriel und Engel Hope
Lady Abedine
Männlicher Elohim Germain
Weiblicher Elohim Cassandra

Behilfliche Priester aus Atlantis

Sankturmum (Priester der Standhaftigkeit und Disziplin)
Micale (Priester des Erkennens alter Muster)
Johsare (Priester der Entgiftung und Reinigung)
Smagus (Priester der Ernährung)
Telane (Priesterin der Chakrenarbeit)
Begides (Priester des Lichtkörperprozesses)
Digra (Priesterin der Pflege des physischen Körpers)

Melodie: »Liebestraum« von Franz Liszt
Edelstein: Diamant
Wochentag: Mittwoch
Chakra: Wurzelchakra
Weibliche Urkraft: Hope (Hoffnung)
Aura-Soma Equilibrium Flasche: Nr. 54 – Reinigung und Klärung auf allen Ebenen.

Tempel

»Tempel des Aufstiegs« in Luxor; Ägypten (kristalline Aufstiegsflamme)

Anrufung der Energie des Tempels

✧ emotionale Klärungsarbeit bei Problemen von früheren
Inkarnationen (Zellerinnerung, systemische Krankheiten, usw.)
✧ zum Erkennen von Blockaden in den Körperzellen
✧ zum Zusammenfügen von systemischen Mustern
✧ Loslassen von alten Glaubenssätzen
✧ Klärung und Transformation der einzelnen Energiekörper und
der Aura bei Stockungen, Rissen oder Löchern
(anschließende Heilung mit den benötigten Energieessenzen)

Vergangene Tätigkeiten und Inkarnationen

✳ Atlantischer Hohepriester Demon (vor 11.532 Jahren)
Er leitete den atlantischen Tempel der Präzipitation[8] in der Ätherwelt.
Zahlreiche Priester dienten in diesem Tempel und arbeiteten mit mehreren energetischen Flammen.

---

8   Unter Präzipitation wir das kosmische Gesetz zur Formung von Urmaterie durch Gedankenkraft verstanden (Manifestation).

☀ Pharao Amenhotep III (1417–1397 v. Chr.)

Er war der Erbauer der ersten Pyramide in Ägypten für den Pharao Djoser und der Erfinder der Hieroglyphenschrift. Außerdem war er ein hervorragender Mediziner und der Erfinder der Mumifizierung. Eine der legendärsten Hinrichtungen in der Geschichte von Ägypten war die Verbannung von Amenhotep ins Totenreich durch das lebendige Begraben und das Setzen eines Fluches in einem Steinsarg. Sein Vater war Thutmosis IV.

☀ Phidas – griechischer Architekt (Mittleres Reich – 12. Dynastie)

Phidas war der Bauherr der größten Tempelanlage in Ägypten. Der Karnak-Tempel liegt etwa drei Kilometer nördlich von Luxor. Zu seinen großen Projekten zählt unter anderem auch der Tempel in Luxor, der dem Gott Amun geweiht wurde.

☀ König Balthasar (Anbeginn der modernen Zeitrechnung)

Balthasar war einer der drei weisen Könige aus dem Morgenland, die zur Geburt des Jesuskindes kamen. Sie brachten die Geschenke Weihrauch, Myrrhe und Gold. Auch andere aufgestiegene Meister waren bei der Geburtsstunde der Weltreligion anwesend: Joseph von Nazareth (Meister Saint Germain), Maria (Lady Maria), König Melchior (Meister El Morya), König Caspar (Meister Kuthumi) und Jesus Christus (Meister Sanandá).

☀ König Leonidas von Sparta (König von 488–480 v. Chr.)

Leonidas I (griech. Sohn eines Löwen) entstammte dem Königsgeschlecht der Agiaden und regierte gemeinsam mit Leutychidas aus dem Haus der Eurypontiden die griechische Polis Sparta auf der Peloponnes.

☀ Einer der Baumeister (Vinzent) des Tempels von Pallas Athene (Parthenon), der auf der Akropolis geplant und erbaut wurde.

Serapis Bey

»In stetiger Bemühung, mit den aufgestiegenen atlantischen Priestern das uratlantische Bewusstsein aus den Energiezellen wieder ins Körperbewusstsein jedes Einzelnen zu bringen, ist es mir ein großes Anliegen, die Arbeit mit den Energien, die um und in uns sind, zu fördern. Besinnt Euch auf die Zellinformationen des reinen und frei fließenden atlantischen Körpers, den Ihr alle bereits vor Urzeiten hattet, und fühlt die Zukunft des Aufstiegs in euch. Krankheiten werden dann nur mehr eine Erschaffung Eurer selbst sein, die Ihr jederzeit zu klären vermögt!«

Optische Beschreibung des Meisters

Ich würde den Meister Serapis Bey zu den eindrucksvollsten Erscheinungen der Weissen Bruderschaft zählen. Sein Äußeres lässt vermuten, er sei griechischer Abstammung und sein Vater sei Zeus persönlich. Er ist von sehr großer und extrem muskulöser Statur, sodass Frauen sofort den Beschützer in ihm erkennen. Er trägt kurzes blondes Haar, das mit Gel gerichtet wurde. Seine Augen sind tiefblau und man vernimmt stets ein leichtes Lichtblitzen darin, als würden feine Lichtnadeln in der Iris ihren Platz gefunden haben. Seine Erscheinung erweckt Ehrfurcht und flößt Respekt ein, da er ohne jeden Zweifel pure Stärke und Disziplin ausstrahlt.

Der Aufstieg in die Kausalwelt mit der kristallinen Flamme

Chohan Serapis Bey

Der Aufstieg wird oft auf den körperlichen Zustand begrenzt. Es geht aber um viel mehr. Durch den »Tempel des Aufstiegs« in Luxor schreitet jeder eines Tages hindurch, um in die Kausalwelt wechseln zu können. Serapis Bey nimmt uns persönlich in Empfang und bereitet uns auf das zukünftige Leben als aufgestiegener Meister vor. Die kristalline Aufstiegsflamme dient als eine Art Werkzeug oder Hilfsmittel, um bei der Zelltransformation der emotionalen Blockaden zu helfen, damit wir in einem komplett neuen und perfekt gereinigten Körper weiterwandern können in unserem ewigen Seelenleben. Ich möchte in diesem Kapitel eine deutliche und vor allem bildliche Vorstellung dieses Prozesses zeichnen, damit die Angst vor dem Moment der Transformation und Weiterwanderschaft überwunden wird und wir ihn in Freude erwarten. Gerade in der Äther- oder in der Astralwelt bedeutet der körperliche Aufstieg ein Weitergehen in ein neues Leben, was mit dem physischen Tod verglichen werden kann. So können wir sagen, dass ab diesem Moment die große Inkarnation endet und wir wieder in den kausalen Bereich eintreten, woraus wir einst inkarniert sind.

Das Verabschieden

Genau wie im physischen Leben gibt es in der Ätherwelt oder im astralen Bereich einen Moment, an dem unser »Ende« naht. Fast jeder spürt, ob er noch lange leben oder eher zeitig weitergehen wird. Genau so vollzieht sich auch das Gefühl vom »Sterben« im Jenseits, wobei wir genau fühlen, dass wir weitergehen sollen, um ein neues Leben anzunehmen. Wir wechseln die körperliche Form und treten in eine andere Frequenz ein, was ein komplett neues Leben an einem anderen Ort bedeutet. Wie auch im physischen Leben kann das Äther- oder astrale Leben mit einer gewissen Vorbereitung oder sehr abrupt enden. Auch hier hinterlassen wir liebe Bekannte oder Familienmitglieder, die jedoch auf eine andere Art trauen, als es in der physischen Sphäre üblich ist. So ist die Nachricht über den baldigen Aufstieg, der durch Impulse der aufgestiegenen Meister übertragen wird, eine eher freudige Nachricht und kein Schicksalsschlag. Wenn wir physisch sterben, nehmen wir unser gewohntes Jenseitsleben wieder an, dass wir meistens schon seit mehreren tausend Jahren führen. Anders jedoch ist es beim kausalen Aufstieg, da wir hier ein neues und noch unbekanntes Leben aufnehmen, wobei uns alle Möglichkeiten offenstehen. Daher ist es auch so wichtig, an sich und seinen Vorstellungen zu arbeiten, um sich jederzeit genau definieren zu können. Wir müssen uns entscheiden, wie und in welcher Form wir leben möchten, was sich sehr einfach anhört. So sollten wir uns bereits jetzt die Fragen stellen: »Wie möchte ich genau leben und was will ich erreichen?«, um diese Dinge stetig im Hier und Jetzt zu verwirklichen. Unter diesem Aspekt können wir eines Tages unseren Lieben im Jenseits davon berichten, wie es uns nach dem Aufstieg ergangen ist, damit sie eine Vorstellung erhalten, wie es ihnen ergehen kann. Durch die extrem hohe kausale Frequenz, die wir annehmen, wird es auch hier lediglich den hellsichtigen und hellhörenden Hinterbliebenen möglich sein, weiterhin mit uns zu kommunizieren, genau wie bei einem physischen Medium, das den Kontakt zur jenseitigen Welt hat. So sollten wir die Gelegenheit nicht versäumen, uns liebevoll zu verabschieden, um eine unbeschwerte Reise anzutreten.

Das Eintreffen im Tempel

Welches Ende wir uns auch für unsere große Inkarnation ausgesucht haben, es kann sehr schnell, aber auch ganz in Ruhe geschehen, je nach unseren tiefen Seelenwünschen. Ist der Moment gekommen, erhalten wir von einem aufgestiegenen Meister einen Impuls, um uns vorzubereiten. Verlassen wir unser gewohntes Leben sehr schnell, werden die Angehörigen durch einen Lichtarbeiters über unseren Aufstieg benachrichtigt. Der Großmeister Serapis Bey zieht uns sodann an die Schwelle seines Tempels im Äther, wo der Aufstieg vollzogen wird. Dies nehmen wir als blitzschnelle Gedankenreise wahr, was die gewöhnliche Fortbewegungsmöglichkeit im Jenseits ist. Wir brauchen hierbei unseren Körper nicht zu verlassen. Die Umgebung des Tempels im Äther gleicht einer mystisch-ägyptischen Wüstenlandschaft, in deren Mitte sich der riesige klarweiße Tempel erstreckt. Der Tempel ist im Stil der altägyptischen Architektur erbaut, mit einer goldenen Kuppel, die sich ins Unendliche zu erheben scheint. Wenn wir an der Schwelle angekommen sind, befinden wir uns vor einem ca. vier Meter hohen goldenen Tor, das mit dem Himmelstor aus geschichtlichen Überlieferungen verglichen werden kann. Es wird vom Meister selbst geöffnet, sodass wir eintreten können, um in Empfang genommen zu werden. Diese sehr liebevolle und persönliche Geste des Meisters bewirkt, dass wir die Angst vor den darauffolgenden Geschehnissen überwinden. Wir schreiten mit dem Meister über den sandigen Innenhof zum Eingangsbereich des Tempels, der aus weißem Marmor besteht. Nun gibt es kein Zurück mehr in das gewohnte, jedoch vergangene Jenseitsleben, da dies auch die Schwelle für die kausale Umwandlung ist.

Der Meister erlaubt uns einen kurzen Rückblick, damit wir uns ein letztes Mal emotional verabschieden können, um anschließend den Tempel des Aufstiegs zu betreten. Fortan befinden wir uns in der gewaltigen Innenhalle, deren Kuppel von einem prunkvollen Kristalllüster geschmückt wird. Die Reflexionen des Lichts tauchen die ganze Halle in ein buntes Farbenmeer, das die zahlreichen göttlichen Aspekte symbolisiert. Hier nehmen wir mit dem Meister auf einer Marmorbank Platz, um mit ihm das Erlebte und die Vorstellungen über das Weiterleben zu besprechen. Der Meister nimmt vielleicht einen Monitor zu Hilfe, um die visuellen Erklärungen zu erleichtern. Wir erhalten bereits hier eine konkrete Vorstellung von dem, was uns nach der Transformation erwartet.

Die Transformation

Wenn wir die Details der Weiterreise besprochen haben und bereit sind, uns zur Ruhe zu betten, begeben wir uns in die volle Obhut des Meisters Serapis Bey. Wir reisen mit ihm gedanklich in einen weißen Raum, in dessen Mitte ein Himmelsbett steht, das unseren Vorstellungen entsprungen ist. Jeder erhält das Bett für die Ruhe, das ihm am meisten zusagt. In diesem Raum sind wir ganz allein und finden genug Ruhe, um uns in den Schlaf der Verarbeitung zu begeben. In diesem Zustand verarbeiten wir, genau wie nach dem physischen Tod, das Erlebte der großen Inkarnation. So können die Informationen in unsere

Zellen sinken und Blockaden werden gelöst. Dieser Prozess kann bis zu mehreren Monaten dauern, je nachdem wie intensiv unsere Erlebnisse waren und wie schnell wir uns transformieren möchten oder können. Die kristalline Aufstiegsflamme des Großmeisters Serapis Bey hilft uns dabei. Sie befiehlt unseren Zellen, die Blockaden emporsteigen zu lassen, um sie anschließend zu verbrennen. Durch diese Hilfe können wir viel schneller und effektiver verarbeiten, um das Leben als aufgestiegener Meister ohne jegliche Blockaden antreten zu können. Der Meister überwacht jeden Vorgang selbst und unterstützt uns gedanklich bei sehr schwer zu transformierenden Erlebnissen, damit die emotionale Belastung durch die Rückschau so gering wie möglich ist.

Das Erwachen

Ist der Prozess der Transformation erst einmal abgeschlossen, erwachen wir ganz normal, als hätten wir einen hektischen Traum erlebt, jedoch in einem absolut entspannten Zustand. Die Umgebung erscheint uns viel deutlicher und wir werden überwältigt von einem wunderschönen Gefühl der körperlichen Perfektion, da wir uns unglaublich leicht und beschwingt fühlen. Die gesamten Eindrücke, die nun auf uns zukommen, werden viel deutlicher und intensiver wahrgenommen als zuvor, zumindest hat es den Anschein. Das Bett, in dem wir geschlafen haben, fühlt sich an wie eine sanfte und kuschelige Wolke, in der wir zu schweben scheinen. Unser Körper wird als viel feiner und absolut gereinigt wahrgenommen. Wir strahlen vor neuer Energie und fühlen uns sofort bereit, unser neues Leben anzutreten. Der Meister Serapis Bey begrüßt uns nun im kausalen Zustand und hilft uns, mit den neuen Eindrücken umzugehen. Gerade körperlich können wir uns sehr verändert haben, je nachdem, wie wir weiter leben wollten. Auch dies geschieht durch die kristalline Aufstiegsflamme während des Schlafs.

Unser Körper nimmt eine neue Form an, die meistens ganz euphorisch im Spiegel betrachtet wird. Von nun an zählen wir zu den aufgestiegenen, kausalen Meistern, die ihre große Inkarnation und die darin vorkommenden zahlreichen, kleineren Inkarnationen abgeschlossen haben und an ihrem Wissen gewachsen sind. Somit sind wir aufgrund der extremen Feinstofflichkeit des kausalen Körpers zur Allwissenheit bemächtigt. Wir müssen erst lernen, weise und rechtschaffen mit dieser Allwissenheit umzugehen. Auch physische Menschen haben Zugang zu diesen hohen Frequenzen und somit dem Allwissen. Jeder von uns, der sich in diesen hohen Schwingungen bewegt, kann sich einen Eindruck von dem Körpergefühl und den Sinneswahrnehmungen des kausalen Zustandes machen.

Der Beginn des neuen Lebens

Schon vor dem Schlaf haben wir beschlossen, wo wir unser neues Leben im Brennpunkt beginnen möchten. Wir werden nun vom Tempel an diesen Ort geführt. Auch die dort herrschenden Umstände und Begebenheiten werden ausführlich erklärt und wir werden in unser neues Leben eingewiesen. Ein eigener Lichtarbeiter steht bereit, um uns aus den Händen von Serapis Bey ins neue Leben zu geleiten. Wir finden uns in einer komplett neuen Umgebung wieder, mit unendlich vielen Möglichkeiten. Dies lässt sich ein bisschen mit einer Pensionierung vergleichen, wenn wir frei von auferlegten, beruflichen Verpflichtungen sind. Zunächst beginnen wir damit, uns den eigenen Wohnraum durch gedankliche Manifestation zu schaffen oder wir begeben uns in eine bereits manifestierte Wohngegend, um dort ein neues Zuhause zu finden. Zu Beginn fühlen wir uns, als wären wir in eine neue Stadt umgezogen. Wir wollen alles erst einmal besichtigen, um die Gegend kennenzulernen. Der Brennpunkt selbst gleicht einem eigenen kleinen Planeten, in den wir eingegangen sind mit zahlreichen Grünanlagen, Wäldern, Seen, Inseln, Gebäudekomplexen, Siedlungen und vielem mehr. Auch an diesem Ort gibt es genug »Platz«, etwas Neues gedanklich entstehen zu lassen. In einem Brennpunkt genügend Platz zu haben, können wir uns folgendermaßen vorstellen: Die Energie des Brennpunktes besteht, genau wie z. B. die Auraschichten eines Menschen, aus mehreren Sphären und gedanklichen Dimensionen. So leben auch in einem Brennpunkt viele unterschiedliche aufgestiegene Wesen neben- sowie auch ineinander und behindern sich in ihrem freien Lebensraum nicht im Geringsten. So führt der Aufstieg jeden in den ganz persönlichen Himmel, wo wir jeder Tätigkeit nachgehen können, die uns Freude bereitet. Auch der Aufstieg gestaltet sich für jeden Einzelnen, wie es ihm am angenehmsten ist. Der von mir und Serapis Bey beschriebene Ablauf ist etwas Relatives und stellt den Weg einer Großzahl von Seelen dar, die diesen gewählt haben!

Serapis Bey

»Ich hoffe, dass ich mit diesem Auszug über den kausalen Aufstieg jedem Einzelnen einen ausführlichen Eindruck verschafft habe, was bei der Transformation im Tempel des Aufstiegs geschieht. Da ich selbst diesen Prozess erlebt habe und nun seit fast 2.500 Jahren dieses Amt selbst innehabe, ist es mir ein persönliches Anliegen, darüber zu berichten, wie viel Freude uns nicht für nur die Zeit nach dem Aufstieg, sondern bereits im Moment des Eintretens in den Palast und bei der Transformation selbst erwarten kann! Dies ist der Beginn eines neuen Lebens und die Ehre liegt hierbei auf meiner Seite, jeden Einzelnen von Euch begleiten zu dürfen, wenn Ihr an die Schwelle meines Tempels tretet.«

✸ CHOHAN HILARION ✸

Amt

Chohan des fünften Strahls in der Weissen Bruderschaft
Farbe des Strahls: Grün · Gold · Rubin
Aufstieg 371 n. Chr.

Themen

Konzentration, Wissenschaft, Wahrheit, Heilung, Geduld, Weihung, Gerechtigkeit, Körperbewusstsein, Transformation und Halt.

Tätigkeit

✳ Umwandlung und Transformation von Blockaden in den einzelnen Energiekörpern durch die grüne Flamme der Heilung

Es wurde schon sehr viel über die grüne Flamme der Heilung geschrieben. Der Hauptaspekt ist der Leitsatz: »Heiler, heile dich selbst!« Er bedeutet, dass wir uns vor allem den eigenen Dämonen zu stellen haben, da nur wir selbst es vermögen, in das tiefste Innere unserer Seele vorzudringen, um an unsere eigenen Lernaufgaben zu gelangen. Diese Blockaden sollten wir nicht zwingend als etwas Schlechtes sehen, sondern vielmehr als eine große Chance, sich stetig weiterzuentwickeln auf dem ewigen Lernweg der Wissensschaffung. So begeben wir uns mit der grünen Flamme der Heilung nicht nur auf einen Lichtweg, um Blockaden zu transformieren, sondern erfahren auch viel mehr über uns selbst und das tiefste innere Wesen unserer Seele. Gelangen wir durch die Öffnung der Seelenmatrix in die Zelle selbst, öffnet sich ein eigenes Universum unseres Seins. Dieses lässt uns das komplexe Netzwerk der Lernaufgaben ergründen, damit wir daran arbeiten können. Haben wir dies erst einmal erkannt, hilft die grüne Flamme der Heilung durch ihre besänftigende Energie bei der Transformation und Verarbeitung. So etwas Ähnliches geschieht bei der Arbeit mit der violetten Flamme von Chohan Saint Germain, mit dem Hilarion eng zusammenarbeitet, um die Menschheit bei ihrer Seelenarbeit zu unterstützen. Auch die Priester von Atlantis mit ihren zahlreichen Heilerfahrungen durch die Arbeit mit energetischen Flammen sind Hilarion und seinem Kollegen Saint Germain stets mit ihrem Wissen dienlich, um die Techniken der Arbeiten zu verfeinern. Es gibt viele Berichte über die grüne Flamme der Heilung. Das wichtigste in der Arbeit mit dieser Flamme ist, dass wir es wollen! Die reine Absicht befähigt uns, Heilung zu erfahren.

✳ Ausbildung von Schülern in der energetischen Heilarbeit

Hilarion ist ein Meister, der physische Medien eher im Einzelunterricht unterweist. Entscheiden sich Medien für die Arbeit im energetischen Bereich der Heilung, so unterweist er sie in der uralten Kunst der Arbeit mit Kristallen, der Aurareinigungen und der Chakrenarbeit sowie in der damit verbundenen Farbenlehre, im Schamanismus, in der aktiven Seelenarbeit im Bereich der Zelltransformation, der Ernährungsberatung und Fitness, der Regulierung des Biorhythmus und in vielem mehr. Hier unterstützt Hilarion das Medium als Großmeister bei der Umsetzung von Plänen, die der Allgemeinheit dienlich sind, z. B. beim Einrichten einer Homepage zur Verbreitung von Aufstiegs- und Informationstexten zur Selbstheilung, beim Verfassen von Büchern, Meditationsanleitungen und bei Anrufungen der Flamme, in neuen Programmen zur energetischen Heilarbeit oder Texten zur Aktivierung der Gefühlsebene.

Auch das damit verbundene Ausbilden des Mediums in der Hellsichtigkeit, Hellhörigkeit oder im feineren Fühlen gehört dazu. Die Ausbildung selbst hängt vom Schüler ab und gestaltet sich sehr individuell nach seinem eigenen Wesen und den Zielen, die der Schüler verfolgt. Daher lässt sich auch nichts verallgemeinern.

✳ Entwicklung neuer Errungenschaften in der Metaphysik auf der Kausalebene

Mithilfe der Metaphysik (lat. »metaphysica«, »danach, hinter und jenseits« mit »Natur, natürliche Beschaffenheit«) versuchen wir einen brauchbaren Leitfaden zur Erfassung, Verhandlung und Darstellung allumfassender Fragen des göttlichen Sein zu entwickeln (Erforschung der Grundstruktur und Prinzipien der Wirklichkeit). Der Begriff »Metaphysik« soll aus einem Werk von Aristoteles stammen und stellt die Definierung von allem dar, was nach der Physik kommen kann. Meist werden die Antworten aus dieser Arbeit als Kennzeichen moderner Weltanschauung und ewigen Triebs der Menschheit nach dem Suchen nach der allumfassenden Wahrheit des »großen Ganzen« abgetan. Trotz all der Kritik werden immer wieder Debatten zu metaphysischen Problemen von geschulten Philosophen, wie auch Hilarion einer ist, abgehalten. Diese Diskussionen werden in offenen Lehrvorträgen oder Channelings der Schülerschaft präsentiert und sollen dazu aufrufen, die eigene Wahrheit des Seins zu erforschen. Hier sollte es nicht darauf ankommen, wie die Wahrheit allgemein aussehen könnte oder ob es eine allumfassende Wahrheit gibt, sondern dass erkannt wird, dass dennoch alles ist, egal auf welche Antwort man kommen mag!

Unter der Metaphysik werden fundamentale Grundthemen behandelt wie z. B.: Ursache und Wirkung, Gesetze und höhere Prinzipien, Gefühle und Sinne, Gedanken, Sinn und Zweck, Existenz, Beschaffenheit und Struktur, Materie, Zeit und Raum, Gott, Wesen des Menschen usw. Hieraus könnte man folgende Fragen bilden, auf die eine Antwort gefunden werden sollte: Gibt es einen Gott? Wie entstand das Universum? Was ist der Sinn des Lebens? Existiert Gedanke ohne Materie, oder ist Gedanke Materie? Ist die Seele unsterblich? Was bedeutet Ewigkeit? Gibt es Zeit und Raum? Existieren höhere Gesetze denen wir folgen? Welchen Sinn hat die Beschaffenheit der Materie? Gibt es Beständiges und Unbeständiges wenn alles ewig ist? Wie definiert sich das Wesen eines Menschen?

Auf diesem Gebiet können wir unendliche Diskussionen führen über das Sein und den Sinn und Zweck von allem, was ist. Jeder von uns hat sicherlich eine eigene Wahrheit des Lebens. Die allumfassende Wahrheit könnte die Summe aller Eindrücke sein, was uns schlichtweg offener für »andere« Weltanschauungen und Lebenssichtweisen machen sollte. Schließlich sind wir alle Teil des »großen Ganzen«, was jede einzelne Meinung und Antwort auf eine Frage wertvoll macht.

✳ Die Teleologie – griechische Lehre vom Zweck und der Zweckmäßigkeit

Die Teleologie (altgriechisch: »télos«, »Ziel, Sinn«) ist eine Lehre vom Ziel und der Zweckmäßigkeit des Ablaufes im gesamten Universum oder auch seinen Teilbereichen. So wie z. B. bei Naturereignissen, Verhalten von Organismen, die evolutionäre Entwicklung, bei geschichtlichen Ereignissen oder in der Handlungstheorie zum Beschreiben und Erklären von Handlungen (Ziel und Folge). Der Gedanke einer Teleologie geht auf Aristoteles zurück, dessen Lehren von Hilarion speziell studiert wurden.

Eine gedankliche Einschränkung wie »Zeit und Raum« oder »fixe« systemische Abläufe des Kosmos spielen nur bedingt eine Rolle in den Denkanstößen der Großmeister zu diesem Thema. So sagen sie z. B., die Zweckmäßigkeit oder das Ziel einer Sache sei etwas individuell Formbares und somit nicht in einem dauerhaften Schema zu erklären. Gewisse Dinge bestehen schon sehr lange und erfüllen ihren Zweck und so dienen sie auch in Zukunft noch einem bestimmten Ziel (z. B. bestehende Hierarchien im Kosmos, manifestierte Programme für den Aufstieg in die fünfte Dimension oder auch verbreitete Denkmuster). So finden wir auch in der Natur z. B. viele Prozesse (z. B. der Treibhauseffekt, Entwicklung von Flora und Fauna, Verhalten von Tieren), die einer dauerhaften Manifestation folgen und das schon seit Millionen von Jahren. Dennoch kommt es immer wieder zu oberflächlich betrachtet »unerklärten« Veränderungen im System oder sogar Mutationen. Diese Veränderungen sorgen zunächst für Verständnislosigkeit oder ergeben schlichtweg keinen konkreten Sinn, langfristig betrachtet dienen sie dennoch dem Gesamtkonzept des Lebens. Genauso verhält es sich auch oft bei verschiedenen Handlungen von Menschen, die sich nicht auf Anhieb erklären lassen, oder in einzelnen Begebenheiten des Lebens.

Hilarion beschäftigt sich somit nicht nur mit der teleologischen Behandlung globaler Fragen, sondern sucht auf diesem Weg auch nach Antworten für das alltägliche Leben. Was ist der Sinn ihres Lebens und welchen

Zweck erfüllt ihr Dasein? Betrachte diese Frage einmal aus kosmischer Sicht, und erkenne dabei die große Bedeutung deines Lebens im Zusammenspiel mit allem was ist! Was würde geschehen, wenn du nicht als individuelle Seele wirken würdest? Was wäre die Entwicklung, wenn wir ein wichtiges Detail »auslassen« würden? Nur wenn wir die Wichtigkeit unseres eigenen Seins begriffen haben, können wir begreifen, wie wichtig jede einzelne Seele ist. Durch diese Erkenntnis lassen sich so manche alltäglichen Fragen klären.

☀ Beherrschung der Elementarkräfte (Winde) mit Erzengel Gabriel

Gerade die Winde und das damit verbundene Klima zählen zu den größeren Tätigkeiten der Manifestationsarbeit des Großmeisters. Die Zusammenarbeit mit dem Erzengel Gabriel spielt eine große Rolle, da natürlich alle Sphären zusammenhängen und somit betroffen sind.

Begleiter

Chohan Saint Germain (violette Flamme)
Erzengel Gabriel und Raphael
Lady Abedine
Lady Mutter Maria
Männlicher Elohim Vista
Weiblicher Elohim Kristall

Behilfliche Priester aus Atlantis

Dairamus (Priester der Akupunktur)
Ziodenes (Priester der Edelsteine)
Amerides (Priester des Tanzes und der Musik als Therapie)
Vanane (Priester der Hilfsmittel in der Heilung)
Laris (Priester der spirituellen Medizin)
Zoramus (Priester der Telepathie)
Pelez (Priester der Schulung des dritten Auges)

Melodie: »Onward Christian Soldiers« von Arthur Seymour Sullivan
Edelstein: Smaragd
Wochentag: Donnerstag
Chakra: Drittes Auge
Weibliche Urkraft: Mutter Maria (Trost)
Aura-Soma Equilibrium Flasche: Nr. 53 – Hilarion hilft dabei, den Weg zu finden; er hilft zu sehen, zu hören und nach der Wahrheit zu leben und hilft, aus dem Leben eine wertvolle Erfahrung zu machen; der Weg, die Wahrheit und das Leben; Nr. 63 – Djwal Kuhl und Hilarion. den Lebenssinn verstehen lernen

Tempel
»Tempel der Wahrheit« über der Insel Kreta, Griechenland

Anrufung der Energie seines Tempels
✧ zum Finden des eigenen Lebensweges
✧ zum Erkennen der Lebensthemen
✧ Erfühlen, Verstehen und richtiges Einsetzen der kosmischen Gesetze
✧ bei Denkblockaden (auch hilfreich zum Lernen in allen Bereichen)

Vergangene Tätigkeiten und Inkarnationen

※ Paulus von Tarsus (um die Geburt Christi bis ca. 60 n. Chr.)
Paulus, auch der Apostel Paulus genannt, war einer der wichtigsten Theologen in der Geschichte des Christentums und neben Simon Petrus der erfolgreichste Missionar des Urchristentums. Als griechisch gebildeter Jude und gesetzestreuer Pharisäer verfolgte Saulus die Anhänger des gekreuzigten Jesus von Nazareth, dem er nie begegnet war, bevor er zum Paulus wurde.

✳ Heiliger Hilarion von Gaza (geboren 291 in Tabatha, bei Gazaa Palästina; gestorben am 21.12.371 bei Paphos, Zypern)

Hilarion von Gaza war ein christlicher Asket, Einsiedler und Heiliger. »Hilarion« ist ein griechisch-lateinisches Mischwort und bedeutet »der Fröhliche«. Der Verfasser seiner 390 bis 392 geschriebenen Biographie *Vita Hilarionis* war der Heilige Hieronymus.

Hilarion

»Seid gegrüßt!

Es ist mir ein besonderes Anliegen die Wichtigkeit des geistigen und wissenschaftlichen Fortschrittes zu betonen, den jeder in seiner göttlichen Schöpferkraft inne hat! Gerade in Zeiten des Umbruchs ist es von großer Wichtigkeit, dass jeder Einzelne zu seinem eigenen Schöpfer des gedanklichen Voranschreitens wird. Je mehr wir dies erkannt haben, desto schneller kommt das Erkennen des Wissens in uns und somit das Leben!

Schöne Tage

Hilarion«

Optische Beschreibung des Meisters

Hilarions Erscheinung würde ich auf den ersten Eindruck als sanftmütig, aber dennoch von enormer innerlicher Stärke beschreiben. Seine Statur ist sportlich schlank und von mittlerer Größe. Sein Haar ist kastanienbraun und fällt in weichen Wellen bis über die Ohren. Seine Augen sind schwarz-braun und vermitteln den Eindruck, es gäbe in der Unendlichkeit seiner Seele keinen Boden. Der Ausdruck seiner Augen lässt erahnen, von welch hohem Alter der Meister selbst sein muss. Seine Augen geben jedoch stets das Gefühl der bedingungslosen Liebe in Gestalt des sanftmütigen und geduldigen Mannes.

✦ Lady Portia ✦

Amt

Meisterin in der Weissen Bruderschaft auf dem fünften Strahl
Farbe des Strahls: Rubin - Olivgrün
Aufstieg 537 n. Chr.

Themen

Glaube, Weltreligionen, Spiritualität, Treue, Hingabe, Demut, Mitgefühl, Zärtlichkeit, bedingungslose Liebe, Familie, Meinungsfreiheit, Pres-
sewesen.

Tätigkeit

»Göttlich geweiht ist derjenige, der sein Sein sehen und leben kann.«
»Im Sein liegt der schöpferische Ausdruck unserer Erkenntnisse und
somit wie wir sind und sein werden!«
Lady Portia

✳ Ausbildung von Schülern mit Chohan Kuthumi

Lady Portia war vor kurzem noch Chohan in der Weissen Bruderschaft
und legte ihr Amt aus privaten Gründen nieder. Ihre Schülerschaften
wurden größtenteils an die Chohane Konfuzius und Kuthumi weitergegeben. Sie hilft aber nach wie vor bei der Ausbildung ihr bekannter Schüler
und befasst sich nunmehr mit dem Verfassen von Büchern. Wir können
ihre Energie noch anrufen, jedoch ist sie als Großmeisterin nicht mehr
im gewohnten Sinn tätig. Bei der Ausbildung von Schülern unterstützt
sie die Chohane mit ihrem Wissensschatz im Bereich Hellsehen, da sie in
ihrer Amtszeit speziell in diesem Bereich viel geleistet hat. In Zusammenarbeit mit dem Meister Kuthumi arbeitet sie nun, mehr im Hintergrund,
an neuen Möglichkeiten, mediale Gaben in Zukunft gewinnbringend ins
Leben integrieren zu können. Nicht nur wir Menschen müssen uns an
einen derartigen Lebenszustand gewöhnen, sondern auch die jenseitige

Welt muss auf physische Medien vorbereitet werden. Ein feinstofflicher Mensch ist von physisch-medialer Begabung fasziniert und möchte einem derartig begabten Menschen dann auch nicht mehr von der Seite weichen. Leider ist es noch so, dass Medien auf der ganzen Welt von der jenseitigen Welt mehr belästigt als unterstützt werden, dies ist auch der Grund, warum viele einen Meister brauchen. Nicht weil sie selbst unfähig sind, ihren Lebensweg zu beschreiten, und es ihnen an Führung fehlt, sondern vielmehr aufgrund des meistens nötigen Schutzes, nicht immer nur vor Dämonen. Gerade an dieser Thematik, für die sich Lady Portia einsetzt, muss noch viel gearbeitet werden. So gibt es einige neue Schutzmaßnahmen für ein Medium, das sich in den Dienst der jenseitigen Welt und derer, die lernen möchten, gestellt hat, um für das Wohl aller mitzuwirken.

✳ Energetische Unterstützung für den Chohan Hilarion bei der Heilarbeit mit der grünen Flamme

Lady Portia engagiert sich für die Heilarbeit, da sie als Chohan noch nicht viel auf diesem Gebiet gearbeitet hat. Der Großmeister Hilarion ist durch die Arbeit mit der grünen Flamme der Heilung ein Spezialist geworden und bedient sich der klaren und reinen Seelenenergie, um dies auch im großen Stil bewerkstelligen zu können. So unternehmen sie des Öfteren gemeinsame Heilarbeiten für Mutter Erde, um ihr bei der Transformation behilflich zu sein. Gerade Lady Gaia arbeitet stetig an ihrer Energie und am Lösen von Blockaden, die ihren planetarischen Körper betreffen, da sie für so viele Seelen den Lebensraum darstellt.

Vor allem wir profitieren vom frei fließenden Energiezyklus der Erde und sollten es nicht versäumen, sie durch die aktive Seelenarbeit und dem damit verbundenen Lösen von Blockaden kraftvoll zu unterstützen. Die heilende Energie der grünen Flamme geht bei dieser Arbeit besonders tief in die Kristall- und Turmalinschichten der Erde, wo speziell die emotionalen Bereiche angesprochen werden. Lady Gaia ist eine sehr schöne, uralte und weise Seele, die schon unendlich viel erlebt hat, wobei immer wieder eine Vielzahl an Zellinformationen zur Verarbeitung anstehen. Diese Seele ist mit jeder einzelnen Lebensform auf ihrem Körper, der Erde, energetisch verbunden, wobei für eine einzelne Seele fast unüberschaubare Verstrickungen entstehen können. Daher stehen Lady Gaia die Bruderschaften der einzelnen Brennpunkte auch bei der aktiven Seelenarbeit als superkausaler Elohim zur Seite, obwohl durch das Leben der Großmeister im Nirvana keine direkte bzw. emotionale Verbindung mehr zur Erde besteht, da sie außerhalb ihres Energiebereiches leben. Die Großmeister haben durch den Aufstieg den Bereich der Erde und den damit verbundenen Sphären verlassen und begeben sich lediglich in ihrer liebevollen Bereitschaft zu helfen zurück in diesen Lebensbereich. So danke ich jeden Tag meinen Freunden aus der jenseitigen Welt, die den Aufstieg bereits hinter sich haben, dass sie immer noch zurückblicken, um der Menschheit bei ihrem bevorstehenden Aufstieg behilflich zu sein.

✳ Hilfestellung bei der aktiven Seelenarbeit

Die Unterstützung der Großmeisterin gestaltet sich vielmehr als Unterweisung in der Seelenarbeit selbst. Durch das Channeln von Anleitungen zur aktiven Arbeit soll das Integrieren in den Alltag leichterfallen. So schult Lady Portia Medien, die für sich selbst, aber auch für andere Blockaden erkennen, auflösen und um Heilung bitten wollen. Bei dieser Arbeit dringen wir tief in das Innere der Zellen vor, um sich seinem eigenen Ich und den Blockaden zu stellen. Wir können meditieren, um die Mitte zu zentrieren, eine visionäre Schau in frühere Inkarnationen unternehmen oder energetische Verstrickungen erkennen. Bei letzterem bedarf es meiner Meinung nach einer speziellen Schulung. Ich selbst habe einen derartigen Kurs belegt, welcher eine Bereicherung für mein Leben wurde, da ich seither mithilfe der Meister auch sehr tief gehende Blockaden erkennen und lösen kann. Jedoch fällt uns dieser Schritt meistens nicht so leicht, da wir genau spüren, wie groß die Steine, die uns im Weg liegen, in Wahrheit sind. Die Großmeisterin ist auch gewillt, uns bei diesem Schritt zu begleiten, da der Weg ins Innere ihr bekannt ist, denn sie hat ihn schon viele Male beschritten. Auch wir werden eines Tages gelöst sein durch die stetige Arbeit an unserer Seele und vermögen es dann, andere Wesen an die Hand zu nehmen, um ihnen den Weg zu weisen.

✳ Leiterin einzelner Unterabteilungen der Weissen Bruderschaft

Lady Portia gab ihr Wirken als Chohan auf, arbeitet jedoch immer noch als Leiterin einiger Unterabteilungen, um diese bei den hiesigen Besprechungen der Weissen Bruderschaft aktiv zu vertreten. Es geht dabei vor allem um kleinere Interessengruppen und Organisationen, die speziell für größere Aufträge gegründet wurden. Sie werden nach Beendigung der Aufträge wieder aufgelöst. Hierfür werden Pläne entworfen und Aufträge an Lichtarbeiter verteilt, diese Organisation bearbeitet Lady Portia.

Auch kleinere Zusammenkünfte, z. B. Diskussionsrunden zu den verschiedensten Themen, werden bei dieser Arbeit geplant und organisiert. Gerade die Großmeister der Weissen Bruderschaft halten regelmäßige Besprechungen zu den Themen Metaphysik und Teleologie ab, um die Kenntnisse in diesem Bereich zu erweitern. Anschließende Schulungen zu dem errungenen Wissen können in Form von Kursen, weiteren Diskussionen oder auch durch das aktive Einsetzen für ein bestimmtes Thema abgehalten werden. Meistens leitet Lady Portia diese selbst oder sie ist bemüht, einen qualifizierten Vortragenden zu finden, damit der Austausch von Wissen im Kosmos auch durch Gastredner gewährleistet ist. So entstehen meistens regelrechte Großdiskussionen oder gar Kongresse, die auch ein besonderes Spektakel im Bereich Lady Gaia darstellen und für ein hohes Ansehen im Kosmos sorgen.

Begleiter

Chohan Saint Germain
Chohan Kuthumi
Lady Abedine
Erzengel Michael
Männlicher Elohim Kattasar
Weiblicher Elohim Melina

Melodie: »Pomp Dur – Der große Tanz«
Edelstein: Rubin
Aura-Soma Equilibrium Flasche: Nr. 59 – Gerechtigkeit und Unterscheidungsvermögen

Vergangene Tätigkeiten und Inkarnationen

✳ Lemurische Priesterin Kandora im Tempel der großen Göttin (2170 v. Chr.)

Die Großpriesterin Kandora war Bevollmächtigte für die türkise Flamme der Engelenergien in Lemurien. Verteilt wurde die Flamme an diejenigen, die geschworen hatten, Gutes damit zu bewirken. Aus diesem Grund war es ihr auch möglich, Einblick in die Akasha-Chroniken zu nehmen.

✳ Im australischen Outback im Einklang mit Mutter Natur (1243 v. Chr.)

Ziel von Lady Portia war es, sich mit der Schöpfung an sich zu verbinden, diese zu erkennen und zu leben. Sie versuchte nach dieser Reise der Selbstfindung, ihre erlangten Weisheiten an die wissbegierigen Mitmenschen weiterzugeben.

✳ Priesterin Mandela der Meeresgöttin in Island, Irland, Schottland (462 n. Chr.)

Mandela war eine von Geburt an zur Priesterin ausgebildete Jungfrau, die sich der Keuschheit zugewandt hat. Schon damals suchten die Menschen nach Erlösung und Antworten in den uralten Riten der damaligen Zeit.

✳ Morgaine La Faye (5./6. Jh. in Albion, Großbritannien)

Sie war die berüchtigte Schwester von Zauberer Merlin (Chohan Saint Germain) und lebte zu Zeiten von König Arthus (Chohan El Morya).

Optische Beschreibung der Meisterin

Die Meisterin Portia strahlt die Herkunft einer italienischen Tänzerin aus, die es vermag, Seelen sofort in ihre feurige Energie zu ziehen. Dies wirkt meistens sehr motivierend und vermittelt pure Lebensfreude. Ich möchte sie als Wirbelwind der Weissen Bruderschaft mit einem ernst zu nehmenden autoritären Einschlag beschreiben. Ihre Statur ist sehr fein und weiblich. Sie wirkt fast zerbrechlich, dennoch strahlt sie Führungsqualität aus. Ihre Haare sind fast schwarz und seidig-glatt. Sie trägt sie meistens offen. Ihre Augen sind cappuccino-braun und wirken trotz der weichen Farbe sehr intensiv auf den Betrachter. Die Meisterin vereint in ihrem Wesen die mütterliche Sanftmut mit der modernen weiblichen Stärke.

★ CHOHAN METATRON ★

Amt

Chohan des sechsten Strahls in der Weissen Bruderschaft
Farbe des Strahls: Rubinrot
Aufstieg 1984 n. Chr.

Themen

Selbstliebe und die bedingungslose Liebe anderen gegenüber, Herrlichkeit, Liebe, Lust und Leidenschaft, innere Schönheit, Akzeptanz und Respekt, Achtung sich selbst und anderen gegenüber, Ruhe, Partnerschaft, Familie, Gemeinschaft, Unterschiede als Geschenk und nicht Begrenzung sehen.

Tätigkeit

Da der Chohan Metatron ein ganz neues Mitglied in der Weissen Bruderschaft ist und nicht mit dem Großengel Metatron verwechselt werden darf, können noch keine konkrete Aussage über seine Tätigkeiten als Chohan gemacht werden. Er befindet sich noch in der Einschulungsphase und muss für seine zukünftigen Themen erst eigenmächtig einstehen. Dennoch möchte ich einen Einblick über die gegenwärtige Arbeit des Großmeisters geben, da er bereits geschäftig am Aufbau der zukunftsorientierten Arbeit in der Weissen Bruderschaft beteiligt ist. Seine Arbeit entsteht durch die Anrufung seiner Energie, da er, um Hilfe zu leisten, den Kontakt zur Menschheit sucht. So wird er sich in Zukunft sicher durch mehrere Medien kundtun, um sich vorzustellen.

✳ Richtungsweisende Unterstützung

Viele Menschen wünschen sich nichts mehr, als dass ihnen ein kleiner Tipp gegeben wird, in welche Richtung sie das Leben in Zukunft bringen wird. Der Großmeister Metatron kann aufgrund seiner speziellen Begabung zur Zukunftsorientierung denen behilflich sein, die an einem Punkt stehen, wo sie keine konkrete Richtung mehr finden können, auf der Suche nach Wegen, die von tiefster Seele gewünscht werden. Meistens glauben wir, dass das Leben seinen Weg unaufhaltsam und unlenkbar geht, ohne dass wir nur den geringsten Einfluss darauf nehmen könnten. Aber dies ist nicht immer der Fall. Hat sich unsere Seele bereits eine Richtung ausgesucht und strebt diese tief im Inneren an, um daraus lernen zu können, hat es leicht den Anscheins nichts tun zu können, da das Leben Ungerechtigkeiten von selbst liefert, ohne dass wir überhaupt Schuld angesammelt haben. Besinnen wir uns jedoch mit konzentrierter

Gedankenkraft auf unsere Ziele, können sich diese Ziele auch ändern. Die zukünftigen Manifestationen unserer Seele werden sozusagen abgeändert bzw. umgeschrieben. Wir selbst sind Logos unseres eigenen Lebens. Ich ziehe es vor, mir alle Möglichkeiten aus dem Leben zu nehmen, die mir gefallen und die mir auch realisierbar erscheinen. Würde ich so leben, wie es nun einmal ist, wäre dieses Buch nie entstanden, weil ich zu feige gewesen wäre, diesen sehr ungewöhnlichen Weg einzuschlagen. So kommt es oft vor, dass wir uns bei dem Blick in die Zukunft in derartige Ängste und Horrorszenarien hineindenken, dass die gewünschte Zukunft immer undurchsichtiger und unrealistischer wird und letztlich lediglich »Gedanke« bleibt. Würden wir mit voller Zuversicht an einem Gedanken unserer gewünschten Zukunft festhalten und diesen auch durch positive Energie bzw. Optimismus am Leben erhalten, hätte dieser Gedanke auch die nötige »Zeit«, sich zu verwirklichen und physisch real zu werden. Jeder ist für seine Zukunft und sein Leben selbst verantwortlich, egal aus welcher »Zeit« (z. B. auch aus Vorleben) die gesetzte Manifestation für die jetzige Realität stammt.

Wir sollten nicht in den Kategorien von Zeit und Raum denken, da der Gedanke allgegenwärtig ist und diese nicht kennt. Metatron kann hier helfen, indem er uns die gesetzte Wirkung und die damit verbundene Ursache vor Augen führt, um selbst eine passende Richtung zu wählen und die Ereignisse in der Zukunft zu fördern oder um ihnen entgegenzuwirken. Dies können wir durch Anrufung seiner Energie erreichen. Die Antworten erfolgen durch Impulse.

✳ Klärung familiärer Konflikte

Da dem Großmeister Aspekte wie eine liebevolle Familie sehr am Herzen liegen, steht er für sie auch besonders ein. Gerade in diesem Bereich gibt es sicherlich bei jeder Person etwas zu tun. Leider ist es oft so, dass wir nach heftigen Konflikten nicht mehr zueinander finden, da meist eine Partei nicht gewillt ist, zu schlichten oder zu vergeben. Der Meister kann hier nicht im konkreten Sinn zusammenführen, da jedes Lebewesen seinen eigenen freien Willen besitzt und danach auch sein Leben führen kann. Stehen wir jedoch von unser Familie abgekapselt und allein da, kann uns der Meister helfen, den Aspekt des All-Einen zu verinnerlichen, um den höheren Sinn in allem zu erkennen. Niemand ist wirklich allein, es sei denn, er zieht es tatsächlich aus eigenem Seelenwunsch vor und bestreitet so sein Leben. Befinden wir uns gerade in einem Konflikt und fühlen, dass Hoffnung für eine friedliche Lösung für beide Parteien nicht ansteht, kann der Meister uns mit seinem Wissen zur Seite stehen. Gerade in emotionalen Situationen entscheiden wir meistens mehr aus dem Affekt heraus, als aus dem Herzen, so vermag es der Meister, mit seiner Energie zu besänftigen, damit wir wieder weiser uns vor allem ruhiger handeln.

In vielen Familien herrscht Ruhe, jedoch sind die Verhältnisse aufgrund von Ereignissen, wie z. B. einer Scheidung, nicht ganz einfach. Besonders in Patchworkfamilien ist die innere »Ordnung« nicht immer genau definiert. Gerade wenn wir Kinder haben, sollte das familiäre Verhältnis genau geklärt sein, damit die Kinder sich in einem klaren und sicheren Umfeld wiedererkennen können. Auch hier hilft und eine Anrufung an den Großmeister, um uns der neuen Ordnung bewusst zu werden, damit wir sie nicht nur verinnerlichen, sondern auch klar nach außen leben können.

Begleiter

Chohan El Morya, Hilarion und Lady Abedine
Erzengel Michael und Engel Sandalphon
Männlicher Elohim Gerida
Weiblicher Elohim Mailá

Behilfliche Priester aus Atlantis

Agythane (Priester des Friedens)
Ucarus (Priester des Atems)
Sokane (Priester der Geistheilung)
Diandra (Priesterin der Sprache der Liebe)
Astrana (Priesterin der Liebe und Sexualität)
Pekanes (Priester für Soziales)
Kitho (Priester der Manifestation)

Edelstein: Rubin
Wochentag: Freitag
Chakra: Solarplexus
Weibliche Urkraft: Adaschá (Leidenschaft)

Tempel

»Tempel der Vereinigung« in Reims, Frankreich.

Anrufung der Energie des Tempels

✧ Klärung von tiefgreifenden Schmerzen in Bereich der Liebe; Wenn
   wir unter Liebeskummer leiden oder die Liebe nicht erwidert wird
✧ für die glückselige Vorbereitung auf eine Schwangerschaft oder
   das freudige Ereignis der Geburt
✧ wenn wir eine Hochzeit planen oder mit dem Partner eine festere
   Bindung eingehen wollen, z. B. eine gemeinsame Wohnung
✧ für das Erfühlen der allumfassenden, bedingungslosen Liebe in
   allen Bereichen des individuellen Lebens (z. B. in der Familie oder
   bei der Arbeit)
✧ bei Problemen in der Liebe, Leidenschaft oder Sexualität, auch
   wenn diese aus früheren Inkarnationen herrühren
✧ um sich der Ursache und Wirkung der Ereignisse im Leben klar
   zu werden und eine klare Richtungsweisung zu finden
✧ Akzeptanz des eigenen Körpers

◇ zum Formen der eigenen Sinnlichkeit und um diese auch nach
Außen zeigen zu können (sinnliche Ausstrahlung)
◇ um die Ursache eigener Unzufriedenheit zu erkennen, speziell im
Bereich der Selbstfindung, und um bei der aktiven Seelenarbeit
daran arbeiten zu können

Vergangene Tätigkeiten und Inkarnationen

✳ Giacomo Girolamo Casanova (geboren am 02.04.1725 in Venedig; gestorben am 04.06.1798 in Dux)

Casanova war ein berühmter italienischer Abenteurer des 18. Jahrhunderts. Sein Name gilt noch heute als Synonym der Kunst der Verführung. Seine Mutter war die Schauspielerin Giovanna Farussi, genannt Zanetta, und sein vermeintlicher Vater der Schauspieler Geatone Casanova. Giacomo war das älteste Kind von insgesamt fünf Geschwistern. Casanova selbst war nie verheiratet, hatte jedoch eine große Anzahl eigener Kinder, von welchen er jedoch nur teilweise Kenntnis besaß. Casanova erwarb bereits mit 17 Jahren an der Universität von Padua einen Doktortitel im Fach Jura (weltliches und kirchliches Recht). Auf Bitten seiner Großmutter beschloss er, eine kirchliche Laufbahn als Priester einzuschlagen. Als angehender Priester, nach Erhalt der vier niederen Weihen, fiel er am 19.03.1741 während einer Predigt, angeblich betrunken, von der Kanzel in San Samuele, gab aber erst drei Jahre später seine kirchliche Laufbahn endgültig auf. Bei einer Reise nach Ancona und Rom, begegnete er Papst Benedikt XIV, der ihn kurz darauf zum »Ritter des goldenen Sporns« ernannte. Daraufhin nannte sich Casanova oft Chevalier (Ritter), jedoch verließ er Rom nach einer aufsehenerregenden Liebesaffäre wieder und reiste weiter. Zahlreich Reisen in ganz Europa folgten, wobei er im Jahr 1765 in St. Petersburg Katharina der Großen begegnete. Hier bemühte er sich, eine Anstellung am königlichen Hof zu erlangen, jedoch wurde er abgewiesen. Bis heute sind die Memoiren Casanovas in mehr als zwanzig Sprachen übersetzt worden (u.a. Japanisch, Arabisch, Bengalisch und Inuktitut).

Metatron

»Da ich erst seit kurzer Zeit Mitglied der Weissen Bruderschaft bin, möchte ich die Gelegenheit nutzen, mich in diesem Buch das erste Mal näher vorzustellen. Man sollte mich bitte nicht mit dem Großengel Metatron verwechseln, da ich auf dem menschlichen Pfad wanderte, den ich vor kurzem mit dem kausalen Aufstieg abgeschlossen habe. Es ist mir ein großes Anliegen all denen zu helfen, die gewillt sind, diesen Aufstieg Hand in Hand mit mir zu gehen, um durch diese Erfahrungen an Wissen zu wachsen. Genau wie die bekannten Chohane der Weissen Bruderschaft, die nun zu meinen Kollegen und Freunden wurden, möchte auch ich durch die Verbreitung von Aufstiegstexten, Anleitungen zur Seelenarbeit und Möglichkeit zur Anrufung meiner Energie helfen, sich von den irdischen Fesseln der energetischen Verstrickungen, die jeder selbst geschürt hat, zu befreien. Auch möchte ich nicht versäumen, mich optisch näher zu beschreiben. Doch dies überlasse ich der Autorin und dem Auge ihrer Betrachtung.«

Optische Beschreibung des Meisters

Metatron ist ein ca. 1,90 m großer, sehr sportlich und gut gebauter Mann von anmutiger Erscheinung. Sein Haar ist glatt und feuerrot wie die Leidenschaft. Es fließt in Form weicher Wellen und reicht ihm über die Schultern. Seine Augen sind von einem tiefen smaragdgrün und hinterlassen einen deutlichen Eindruck seiner tiefen, unergründlichen Seele beim Betrachter. Sein Wesen kann zwar als unglaublich sanftmütig, aber dennoch von männlicher Stärke beschrieben werden. Er hat eine sehr sinnliche Ausstrahlung.

✴ Chohan Saint Germain ✴

Amt

Weltenlehrer
Oberhaupt des karmischen Rat
Chohan des siebten Strahls in der Weissen Bruderschaft
Farbe des Strahls: Violett - Gold
Aufstieg 1837 n. Chr.

Themen

Emotionale Umwandlung und Transformation, Karma, Lernaufgaben, angesammeltes Wissen verstehen und umsetzen, Diskussion und Präsentation

Tätigkeit

»Wenn du erkannt hast, dass du so sein sollst wie du bist, kannst du die gesamte göttliche Kraft in all ihrem Umfang ermessen und erleben.«
Saint Germain

✳ Arbeit mit der violetten Flamme

Der Großmeister Saint Germain arbeitet nun seit fast 100 Jahren mit der Energie der violetten Flamme der emotionalen Transformation. Diese Energie erhielt er einst als Geschenk für die Arbeit mit der Menschheit, um den Aufstieg der Schwingungszellen zu fördern. Die Flamme ist eine hochfrequente Seelenenergie, die einem bestimmten Befehl Folge leistet. Diese Seelenenergie ist eine Manifestation einer Flamme, die dem Meister eingegeben wurde, um sie durch seine Gedankenkraft jederzeit entflammen zu lassen. Vor kurzem erhielt der Meister das Wissen um die Flamme selbst und lässt sie nun aus seiner eigenen Seelenenergie entstehen. Diese wird weiter unten vom Großmeister selbst im Kapitel über die violette Flamme näher beschrieben. Hauptsächlich geschieht die Arbeit mit der Flamme durch Anrufung der Energie, wobei jeder etwas zur Unterstützung der emotionalen Transformation tun kann. Der Meister überwacht diese Vorgänge und hilft bei der Verarbeitung tief greifender Schocks, die allein nur schwer überwunden werden können. So kann es bei einer Meditation vorkommen, dass wir plötzlich starken emotionalen Gefühlen ausgesetzt sind, die wir uns mit dem Tagesbewusstsein nicht erklären können. Diese Ausbrüche können Formen von leichter Traurigkeit bis zu heftigen Tränenausbrüchen annehmen. Wir sollten uns davon aber nicht abschrecken lassen, da wir uns bei der Verarbeitung emotionaler Blockaden genau dies als Ziel gesetzt haben. Die angestauten Energien gelangen ans Tageslicht und können mithilfe der Flamme veranschaulicht, verstanden und transformiert werden, auf dass sie uns nicht mehr belasten. Wenn wir während der Transformation plötzlich in eine Situation von tiefster Traurigkeit gelangen, die uns emotional doch zu sehr belastet, sollten wir uns nicht davor scheuen, den Großmeister selbst um Hilfe zu bitten. Er kann den Vorgang dann übernehmen, um die Heilung zu unterstützen. Die Emotionen sollten hierbei lediglich angeschaut werden, aber zu keiner zusätzlichen Belastung führen.

✳ Betreuung seiner Schüler

Seit Saint Germain in der Weissen Bruderschaft Platz genommen hat, bildet er gewillte Schüler in allen medialen Fähigkeiten aus. Dazu gehören das Hellhören, Hellfühlen und Hellsehen sowie Telepathie, Telekinese und andere bekannte Formen der medialen Begabungen. Zu Beginn meldet sich der Meister auf eine individuelle Weise. So können wir vielleicht während einer Meditation plötzlich ein Bild des Meisters erhalten oder seine Stimme in Gedanken vernehmen. Auch Pendeln oder Kartenlegen gehören zu den Tätigkeiten, bei denen sich Meister vorstellen könnte. Wir sollten geduldig annehmen, was wir selbst zu geben bereit sind. Wir sollten uns für die geistige Welt aus tiefster Seele öffnen. Leider können die medialen Fähigkeiten nicht »erlernt« oder gar »erzwungen« werden. Der feste und vor allem tiefe Entschluss der Seele, auf diese Weise zu leben, reicht aus, um sich für die geistige Welt bereit zu machen. Ich muss an dieser Stelle sagen, dass ich schon viele, sehr begabte Medien getroffen habe, bei denen plötzlich nichts mehr weiterging. Das kann passieren, wenn die Seele aufgrund »schlimmer« medialer Erlebnisse aus früheren Leben sozusagen die Notbremse zieht, um nicht tiefer in ein derartiges Leben hineinzugleiten. Mit medial geöffneten Gaben zu leben, kann sowohl zu einem Fluch als auch zu einem Segen werden, dessen sollten wir uns bewusst sein. Mir selbst geht es oft so, dass ich Dinge sehe, höre oder auch fühle, die für andere Menschen »nicht da« sind. Oft muss ich dadurch plötzlich kichern, weil die geistige Welt durchaus sehr komisch und liebevoll ist oder ich bekomme plötzlich einen »komischen« Blick, weil ich eigenartige Dinge sehe, die mir teilweise durchaus als physisch real erscheinen. Viele verstehen diese Dinge nicht, da sie selbst etwas Derartiges noch nicht erlebt haben und dies auch nie erleben werden. Häufig kommt es vor, dass wir verrückt, eigenartig oder sehr in uns gekehrt wirkten, obwohl wir sonst eigentlich ein ganz normales Leben führen. Wenn wir derartige Impulse aus der jenseitigen Welt vernehmen, besteht die Gefahr, einfach »abzudrehen«, wir müssen erst lernen, damit umzugehen. Ich nehme die gesellschaftliche Verurteilung in meinem Fall gern auf mich, da ich mit meinen Gaben schon so unglaublich viel Gutes und Hilfreiches für mich und andere Menschen erreicht habe, was ich nie mehr missen möchte. Auf diese Weise ist das Leben mit medialen Gaben auch eine Bereicherung und somit ein Segen.

Wenn wir uns erst einmal der geistigen Welt geöffnet haben und im Umgang mit seinen Gaben geschult sind, können wir beginnen, sie für uns selbst oder für andere nützlich einzusetzen. Der Großmeister lehrt unter anderem die aktive Seelenarbeit, Praktiken zur energetischen Heilarbeit, Anrufungen und geführte Meditationen, und in seltenen Fällen begleitet er auch Medien bei der täglichen Arbeit im spirituellen Bereich, wobei er das Medium mit dem nötigen Weitblick und der Allwissenheit unterstützt. Die Bandbreite der Tätigkeiten geht hierbei vom Gestalten einer Homepage, deren Inhalt von Channeling-Texten und Informationsmaterial geprägt ist, vom Schreiben eines Buches oder diverser Texte in Zusammenarbeit mit den Meistern, vom Veröffentlichen von Bild- oder Tonmaterial zur Förderung des Aufstieges, bis zur Gründung von Organisationen für wohltätige Zwecke oder aber auch zur Leitung eines Heil- oder Kurszentrums. Wenn wir etwas Großes im Leben leisten wollen und das nötige geschäftliche Geschick mitbringen, stehen alle Grenzen offen. Allein die Absicht ist unglaublich wichtig, da wir diese Arbeit nicht mit dem Gedanken an Profit beginnen sollten! Dieser Gedanke stellt sicher in den Augen der Meister das größte Hindernis dar, sowie auch spiritueller Neid und Missgunst gegenüber anderen Medien.

✳ Leitung philosophischer, theosophischer und metaphysischer Diskussionsrunden

Saint Germain ist allgemein bekannt für seinen unglaublich umfangreichen Sprachschatz und sein damit verbundenes philosophisches Talent. Gerade bei der Arbeit an diesem Buch wurde dies immer wieder sehr deutlich, da Saint Germain selbst schon mehrere Texte und Bücher verfasst hat und das auch zu seinen physischen Lebzeiten. Die meisten Werke von ihm gingen jedoch leider über die Jahrhunderte oder gar Jahrtausende verloren. Daher ist es auch sehr erfreulich, wenn er auch in modernen Zeiten wie unseren keine Gelegenheit versäumt, uns mithilfe eines Mediums an seinem Wissen teilhaben zu lassen. Aber nicht nur das Verfassen von Texten machte den Meister in den Sphären berühmt, sondern auch die reiche Anzahl an Reden und Diskussionsbeiträgen, die er gehalten hat. Ich durfte schon in den Genuss kommen, einer derartigen Rede, deren Inhalt von metaphysischem Gedankengut geprägt war, zuzuhören. Solche Beiträge ordne ich ein in den Bereich der Botschaften des Großmeisters, die ich gerne auf anderen Wegen veröffentlichen möchte, wie z. B. auf meiner Homepage, die ich im Namen der Großmeister eingerichtet habe. Durch den Bekanntheitsgrad seiner Reden war es dem Meister auch möglich, bis hin zum Weltenlehrer aufzusteigen, um weiterhin für die Verbreitung des kosmischen Wissens einzustehen. Die Berufung zum Weltenlehrer stellt eine große Ehre dar und veranlasst Saint Germain dazu, regelmäßig auch bei größeren Veranstaltungen wie z. B. Kongressen, öffentlichen Channelings, bei Talkshows und vielem mehr, sein Wissen kundzutun.

✳ Zusammenarbeit mit anderen Räten

Bei der Zusammenarbeit mit anderen Räten geht es Saint Germain vor allem um die universelle Kommunikation und den damit verbundenen Erfahrungsaustausch auf kausaler Ebene. Das größte Ziel, das derzeit als Gemeinschaftsprojekt verfolgt wird, ist die Wiedervereinigung der Sphären und das aktive Leben im Goldenen Zeitalter. Saint Germain selbst hat einen großen Teil dieses Zeitalters vergangener Tage miterlebt, das nun für ihn schon über 70.000 Jahre zurückliegt. Es geht um das errungene Wissen dieser Erfahrungen in seiner Inkarnation als König. Nicht nur das Kommunizieren mit anderen Räten und Bruderschaften der Menschen gehört dazu, sondern auch die aktive Zusammenarbeit mit den Engeln, aber durchaus auch einmal mit den Dämonen, wenn dies für das Allgemeinwohl förderlich ist. Verbindung der Sphären bedeutet auch, dass dies zunächst einmal im Geiste der Menschen gedeihen muss, bevor die Frequenzen sich für jedermann öffnen. Erst dann sind wir bereit, uns neutral gegenüberzutreten, ohne unnötige Beurteilung oder gar Verurteilung.

✳ Haupttätigkeit als Oberhaupt des karmischen Rates

Da der Großmeister vor kurzem zum Oberhaupt des karmischen Rates (siehe das Kapitel »Der karmischer Rat«) ernannt wurde, legte er einige seiner Aufgaben als Chohan der Weissen Bruderschaft nieder. Gerade im Bereich der Schülerschaften musste Saint Germain zahlreiche Medien an andere Meister weiterverweisen. Durch die Arbeit mit der violetten

Flamme hat er ein erhebliches Wissen über die Zellinformationen und die Seelenmatrix erlangt, was ihn befugte, sich für ein derartiges Amt zu qualifizieren. Ich ließ mir von anderen Quellen sagen, dass Saint Germain schon vor der Ernennung für dieses Amt Hauptanwärter gewesen war und lediglich um Annahme der Tätigkeit gebeten wurde.

Begleiter

Chohan El Morya (Kommunikation)
Chohan Serapis Bey (weiße Aufstiegsflamme)
Meister Djwal Khul
Erzengel Zadkiel
Lady Abedine
Männlicher Elohim Arkturus
Weiblicher Elohim Diana

Behilfliche Priester aus Atlantis

Fahrine (Priester der Psychologie)
Lemura (Priesterin der friedlichen Kommunikation)
Gidenes (Priester der Konfliktbearbeitung)
Gawine (Priester der Kombination vieler Wege zur Transformation)
Morina (Priester des Strafvollzuges)
Zeroh (Priester der Transformation des Egos)
Chanti (Priester der Vergebung)

Melodie: »Wiener Walzer« von Johann Strauss
Edelstein: Amethyst
Wochentag: Samstag
Chakra: Milzchakra
Weibliche Urkraft: Amethyst (Wandlung)
Aura-Soma Equilibrium Flasche: Nr. 56 – Loslassen von Negativität auf allen Ebenen

Tempel
»Tempel der Freiheit« über Transsilvanien, Rumänien

Anrufung der Energie des Tempels
✧ Emotionale Klärung der einzelnen Energiezellen des Körpers (violette Energie der Flamme)
✧ zum Auflösen von aufgearbeitetem Karma, Programmen und Glaubenssätzen (Seelenarbeit)
✧ zur energetischen Raumreinigung (Transformation von emotionalen Ablagerungen in den energetischen Gitternetzen)

Vergangene Tätigkeiten und Inkarnationen

✳ Herrscher Zandor im Goldenen Zeitalter im Gebiet der heutigen Sahara (vor 70.000 Jahren)

✳ Atlantischer Hohepriester Mendere im Tempel der Reinheit (vor mehr als 11.500 Jahren)

✳ Scholarch Polemon der platonischen Schule (314–270/269 v. Chr. in Athen)
Ein Scholarch (Schuloberhaupt) ist ein Gelehrter, der nicht nur lehrt sondern auch leitet. Der Scholarch wurde von den Schülern auf Lebzeit gewählt. In der platonischen Schule befasste man sich mit Metaphysik, Ontologie, Erkenntnistheorie, Wissenschaftstheorie, Dialektik, Ethik, Verfassungstheorie, Mathematik und Geometrie, Astronomie, Kosmologie, Physik, Seelenkunde, Sprachwissenschaft, philosophischer Theologie und Dämonenlehre.

✳ Josef von Nazareth (Anbeginn der modernen Zeitrechnung)
Josef, auch mit dem Zusatz »der Zimmermann«, gilt im Neuen Testament der Bibel als Verlobter und dann als Ehemann der Maria (Lady

Maria), der Mutter von Jesus Christus (Meister Sanandá). Laut dieser Überlieferung gilt er als der Vater, der in Matthäus 13, 55 und Markus 6, 3 erwähnten Brüder Jesu.

✳ Saint Alban (ca. 300 n. Chr. im heutigen St. Albans, England)

Der Heilige Alban von England war der erste christliche Märtyrer in Britannien. Er wird von der katholischen und der anglikanischen Kirche verehrt. Sein Gedenktag ist der 22. Juni. Zum ersten Mal wird er um das Jahr 480 bei Constantius, in dessen Leben des heiligen Germanus von Auxerre schriftlich erwähnt.

✳ Gelehrter und Alchemist Merlin (5.–6. Jahrhundert)

Merlin war einer der bekanntesten sagenhaften Zauberer. Zudem war er der Lehrer und Alchemist von König Artus (Meister El Morya) und fand seinen Platz als fixe Kultfigur in der König Arthus-Saga von Geoffrey von Monmouth, in seinem Werk *Historia Regum Britanniae* aus dem Jahr 1136.

✳ Christian Rosenkreutz (14./15. Jahrhundert)

Er war der Gründer des Rosenkreuzordens und ist eine legendäre Figur der christlichen Esoterik, auf die sich die Rosenkreuzer berufen. Sein Name wird zum ersten Mal um 1614 in dem anonymen Werk *Allgemeine und General Reformation, der gantzen weiten Welt. Beneben der Fama Fraternitatis, deß Löblichen Ordens des Rosencreutzes, an alle Gelehrte und Häupter Europae geschrieben* erwähnt.

✳ Christoph Kolumbus (geboren 1451 in Genua; gestorben am 20.05.1506 in Valladolid)

Kolumbus war ein genuesischer Seefahrer in spanischen Diensten, dem die Entdeckung Amerikas zugeschrieben wird. Er bereiste insgesamt viermal die Meere in der Zeit vom 03.08.1492 bis zu seiner letzten Reise, die am 07.11.1504 endete.

✳ Francis Bacon (geboren am 22.01.1561 in London; gestorben am 09.04.1626 in Highgate)

Francis Bacon war ein englische Philosoph und Staatsmann sowie Wegbereiter des Empirismus.

✳ Graf von Saint Germain (1639–1837)

Der Graf von Saint Germain war ein medialer Abenteurer, Geheimagent, Alchemist, Okkultist und Komponist, dessen historische Person fast ganz von seinen teilweise von ihm selbst geschaffenen Legenden verdeckt wird. Er inkarnierte in dieser Zeit insgesamt drei Mal physisch und nahm sein Leben und seine Hinterlassenschaften immer wieder von Neuem auf. Zu seinen Besitztümern zählten kleine Liegenschaften und eine ausgesuchte Sammlung von Juwelen.

✳ Meister Saint Germain, Aufstieg in die Kausalwelt (im Jahr 1837 aus der Astralebene)

Nach seinem aufregenden und turbulenten Leben als Graf Saint Germain stieg der nun zum Großmeister aufgestiegene Saint Germain in die Kausalwelt auf, um dort als Gelehrter und Lehrer zu leben und im Bund der Weissen Bruderschaft als Chohan zu arbeiten. Schon hier begann er, begabte und große Medien auszubilden, darunter auch Helena P. Blavatsky, der er in seiner physischen Manifestation begegnete.

Als aufgestiegener physisch manifestierter Meister Saint Germain

✳ Graf Saint Germain (ca. 1871 bis 1898) Verbreitung der Theosophischen Lehren

Er arbeitete mit dem Medium Helena P. Blavatsky, Meister El Morya und Meister Kuthumi die Theosophie aus mithilfe der Mahatma- (Meister-) Briefe. Die Theosophische Gesellschaft wurde daraufhin von Helena P. Blavatsky, Henry Steele Olcott und William Quan Judge gegründet.

Optische Beschreibung des Meisters

Saint Germain erinnert an einen wohlhabenden Grafen des 17. Jahrhunderts. Sein Wesen wirkt unglaublich anmutig und sehr diszipliniert, er wirkt höflich und wohlerzogen. Seine Sprache ist sehr gewählt und lässt philosophisch interessierte Herzen höher schlagen. Seine Statur ist sportlich schlank und von mittlerer Größe. Meist wird geschrieben, dass Saint Germain ein sehr kleiner Mann ist, hingegen empfinde ich ihn als einen Mann von mindestens 1,75 m großer Statur. Er hat blond-grau meliertes Haar, was ihn optisch als 45-Jährigen erscheinen lässt, obwohl sein Gesicht so gut wie keine Fältchen aufweist. Seine Augen sind saphirblau und strahlen königliche Anmut aus gepaart mit ehrfürchtigem Respekt, der von seinem hohen Alter herrühren muss. Dennoch würde ich die Aura des Meisters als liebevoll freundschaftlich, sogar väterlich beschreiben.

Transformation mit der violetten Flamme
Chohan Saint Germain

Schon oft wurde vom Großmeister Saint Germain berichtet und seiner Arbeit mit der violetten Flamme der Transformation. Die Flamme ist jedoch weit mehr als nur eine hochfrequente Flamme mit der man Emotionen reinigen kann. In diesem Kapitel möchte Saint Germain selbst versuchen, das Wesen und Wirken der Flamme zu erläutern, da wir auf diesem Gebiet weit mehr erreichen können als nur die Transformation der emotionalen Blockaden. Auch ich habe schon viel mit dieser Energie gearbeitet und freue mich sehr, dass der Großmeister näher darauf eingehen möchte. So gehe ich hier auf häufig gestellte Fragen über die Flamme ein, die ich an Saint Germain gestellt habe:

Was ist die violette Flamme genau?
Saint Germain:
»Als mein Wirken als Chohan in der Weissen Bruderschaft begann,

erhielt ich diese hochfrequente Flammenenergie, um der Menschheit im neuen Zeitalter bei der Transformation ihrer Blockaden behilflich zu sein. So verbreitete ich auch das Wissen um diese Energie und gab Anleitung sie anzurufen. Es war auch ein voller Erfolg, da die Menschheit sich danach sehnte, Hilfe bei der Bewältigung ihrer Lernaufgaben zu erhalten. So kann man auch heute noch diese Energie anrufen, die sich jedoch seit März 2008 verändert hat und noch tiefschichtiger wurde. Zu Beginn war die Flamme ein Energiegeschenk, das ich in einem Tempel in der Ätherwelt vor mehr als 100 Jahren erhalten habe, dessen Namen ich hier jedoch nicht nennen möchte. Ich trug diese manifestierte Energie im Inneren meines Wesens, um sie jederzeit verwenden zu können. Die Flamme lässt sich mit physischen Flammen vergleichen, nur im hochfrequenten kausalen Bereich. Daher sollte die Kraft des Feuers nicht unterschätzt werden, da tatsächlich die Schwingungszellen ›ausbrennen‹ und komplett neue Themen heraufwachsen können. Ich nenne hier gern das Beispiel eines brennenden Waldes und das neue Leben der Pflanzenwelt, das nach dem Brand aus der verkohlten Erde, die nun zur Heilung bereit ist, hervortritt.

Vor kurzem gab ich diese Energie an den Tempel zurück, da ich von der Großmeisterin Lady Abedine das Wissen um das Entstehenlassen einer energetischen Flamme erhalten habe und nun die Flamme aus meiner eigenen Seelenenergie formen kann. Jeder, der meine Flamme anruft, ruft jetzt die manifestierte Flamme meiner eigenen Seele an. Dies eröffnet ganz neue Dimensionen der Transformation, die Lady Abedine mich lehrte, da sie selbst schon seit Millionen von Jahren das Wissen innenträgt und damit arbeitet. So kann man in Zukunft auch die meeresblaue Flamme von Lady Abedine anrufen, um die tiefen Schichten der Seele zu erreichen. Sie selbst ist eine gute Freundin von mir und dient derzeit als Orakel der geistigen Welt. So fördert ihre Energie auch die Sichtigkeit und somit den Blick in die Zukunft.«

Was bewirkt die Flamme allgemein?

Saint Germain:

»Allgemein kann man sagen, dass die Flamme tief in die Körperzellen eindringt, um dort nach Blockaden oder anderen Themen zu suchen, die transformiert werden sollen und Heilung verlangen. So ist das Wirken der Flamme eine sehr persönliche Sache, die sich nicht so leicht ausführen lässt, da jeder andere Lernthemen hat. Die Flamme dringt tief in die Zellen ein und spürt auf, transformiert und heilt, was nicht mehr zu uns gehören sollte. So werden auch Fremdenergie in die göttliche Ordnung zurückgeführt und energetische Blockaden aufgelöst, damit wir von äußeren Beeinflussungen befreit werden und stets nach dem eigenen Höheren Selbst handeln können. So berührt die Flamme hauptsächlich den emotionalen Bereich unseres Seins, da hier die meisten Blockaden entstehen können. Ist der Fluss der Neurotransmitter, die emotionalen Botenstoffe, die im Gehirn produziert werden, gestört, werden wir nicht nur psychisch, sondern meist auch körperlich krank. Um dies zu vermeiden, können wir die Flamme auch im Alltag verwenden, z. B. wenn wir uns gerade einer ärztlichen Behandlung unterziehen, um die Heilung zu unterstützen, oder wenn wir uns gerade in einer emotional belastenden Situation befinden. So sollten wir die Flamme nach der reinen Intuition anrufen, wenn wir spüren, dass wir sie jetzt gut brauchen können. Die Anrufung ist etwas sehr Individuelles, das jeder für sich gestalten kann. Natürlich können wir hier auch eine vorgegebene Anrufung verwenden, wenn wir möchten, daher gebe ich auch ein Beispiel für eine Anrufung.«

Anrufung für eine Reinigung

Begib dich in eine bequeme Haltung deiner Wahl, und schließe kurz die Augen, um dich konzentrieren zu können.

Stelle dir nun vor, wie du tief in dich hineingehst und zu deinem göttlichen Kern gelangst, der deine Seele als Hauptzentrum steuert. Er befindet sich in der Mitte deines Bauchraumes. Du kannst dir deinen Kern als große leuchtende Lichtkugel vorstellen, zu der du nun bewusst sprichst:

»Ich bitte meine Zellen, sich auf die Transformation und Heilung durch die violette Flamme vorzubereiten und sich nun für diese Energie zu öffnen.« Stell dir dabei vor, wie der ganze Körper und all seine Zellen sich nun wie eine große, schöne Lotusblüte öffnen und die Flamme tief bis zu den Blockaden eindringen zu lassen, um diese aufzuspüren.

»Ich rufe die violette Flamme des Großmeisters Saint Germain, um sie in meine Zellen zu leiten, damit sie Transformation und Heilung erfahren. Ich möchte die dort gegenwärtigen Blockaden erkennen und loslassen, um von ihnen frei zu werden!«

Du kannst Bilder, Gefühle oder sogar Sätze der Blockaden erhalten, um diese zu erkennen. Zeit spielt hier keine Rolle. Richte dich ganz nach deinem Gefühl. An dieser Stelle kannst du positive Affirmationen sprechen, da die Zellen in diesem Zustand weit geöffnet und besonders empfänglich dafür sind. Ich spürte z. B. eines Tages die tiefe Angst, Mutter zu werden, da ich diese Erfahrung noch nicht kannte. Ich sprach bei diesem Thema hinzu: »Ich bin eine gute Mutter«. Dies entsprach meiner Seelenenergie, unterstützte die »Ich bin«-Lehre des Großmeisters und war an dieser Stelle sehr hilfreich sein.

Nun beginnt die Reinigung, die einige Minuten dauern kann. Da dies ein manifestiertes Programm ist, spielt es auch keine Rolle, ob wir zu früh wieder den Lebensalltag antreten oder nicht, da es ohnehin von selbst wirkt. Außerdem wird dieser Prozess durch die Energie des Großmeisters überwacht und kann auch niemals Schaden anrichten, auch können wir hierbei nichts falsch machen. Die Wortwahl der Anrufung spielt keine Rolle, lediglich die Absicht, was wir erreichen möchten, ist wichtig und sollte genau und klar verständlich formuliert werden. Wenn wir fühlen, dass die Transformation abgeschlossen ist, richten wir uns wieder an unseren göttlichen Kern, um die Zellen zum Schutz zu schließen. Wir können abschließenden noch einen Satz der Danksagung hinzufügen:

»Ich bitte meine Zellen, sich wieder fest zu schließen, damit sie gut verschlossen sind. Ich lasse keine blockierenden Fremdenergien mehr zu, die mir Schaden zufügen können, und bitte nun um Schutz vor ihnen. Ich danke Saint Germain von ganzem Herzen für die liebevollen Unterstützung auf dem Lichtweg der Heilung!«

Nun ist der Prozess abgeschlossen und er kann aber so oft wiederholt werden, wie wir möchten. Dies war, wie gesagt, lediglich ein Beispiel für eine Anrufung und kann ohne Weiteres umgeschrieben oder umgestaltet werden. Es ist immer besser, wenn wir nach unserer Intuition handeln, da niemand uns sagen kann, was wirklich gut für uns ist. Dies wissen wir alle selbst am besten.

Was bewirkt die Flamme in den Zellen?

Saint Germain:

»Seelenkommunikation auf Zellbasis

Da die Flamme die Zellen öffnet und tiefe Informationen der Seele ans Tageslicht bringt, erhalten unsere Zellen die Chance direkt, durch Bilder, Gefühle oder auch Sätze, die darin enthaltenen Themen bewusster darzulegen. Wir müssen lediglich hinschauen, -hören und hineinfühlen, was uns tief im Inneren bewegt. Dies erleichtert uns das Bewältigen der Lernthemen, da sie viel deutlicher erkannt werden.

Auflösen von Blockaden

In unseren unendlichen Erfahrungen, die wir auf der Erde schon gesammelt haben, kommen auch immer wieder einige Blockaden auf uns zu. So kann es sein, dass sich Karma, Programme, systemische Verstrickungen und vieles mehr im Laufe der Zeit ansammeln. Ich vergleiche das gern mit einer Zwiebel, die man bei der aktiven Seelenarbeit, wo man auf die Verarbeitung dieser Themen speziell eingeht, Schicht für Schicht abschält, um sich von diesem schweren Mantel zu befreien.

Herkunft der Seelenmatrix

Da die Flamme tief in die Zellen eingreift und wir dabei auch Informationen der Seele abfragen können, wird dieser Zustand auch verwendet, um auf den Grund der eigenen Herkunft zu gehen. So können zum Beispiel Name und Geschlecht der Zwillings- und Dualseelen herausgefunden werden, der eigene Seelenname, das ungefähre Alter der eigenen Seele und vieles mehr. Wie die Antworten hierauf erfolgen, liegt in jedem selbst und kann daher nicht genau beschrieben werden. Wenn wir hellhören, können wir auch einen Großmeister zu Rate ziehen, der uns bei der Beantwortung dieser Fragen helfen kann.

Selbstfindungsprozess und das Definieren des ›Ich bin‹

Wir sind im Leben sehr vielen Eindrücken und Erfahrungen ausgesetzt, wir entwickeln uns natürlich stetig weiter und verändern unsere Sichtweise über das Leben, da wir reifer und älter werden. Die Energie der Flamme kann auch hier wieder tief aus den Zellen hervorbringen, was uns derzeit als Hauptaspekt bestimmt. Dies hört sich meistens leichter an, als es eigentlich ist, so sollte dies vielleicht jeder einmal versuchen, sich selbst in Worte zu fassen. Wir alle haben so unendlich viel zu bieten, dass wir dafür nur schwer Worte finden. So kann es vorkommen, dass Hauptthemen auftauchen, wie z.B. die Familie und das stetige Bemühen des Zusammenhalts, der berufliche Erfolg und vieles mehr.

Der Seelenweg

Stehen wir an einer Stelle in unserem Leben, wo wir nicht mehr weiter wissen oder wo die »Mauer« unserer Lernthemen so groß geworden ist, dass wir den weiteren Weg nicht mehr eindeutig bestimmen können, ermöglicht uns die Flamme einen Gesamtblick auf die Vergangenheit, Gegenwart und Zukunft. Wir können so objektiver entscheiden. Hier werden der eigens geplante Seelenweg und das Ziel der eigenen Seele meistens viel deutlicher und der Weg dorthin wird klarer und freier. Durch diese Methode fand ich meinen medialen Weg sowie den Mut und die Kraft, Bücher zu schreiben. Das ist meine eigene Berufung.

Den Genuss des Lebens erkennen

Viele sehen bei diesem Kapitel sicherlich nur Blockaden, Krankheiten und andere schreckliche Dinge, die uns auf unserem ewigen Lernweg schaden und belasten können. Die Arbeit mit der violetten Flamm kann diese Dinge heilen. Haben wir dies getan, sollten wir uns wieder den zahlreichen schönen Themen in unserem Leben widmen. Meistens fällt es gerade trübsinnigen Menschen sehr schwer, die schönen Dinge zu definieren, obwohl es sie in jedem Leben gibt. Die Flamme kann auch hier helfen, das Leben positiver zu sehen, um den Genuss des Lebens und die darin enthaltene Fülle ans Tageslicht zu bringen!«

✺ CHOHAN DJWAL KHUL ✺

Amt
Meister in der Weissen Bruderschaft auf dem siebten Strahl mit Chohan Saint Germain
Farbe des Strahls: Violett – Türkis
Aufstieg 1875 n. Chr.

Themen
Mitgefühl, Nächstenliebe, Bescheidenheit, Gelassenheit, Lernen, Weitergeben, Einsamkeit und Stille im positiven Sinne, Ruhe, altes Wissen und die Aufopferung für sich selbst und seine Mitmenschen

Tätigkeit

✳ Einweihung in die uralten Geheimlehren des Kosmos

Bekannt wurde der Großmeister einst durch seine Inkarnation als Djwal Khul, der zum Schüler von Kuthumi, Saint Germain und El Morya wurde. Aus diesem Leben stammt das angeeignete Wissen der buddhistischen Traditionen und der theosophischen Geheimlehren, die damals durch das Medium Madame Blavatsky veröffentlicht wurden. Schon als Schüler etablierte sich der Meister bis in die höheren Ränge der Schülerschaft durch seine Treue und geschäftige Arbeit bei der Hilfe für die damals physisch manifestierten Meister. Heute vertritt er selbst das Wissen des Kosmos und lehrt dieses als Großmeister und Lehrer der Weissen Bruderschaft weiter. Er selbst hat sich als Chohan zurückgezogen, ist aber immer noch als Weisheitslehrer tätig, hierbei speziell im Bereich der Weltreligionen. In seinen Inkarnationen wurde er unter anderem mit dem Hinduismus, Buddhismus, Taoismus, Konfuzianismus, Christentum, Judentum, Islam, der Theosophie und der Metaphysik bekannt gemacht. Dieses Wissen prägte den Meister, was seine Weltanschauung zu einem einzigartigen Diskussionsbeitrag macht, hält dieser erst einmal eine seiner berühmten Reden über diese Themen.

✳ Aufstieg in die dritte Dimension bei Lady Gaia

Mit dem Aufstieg in die dritte Dimension ist das Erwachen des Geistes für eine bestimmte Sichtweise über das Leben gemeint und das damit verbundene Erringen von Wissen. Der Meister Djwal Khul beobachtet für diese Tätigkeit das Frequenzspektrum einzelner Personen, die sich ihren Impulsen des höheren Selbst geöffnet haben und bereit sind, nach diesem uralten Wissensschatz zu leben, der jedem von uns innewohnt. Hierbei geht es vor allem um die Unterstützung derer, die besondere Auffälligkeiten im Bereich der medialen Berufung aufweisen, um sie bei der Verwirklichung ihrer Pläne zu unterstützen.

☀ Übernahme von Schülern des Meisters Saint Germain

Djwal Khul ist einer der Meister, die Saint Germain in der Bruderschaft zur Seite gestellt wurden, um ihn bei seiner Arbeit als Chohan
behilflich zu sein. Djwal Khul betreut seit der Amtsübernahme von
Saint Germain als Oberhaupt des karmischen Rates einige seiner damaligen Schüler, um den Großmeister zu entlasten. Das Schreiben von
Büchern und Texten bis hin zur kompletten Ausbildung der Medien,
die im Namen der Großmeister arbeiten möchten, zählen hierzu. In
einzelnen Fällen kommt es sogar vor, dass die Medien bereits im Jenseits schon ausgebildet werden und dann für ihren medialen Auftrag
nach einem maßgeschneiderten Lebensplan auf die physische Sphäre
inkarnieren. So ist der Kommunikationsaustausch auf allen Sphären
stets gewährleistet. Sicherlich ist das auch ein Grund, warum manche
Medien behaupten, mit einer speziellen Berufung oder Begabung auf
die Erde gekommen zu sein.

☀ Evolutionäre Weiterentwicklung der weiblichen Körper

Sicherlich ist der weibliche Körper von der Evolution her gut ausgerich-
tet und geformt worden, jedoch bedarf es in manchen Funktionen noch
einiger »Schönheitskorrekturen«. Der Meister Djwal Khul ist einer der
ganz wenigen, die sich diesem heiklen und sicherlich öffentlich teilweise peinlichen Thema angenommen haben, um bei der Weiterentwicklung zu helfen. So arbeitet er bei diesem »Projekt« mit dem Großmeister
Aman, dem Oberhaupt des Kausalen Rates und dessen zukünftigem
Nachfolger, der bereits eingeschult wird, dem Großmeister Amuel sowie
dem Erzengel Gabriel zusammen. Ziel ist es, die Evolution vom Prozess
der Empfängnis bis hin zur Geburt selbst für die Frauen günstiger umzu-
gestalten. Die monatliche Menstruation stellt auch in modernen Zeiten
wie den unsrigen immer noch teilweise ein großes Problem für manche
Frauen dar. Gerade bei weiblichen Engeln auf einer ähnlichen Sphäre
(Frequenz) wie der physischen, soll die Körperform bereits weiterentwickelt sein, was selbst die Geburt angeblich viel schmerzfreier und leichter

macht. Auch in den anderen Sphären können bzw. möchten einzelne Frauen (egal welche Wesen) ein Kind in ihrem eigene Leib spüren und gebären, dies ist ohne weiteres möglich. Dieses Wissen bringt der Erzengel Gabriel mit in die Arbeit ein, um auch den Menschen zu diesem evolutionären Schritt zu verhelfen. So werden sich die weiblichen Geschlechtsorgane im Laufe der Zeit immer weiterentwickeln, um in Zukunft das Leben mit der physischen Fortpflanzung leichter gestalten zu können.

Begleiter

Chohan Saint Germain (violette Flamme)
Chohane Kuthumi und Konfuzius
Lady Portia
Engel Missoni
Zwillingseele Lady Leto
Männlicher Elohim Wandér
Weiblicher Elohim Alessandra

Melodie: »Wiener Walzer« von Johann Strauss
Edelstein: Amethyst, Amethystquarz
Wochentag: Samstag
Aura-Soma Equilibrium Flasche: Nr. 63 – Djwal Kuhl und Hilarion; den Lebenssinn verstehen lernen; Nr. 64 – Die einzige Konstante im Leben ist Veränderung

Anrufung der Energie von Meister Djwal Khul
✧ bei Zellerinnerung der Energiekörper (um die Zusammenhänge aus früheren Inkarnationen zu erkennen – Seelenerinnerungen, Träume, Visionen)

- ◇ zum Erkennen von Fremdenergien im elektromagnetischen Feld der Aura (Seelenanteile, Reptuide[9], Verwünschungen oder Verfluchungen, Fesseln, Ketten oder Anker), Die Fremdenergien werden hierfür aus der Aura gelöst und in die göttliche Ordnung zurückgeführt.
- ◇ Aufarbeitung von karmischen- und systemischen Verstrickungen; Anschauung des Systems und der damit zusammenhängenden Personen. Verarbeitung von Informationen, die der Verstrickung angehören, z. B. unter anderem Botschaften von Verstorbenen und den physisch Lebenden
- ◇ leichteres Verstehen von emotionalen Blockaden, deren Ursprung wir nicht zu kennen glauben; So können Blockaden sich meist durch Selbstauflösung heilen, auch wenn wir uns allein nicht hinzuschauen trauen.

Vergangene Tätigkeiten und Inkarnationen

✳ Pater Emilion (1167–1219)

Er war Pater und Leiter des Klosters des heiligen Rosenordens in der Nähe von Versailles. Für die Ablegung des Schweigegelübdes wurde ihm die Zunge aus traditionellen Gründen entfernt.

✳ Dijleein Kumeron (1675–1717)

Der tibetische Mönch hat in einem Kloster im Himalaya seine Erleuchtung errungen und daraufhin als Adept die nachfolgende Schülerschaft zum Aufstieg geführt.

---

9 Reptuide sind Seelen, die zuvor in Tiergestalt lebten und sich im Laufe ihrer Seelenverwandtschaft zu einem für uns »menschlicheren« Wesen entwickelt haben. Dies findet sich häufig bei dämonische Wesen.

✳ Meister Djwal Khul (1842–1871)

Als inkarnierter Meister wurde Djwal Kuhl ca. 1860 vom damals schon erhabenen Großmeister Kuthumi in die alten Geheimlehren eingeführt und zum Lehrer angelernt. Unter anderem arbeitete er mit dem großen Manitu Maitreya zusammen und nahm die Schülerschaften der einzelnen Kandidaten ab.

Optische Beschreibung des Meisters

Djwal Khul ist ein sehr individueller und daher auch schwer zu beschreibender Mann. Über sein Wesen kann ich leider nicht so viel sagen, da ich ihn nicht so gut kennenlernen konnte. Seine Energie jedoch ist sehr liebevoll und unglaublich ruhig und geduldig. Er ist sportlich-schlank und ca. 1,80 m groß und hat feines hellbraunes Haar, das bis über die Schultern reicht. Er trägt es meist zu einem Zopf gebunden. Seine Augen sind grau-braun und von einem gütigen Leuchten. Der Meister strahlt eine enge Naturverbundenheit und ein unendlich erscheinendes Verständnis für diejenigen aus, die noch lernen müssen.

✴ Chohan Sanadá ✴

Amt

Weltenlehrer
Chohan des neunten Strahls in der Weissen Bruderschaft
Farbe des Strahls: Magenta
Aufstieg 321 n. Chr.

Themen

Harmonie, Ruhe, Ausgeglichenheit, gelebtes Wissen, Weltreligionen, Weltlehren, universelle Lehren, Konzentration, Leitung und Führung.

Tätigkeit

✳ Repräsentant als Weltenlehrer

Seit Sanandá nach seiner Inkarnation als Jesus Christus in die Kausalwelt aufgestiegen ist, ließ er sich für die Weiterarbeit zur Verbreitung der Weisheitslehren ausbilden. Eine Reihe von Schulungen und Lehrgängen folgte, wobei er sich mit den uralten kosmischen Lehren der Großmeister vergangener Tage vertraut machte. Diese werden allgemein als »Geheimlehren« oder »Kosmische Christus-Energie« bezeichnet. »Geheim« bedeutet hier jedoch nicht, dass niemand davon wissen darf, sondern ganz im Gegenteil, dass die Lehren lediglich lange geheim gehalten wurden, da die Menschheit noch nicht bereit war für diese Sichtweise über das Leben. Unter der kosmischen Christus-Energie versteht man den Gedanken des Christus selbst, der in uns allen wirkt. Der Großmeister Sanandá war einst Jesus Christus selbst in seiner Inkarnation vor mehr als 2000 Jahren. Seither steht er für dieses Wissen ein, das er damals selbst von den Großmeistern vermittelt bekam, um es auf die physische Sphäre zu bringen. Als aufgestiegener Meister ist es ihm möglich, im gesamten Kosmos zu wirken, um als Weltenlehrer in der Weissen Bruderschaft – zum Wohle und Aufstieg aller – dieses Wissen, das jeder selbst erlangen muss, zu repräsentieren. So versäumt der Meister es nicht, durch seine Energie dieses Wissen, das bereits in uns weilt, zu wecken und uns den rechten Weg zu weisen. So liegt es an uns, ob wir dieses annehmen, um nach unserem eigenen Herzen zu leben! Niemand kann uns sagen, was »Wissen« genau für jeden Einzelnen bedeutet und um was es genau geht, da es sich stets nach unserem eigenen Sein richtet, je nachdem wie wir derzeit sein wollen, woraus sich eine individuelle Sichtweise bildet. Wenn wir unser Herz sprechen lassen, haben wir uns bereits für dieses hohe Wissen geöffnet und leben auch danach. Das Einstehen für den eigenen Weg ist bereits der Weg, auf dem wir sein wollen. Dies ergibt Weg und Ziel in Einem!

✳ Vertreter der Glaubensrichtungen

Sanandá ist ein Großmeister, der sich schon seit langer Zeit mit der Sichtweise der Menschen und den durch die Jahrtausende hindurch entstandenen Glaubensrichtungen beschäftigt. Sicher war dies auch ein Grund, warum er sich einst zu einer Inkarnation als Medium Jesus-Sanandá entschieden hat. Dies war nicht sein erstes Leben als Medium, wo er Großes zur Verbreitung der uralten Weisheiten leistete, jedoch das berühmteste. So wurde aus einem medialen Auftrag ein Sinnbild der Hoffnung für all diejenigen, die den Gedanken erkannt und angenommen haben. Hierbei meine ich nicht die Erzählungen aus der Bibel, sondern die Energie, die sich in jedem ausbreitet, wenn er an die Aufopferung für das All-Eine denkt. Dies ist bei weitem sicher nicht das einzige Leben eines physischen Mediums, das es vermochte, in den kurzen Momenten eines einzigen Lebens Großes zu bewirken. Daher bin ich auch der Meinung, dass jeder von uns imstande ist, auch heute noch das zu leisten, was einst möglich war, wenn wir für das Wohl der Allgemeinheit kämpfen.

Hierbei kommt es nicht maßgeblich darauf an, um welche Glaubensrichtung es sich handelt, sondern vielmehr darauf, dass es zum Wohle aller geschieht und dass wir uns gegenseitig voller Demut und Respekt gegenübertreten, da jeder Einzelne von uns Teil von Gott selbst ist. Die Vielfalt der Glaubensrichtungen sollte daher als Geschenk und nicht als Gruppierung einzelner Gedankenformen verstanden werden, was die Mannigfaltigkeit der Individualität wunderschön zum Ausdruck bringt. Der Großmeister Sanandá ruft immer wieder dazu auf, sich dem liebevollen Aspekt der Religionen selbst zu widmen und nicht immer nur auf die Details zu achten. Das Detail der Religion ist lediglich der Gedanke, der nun einmal ist, nur vielleicht in einer anderen Form als der einer anderen Glaubensrichtung. Wenn wir den allgemeinen Aspekt der Liebe und der Hoffnung auf ein schönes und vielleicht auch teilweise besseres Leben für jeden Einzelnen von uns sehen, erkennen wir, dass Religion ein Gedanke des Herzens ist, wobei es auf die detaillierte Form nicht mehr ankommt. Somit ist es, grob gesagt, egal, welcher Glaubensrichtung wir angehören möchten, solange wir den Grundgedanken im Herzen tragen, um ihn zu leben.

✳ Ausbildung zukünftiger Weisheitslehrer

Einst wurde Sanandá selbst zum Weltenlehrer ausgebildet, daher versäumt er es heute auch nicht, anderen qualifizierten Meistern auf ihrem Weg zum Weltenlehrer zu verhelfen. Hierfür gibt er sein Wissen, das er in seinen zahlreichen Inkarnationen erlangte, all denen weiter, die gewillt sind, zu lernen, um eines Tages diejenigen an die Hand nehmen zu können, die Hilfe erbitten. Auch wir, die in diesen Zeiten unseres eigenen Aufstieges um Hilfe bitten, werden eines Tages in der Lage sein, unser Wissen weiterzugeben, um anderen beim Aufstieg zu helfen. Viele Großmeister bieten ihre Hilfe an, da auch sie einst an der gleichen Schwelle standen wie wir und in ihrer bedingungslosen Liebe für das All-Eine keine Mühe scheuen, einen Blick in die Vergangenheit ihres eigenen Kampfes um das Erringen von Wissen zu werfen. So verschmelzen Wissenswachstum und Wissensweitergabe zu einem Moment des Erkennens und wir erlangen das Wissen, dass wir alle gleich sind, da es keine Zeit und keinen Raum beim Erfahren gibt. Aus diesen Gründen darf man einen Großmeister auch aus gutem Gewissen als einen liebevollen Freund und nicht als einen Mentor oder gar Führer sehen. Auch er sieht keinen Unterschied bei etwas, was eins ist.

✳ Vermittlung der kosmischen Christus-Energie

Wenn wir die Energie des Christus selbst fühlen, vermögen wir es, uns in den Aspekt des Grundgedankens der Liebe dieser Botschaft einzufühlen. Lediglich die Annahme dieser Energie ist hierfür erforderlich. So tritt der Großmeister und Freund von Sanandá, Lord Maitreya, im Kosmos für diese Energie ein, um all denen die Möglichkeit der Annahme dessen zu offenbaren, was schon seit Urzeiten ist. Diese Energie ist überall dort zu spüren, wo wir unser Herz dafür öffnen. Hilfsmittel, wie die Christus-Energien von Aura-Soma zum Beispiel, sind auch eine schöne Gelegenheit, mit allen Sinnen diese Energie anzunehmen.

Begleiter

Chohan Maitreya
Erzengel Metatron und Sandalphon
Kosmischer Logos Aeolus
Sonnen Logos

Behilfliche Priester aus Atlantis

Aragena (Priesterin der Farben)
Lejana (Priesterin der Meditation)
Mirane (Priester der Schönheit, Ästhetik, Harmonie)
Felice (Priesterin des Gebetes)
Rudanes (Priester der Neutralität)

Aura-Soma Equilibrium Flasche: Nr. 55 – opferbereite Liebe entwickeln

Vergangene Tätigkeiten und Inkarnationen

✳ Aggara – indischer Großmogul (1532 v. Chr.)
Er gründete in der Zeit eine Glaubensgemeinschaft, deren Verbreitung jedoch verhindert wurde.

✳ Priester Sendor – der gelben Flamme (Ätherwelt)
Er unterstützte die Kontrolle der eigenen göttlichen Macht (u.a. Selbstbeherrschung, Einsetzen der Macht für sich und somit für das All-Eins).

✳ Jesus Christus (Beginn der physischen Zeitrechnung)
Sein Ziel war die Verbreitung einer Weltreligion (Grundgedanke der all-

umfassenden Liebe des All-Einen). Chohan Maitreya war der Meister, der ihn in dieser Inkarnation geleitet und unterstützt hat. Sanandá diente ihm als Medium.

Optische Beschreibung des Meisters

Der Meister Sanandá hat optisch nicht viel mit der bekannten Jesus Christus-Erscheinung aus vielen biblischen Darstellungen zu tun, da er einem ganz andern Typus entspricht. Er ist mindestens 1,90 m groß und wirkt sehr maskulin-sportlich. Seine Erscheinung würde ich daher auch als sehr ehrwürdig und von unendlicher Stärke beschreiben. Er trägt kurzes, leicht gelocktes schwarzes Haar, das er natürlich liegen lässt. Seine Augen sind sehr dunkel und strahlen, trotz seiner erhabenen Erscheinung, eine liebevolle Güte aus, die uns den flüchtigen Blick auf seine wunderschöne Christus-Energie gewährt. Wir können sein Wesen aber auch mit der väterlich-aufopfernden, biblischen Figur vergleichen, die so vielen Gläubigen Hoffnung schenkt.

✫ CHOHAN KUTHUMI ✫

Amt
Chohan des zehnten Strahls in der Weissen Bruderschaft
Farbe des Strahls: Gold
Aufstieg 1856 n. Chr.

Themen
Ruhe, Stille, Gelassenheit, Geduld, Geheimlehren studieren, Ausbildung, Aufmerksamkeit und Liebe

Tätigkeit

»In der Ruhe liegt die göttliche Kraft allen Seins.«

Kuthumi

✳ Ausbildung von medial begabten Schülern in allen Bereichen

Kuthumi ist einer der Meister, der sicher am meisten Erfahrung im Ausbilden von Schülern vorweisen kann. Er kennt die Strapazen, die das Lernen mit sich bringen kann, gerade wenn wir uns den hohen Schwingungen noch nicht komplett angepasst haben. So wanderte er durch seine zahlreichen Inkarnationen selbst auf dem Pfad der medialen Berufung und erhielt hierfür stets die Hilfe der aufgestiegenen Meister. Diese Leben waren meistens von extremer Bescheidenheit gezeichnet, wodurch der Meister ein eigenes Weltbild vom Sinn des Wesen und Wirkens einer spirituellen Berufung auf Erden erhielt. Nun steht er sozusagen auf der anderen Seite und übernimmt die Ausbildung und Leitung derer, die ihn um Hilfe bitten, solange die Absichten zum Wohl aller geschehen. Profitgier oder Neid anderen Medien gegenüber sind eine der schlimmsten Blockaden, die wir uns selbst gerade im spirituellen Bereich aufbauen können. Hier können auch die Meister nicht mehr weiterhelfen, da mediale Begabungen niemals als Hauptaspekt für finanziellen Wohlstand benutzt werden sollten. So passiert es oft, dass ein Medium mit der Absicht zu helfen sehr erfolgreich wird und die medialen Gaben beim Übergang in die Gier plötzlich nachlassen oder gar stocken. Auch die Meister bevorzugen es, sich von einem solchen Medium abzuwenden, da ihre Bemühungen nicht in diese Richtung streben. Auch ich habe es zu Beginn meines spirituellen Interesses erlebt, dass ein liebevolles Medium, das sich meiner angenommen hat, aus reiner Gier auf finanziellen Wohlstand immer »teurer« wurde. Ich brauche nicht zu erwähnen, dass dieser Weg nicht besonders erfolgreich verlief und das Medium immer weniger Aufträge erhalten hat. Bei der Arbeit sollte natürlich ein angemessener Lohn erwartet werden, was auch sehr oft als Energieausgleich beschrieben wird. Solche gerechtfertigten finanziellen Verhältnisse sind natürlich völlig in Ordnung, und wir werden bei derartigen Tätigkeiten auch entsprechend unterstützt. Viele meinen jedoch, etwas verlangen zu können, was der Leistung niemals gerecht werden kann.

Fühlen wir uns erst einmal berufen zu einer derartigen Tätigkeit, lässt sich ein Meister in der Regel nicht lange um Hilfe bitten. Meistens beginnt die Ausbildung schon ab dem ersten Moment unserer Bekanntmachung mit dem Meister, und uns werden ein paar Fragen zur eigenen Person und der Sichtweise über das Leben gestellt. Auch ein Meister muss sich erst einmal ein genaueres Bild von seinem Schüler machen, um mit ihm arbeiten zu können. Auch der Schüler bekommt die Gelegenheit, dem Meister hin und wieder Fragen zu stellen. Der Großmeister Amuel (nachfolgendes Oberhaupt des Kausalen Rats) und meine Geistführerin Agappe waren einst diejenigen, die mich zu Beginn die Gegebenheiten der jenseitigen Welt lehrten. Sie mussten einige sehr neugierige und teilweise auch intime Fragen von mir über sich ergehen lassen.

Darauf folgte der Großmeister El Morya, bei dem meine Neugierde keineswegs aufhörte. Darum schreibe ich auch immer von der unendlichen Geduld der Meister, da sie allein bei mir schon so viel davon aufbringen mussten und diese Geduld stets liebevoll bewiesen. Die eigentliche Ausbildung bzw. der Beginn einiger Übungen zum Testen der eigenen Fähigkeiten folgt, wenn die Medien sich nach und nach öffnen. Darunter fallen visuelle Übungen für das Hellsehen, die verschiedenen Formen der Eingebung und vieles mehr. Erst wenn sich das Leben mit den neu errungenen medialen Gaben insoweit gefestigt hat, dass wir ohne Angst oder andere unkontrollierte Gefühlsausbrüchen leben können, wird der Plan zum Erreichen der Ziele des Mediums gefasst. Er kann so gut wie alle Formen von Energiearbeit, Kartenlegen, künstlerische Betätigungen oder auch Channeling annehmen. Das Wichtigste dabei ist, dass wir unseren eigenen bzw. teilweise auch neuen Wesen treu bleiben, den Schritt in die Öffentlichkeit wagen und unserem Meister vertrauen. Mehr brauchen wir eigentlich nicht, denn die Gabe ist einem bereits in die Wiege gelegt.

✳ Chakrenarbeit mit der gelben Flamme des Antriebs und der Reinigung

Gerade bei der Arbeit mit Chakren kommt es viel auf den Energiefluss, die Informationen der Zellen und das Aufspüren von Blockaden an. Der Meister Kuthumi unterstützt das Medium, das die Arbeit vornimmt, mit seinem Wissen und seiner Energie. Viel kann dazu leider nicht gesagt werden, da diese Arbeit viel mit Channeling zu tun hat und von jedem Medium anders vorgenommen und vor allem empfunden wird. Die teilweise notwendige psychologische Betreuung nach einer Sitzung wird durch den Meister mit seinem Wissen am meisten unterstützt. Er nimmt dazu viel Einblick in frühere Inkarnationen des Probanden, dessen Heilung angestrebt wird. Zur energetischen Unterstützung kann der Therapieleiter die Energie der gelben Flamme anrufen, um an sehr tief sitzende Informationen in den Zellen zu gelangen oder um den Patienten einfach nur wieder zu stärken, sollten dessen Chakren ins Stocken geraten sein.

✳ Evolutionsarbeit im Bereich Lady Gaia

Der Großmeister Kuthumi ist einer der wenigen Seelen, die seit Urzeiten durch die Zeit reisen. Für ihn existieren Seelenerinnerungen, die für uns noch nicht geschehen sind, da wir uns von Vergangenheit, Gegenwart und Zukunft einsperren lassen. Kuthumi kennt somit die Techniken der Zukunft und kann auch von zahlreichen Errungenschaften ferner Zeiten berichten, die unser Auge erst noch erblicken wird, wenn wir erst einmal bereit dafür sind. Durch diese spezielle Qualifikation erklärte sich der Meister auch vor Kurzem dazu bereit, einem Kausalen Rat beizutreten, der die evolutionären Ereignisse der Gegenwart überwacht und zum

Wohl aller für die Zukunft lenkt und leitet. So beschäftigt sich Kuthumi derzeit sehr viel mit dem Thema der Seelenmatrix und den beinhalteten Informationen. Durch die zahlreichen zukünftigen Körperformen, die er gesehen hat und deren Schwingungen in Bereichen liegen, die unsere Vorstellung noch immer weit übertreffen, erhält der Rat wertvolle Informationen, die ihm sonst verwehrt geblieben wären. So weist uns Kuthumi eine ganz neue Richtung des von uns angestrebten Goldenen Zeitalters. Dies betrifft größtenteils Mutter Erde und die Lebewesen, die in ihrer Energie wohnen, jedoch bleibt die Rücksicht auf das kosmische Zusammenspiel aller Energien nicht aus. So werden auch zahlreiche Reisen unternommen, um den interstellaren Kommunikationsaustausch zu erhalten, da wir alle an ein und demselben Strang ziehen.

Die Arbeit des Rates greift daher nicht nur in unsere Evolution ein, sondern durch das planetarische Zusammenspiel und die im Kosmos befindlichen Gitternetzlinien auch auf das gesamte uns bekannte Universum. Diese Entwicklung greift wiederum auf die umliegenden Universen über. Mikro- und Makrokosmos nehmen aus dieser Sichtweise ganz neue Dimensionen der Entwicklung an und verdeutlichen die Zusammengehörigkeit aller Seelen als All-Eins. Bemerkbar macht sich die Arbeit des Rates vor allem in der Weiterentwicklung unserer Körper. So wurden z. B. neue Formen wie Indigo- oder Kristallkinder bekannt, wobei diese lediglich einen bekannt gewordenen Teil des großen Planes bilden, der fortwährend sein Wirken in unseren Zellen selbst tut.

Begleiter

Chohan Lady Portia
Lady Abedine
Erzengel Chamuel
Priester von Lemurien

Behilfliche Priester aus Atlantis
Zudiones (Priester der Ruhe und Stille)
Soana (Priesterin der Fülle und des Reichtums)
Salina (Priesterin der Geborgenheit im großen Ganzen)
Naname (Priesterin der Rituale)
Xaros (Priester der Visualisierung)
Tiamos (Priester der Präzipitation)
Zedana (Priesterin des Gebens und Nehmens)

Melodie: »Kashmiri Song«
Edelstein: Citrin
Weibliche Urkraft: Gerdora (Lernen)
Aura-Soma Equilibrium Flasche: Nr. 51 – Der Intellekt auf der Suche nach Wahrheit

Tempel
»Tempel der Weisheit« über den Bergen Kaschmirs, Indien

Vergangene Tätigkeiten und Inkarnationen

✳ Thutmoses III (geboren um 1483 v. Chr.; gestorben am 17.02.1425 v. Chr.)
Thutmosis III war der sechste altägyptische Pharao der 18. Dynastie (Neues Reich). Er wurde am 05.04.1479 v. Chr. gekrönt und regierte bis zum 17.02.1425 v. Chr. Thutmosis III, der militärisch überaus erfolgreich war, ist es größtenteils zu verdanken, dass Ägypten sich zu einer Großmacht erhob. Er war eine überragende Herrschergestalt, der wohl nur noch Ramses II und Amenhotep III (Meister Serapis Bey) wirklich nahe kamen.

⁂ Phytagoras (geboren um 570 v. Chr.;
gestorben nach 510 v. Chr. in Metapont in der Basilicata)
Pythagoras von Samos war ein vorsokratischer Philosoph aus dem antiken Griechenland und Gründer einer einflussreichen religiös-philosophischen Bewegung. Als Vierzigjähriger verließ er seine Heimat und wanderte nach Unteritalien aus. Dort gründete er eine Schule und betätigte sich auch politisch. Historiker zählen ihn zu den Pionieren der beginnenden griechischen Philosophie, Mathematik und Naturwissenschaft.

⁂ Gelehrter Okkabar in Lemurien (ca. 123 v. Chr.)
Durch seine öffentlichen Auftritte und die Verbreitung der lemurischen Weisheitslehren wirkte Kuthumi als einer der nicht amtlichen Lehrer an der Bildung der freien Meinung mit. Damals war es noch nicht selbstverständlich, öffentlich zu seiner Meinung zu stehen.

⁂ König Caspar (Anbeginn der modernen Zeitrechnung)
Caspar war einer der drei weisen Könige aus dem Morgenland, die zur Geburt des Jesuskindes kamen. Sie brachten die Geschenke Weihrauch, Myrrhe und Gold. Dies war auch die Setzung des Grundsteines einer Weltreligion. Auch andere aufgestiegene Meister waren bei der Geburtsstunde der Weltreligion anwesend: Joseph von Nazareth (Meister Saint Germain), Maria (Lady Maria), König Baltasar (Meister Serapis Bey), König Melchior (Meister El Morya) und Jesus Christus (Meister Sanandá).

⁂ Heiliger Franz von Assisi (geboren 1181/1182 in Assisi,
Italien; gestorben am 03.10.1226 in Assisi)
Franziskus oder auch Franz von Assisi, der als Giovanni Battista Bernardone geboren wurde, versuchte streng nach dem Vorbild von Jesus von Nazareth zu leben (sogenannte Imitatio Christi). Diese Lebensweise zog gleichgesinnte Gefährten an. Franziskus gründete den Orden der »Min-

deren Brüder« und war Mitbegründer des Frauenordens der Klarissen. Er ist ein Heiliger der römisch-katholischen Kirche.

✳ Sha Jahan (geboren 1592, gestorben 1666)

Als Bauherr ließ Sha Jahan im Jahre 1631 das Taj Mahal für seine verstorbene Hauptfrau Mumtaz Mahal erbauen. Fertiggestellt wurde das Taj Mahal im Jahre 1648. Am Bau waren über 20.000 Handwerker aus ganz Süd- und Zentralasien beteiligt.

Als aufgestiegener physisch manifestierter Meister Kuthumi

✳ Kut Humi Lal Singh

Er arbeitete mit dem Medium Helena P. Blavatsky, Meister Saint Germain und Meister El Morya die Theosophie aus mithilfe der Mahatma (Meister) Briefe. Die theosophische Gesellschaft wurde daraufhin von Helena P. Blavatsky, Henry Steele Olcott und William Quan Judge im 19. Jahrhundert gegründet.

Kuthumi

»In den Zeiten des Umbruchs ist es besonders wichtig, sich auf die Arbeit mit dem Licht zu konzentrieren! Die Arbeit mit den aufgestiegenen Meistern und den Engeln sowie den Erzengeln ist nur ein Bruchteil davon. Jeder für sich sollte an seiner eigenen Lichtfrequenz arbeiten, nur so kann die Ebene von Gaia (Mutter Erde) gehoben werden. Wisset, dass jeder Einzelne für das Kollektiv ein großes Geschenk ist. Erwacht in Eurem Wissen, das jeder schon seit Urzeiten in sich trägt, sucht nicht nach den Antworten im Außen, sondern sucht den Schatz des Wissens in Euch!
In Liebe Kuthumi«

Optische Beschreibung des Meisters

Kuthumi ist sicher einer der natürlichsten Meister in der Weissen Bruderschaft. Sein Äußeres würde ich als modern und naturschön beschreiben. Meist trägt er helle Kleidung und begibt sich regelmäßig in die Natur, um die Schönheit in allem zu betrachten. Sein Haar ist von goldener Schönheit und wirkt sehr weich und glänzend. Es ist schulterlang und er trägt es meist zu einem Pferdeschwanz zusammengebunden. Seine Augen sind veilchenblau und strahlen Selbstsicherheit gepaart mit wissender Bescheidenheit aus. Zudem trägt der Meister einen gold-glänzenden Dreitagebart mit leichten grausilbernen Haarnadeln. Das optische Alter des Meisters schätze ich, trotz seiner jungen Ausstrahlung auf Anfang vierzig.

✸ CHOHAN MAITREYA ✸

Amt

Lord und Weisheitslehrer
Chohan des elften Strahls in der Weissen Bruderschaft
Farbe des Strahls: Pfirsichfarben
Aufstieg 1125 v. Chr.

Themen

Freude, Fröhlichkeit und Leichtigkeit im Leben, Ruhe in der Stille in uns, Gemeinschaft als All-Eins, Weltlehren, Meisterschaft erlangen in allen Bereichen, Mediation, Umsetzung, Gedanken und Ideen, Lehren und das damit verbundene Erwecken von Wissen

✳ Vorbereitung auf die physische Inkarnation als fünfter auf Erden lebender Buddha

Schon vor mehr als 100 Jahren inkarnierte der Großmeister Maitreya in Indien und half bei der Entwicklung und Gründung der theosophischen Geheimlehren. Dies geschah in Zusammenarbeit mit El Morya, Saint Germain, Kuthumi und Djwal Khul. Zu Beginn teilten sich die Meister durch das Medium Madame Blavatsky mit und setzten sich mit ihr nach ihrer eigenen physischen Manifestation in Kontakt, um gemeinsam die Gründung der theosophischen Gesellschaft vorzunehmen. Seit dieser Zeit galt Maitreya als Lord von höherer Kaste, was ihm zu hohem Ansehen in unserer Sphäre verhalf. Durch sein hohes Wissen über die Weltreligionen und deren Verbreitung, das er einst als Großmeister von Jesus Christus (Meister Sanandá) vor mehr als 2000 Jahren unter Beweis stellte, bereitet sich Maitreya nun auf die Inkarnation als fünfter auf Erden lebender Buddha vor. Hierfür teilt er sich durch Medien mit, um vorbereitende Maßnahmen bereits aus der Kausalwelt heraus durchzuführen. Die Meister sind der Meinung, dass die Menschheit nun bereit ist, die Weisheitslehren in moderner Form anzunehmen, da sich ihre Sichtweise aufgrund des wachsenden Frequenzpegels der Erde immer mehr für derartige Lehren geöffnet hat.

Aber nicht nur Maitreya selbst, sondern auch Menschen der physischen Sphäre bereiten diese Geburt vor. Hierfür wurden Organisationen und gemeinnützige Fonds gegründet wie z. B.:

- Der Maitreya Projekt-Fonds für die Vorbereitung der Wiederkunft Christi (gegründet am 24.12.1988; website: www.ipsgeneva.com)
- Der Maitreya Fonds E.V. - Gemeinnütziger Verein (gegründet 1992 in München; website: www.maitreya-fonds.de)

Ziel ist es, diese Lehren nicht nur zu verbreiten, sondern die Menschheit auch auf das uralte Wissen des Höheren Selbst aufmerksam zu machen, um einen Weg zu weisen, dieses Wissen besser in den Lebensalltag zu integrieren. Häufig spüren wir genau, was und wer wir sein wollen, lassen uns aber auf diesen extrem wichtigen Impuls wegen gesellschaftlicher Zwänge nicht ein. Keine Gesellschaftsform, landesübliche Sitten oder Gebräuche, Glaubenssatz, Religion oder auch Erziehung sollte definieren, wer wir sind bzw. sein sollten. Unser inneres sowie äußeres Wesen und unser tiefes Wissen sollten aussagen, wie wir sind. Nach diesen Kriterien kann entschieden werden, für was wir einstehen und an was wir glauben möchten, ohne uns entmutigen zu lassen auf diesem selbst gewählten Weg.

Leider werden noch zu oft Nichtigkeiten, wie das äußere Erscheinungsbild, Glaubensrichtungen, Herkunft und vieles mehr für eine Kategorisierung verwendet, wobei es keine geben kann, da wir alles sein können, was wir wollen. Um dies zu erkennen, wurden folgende Leitkonzepte für die Organisation und Bewerkstelligung des Planes für den Aufstieg und die Förderung von Unterstützungen in diese Richtung formuliert:

- Verbreitung der Weltgebete, wie die großen Invokationen, das Vaterunser, die Gayatri usw. als Vorbereitung auf das Wiederkehren des Christusbewusstseins in den Menschen. Die Christus- oder Buddha-Energie weilt in jedem von uns, da sie Gedanke ist. Somit werden wir durch Gebete aufgerufen, lediglich unsere Weltanschauung und das Konzept des All-Einen zu überdenken.
- Ausweitung des Dreieck-Netzwerkes zwischen einzelnen Personen und Gruppen, sodass die Erde - subjektiv und ätherisch - mit Licht und gutem Willen umhüllt wird. Diese Schwingungsbrennpunkte, die die Lichtarbeiter auf den Sphären bilden, sorgen für ein ganz eigenes hochfrequentes Kraftfeld, dass sich eines Tages zu einem großen Kausal-

mantel für Mutter Erde vereinen soll. Da unsere Energien auf alle Lebewesen, die bei uns sind, übergreifen, vollzieht sich dann der Aufstieg jedes Einzelnen zum Wohl aller.

- Förderung der Dienstaktivitäten einzelner Lichtarbeiter oder ganzer Organisationen. Die bekannteste Aktivität ist der »weltumfassende gute Wille«, der 1932 vom Meister Djwal Khul angeregt wurde.
- Verbreitung von Wissen durch Lehrbücher, Internet, Lesungen, Channelings und vieles mehr. Massenberührende Methoden, wie die einst veröffentlichten Geheimlehren der theosophischen Gesellschaft sind hierbei besonders hilfreich.
- Die Wichtigkeit des Wesakfestes und aller anderen Vollmondfeiern im Jahr als Basis zum Bekanntmachen zukünftiger Weltreligionen. Gerade durch den Aufstieg sind wir bereit, immer mehr Wahrheit über den Kosmos anzunehmen. Das darf aber das Modernisieren der alten Religionen nicht ausschließen, da die Menschheit bereits einen großen Schritt weiter ist in ihrem Bewusstsein als einst.
- Förderung der Zusammenarbeit aller Lichtarbeiter auf allen Sphären, ob jetzt von physischer Natur oder aus der jenseitigen Welt. Wir sollten den Gedanken vom Jenseits in Zukunft anders definieren lernen, da wir alle zusammen auf dem Planeten Erde leben, ob jetzt auf dieser oder auf einer anderen Frequenz. Auch in einem physischen Körper können wir mit jenseitigen Lichtarbeitern kooperieren, da hauptsächlich die Verbindung der Sphären bzw. der einzelnen Lebensumstände angestrebt wird. Dies ist bereits der erste Schritt, unsere feinstofflicheren Mitmenschen als normale Lebewesen und nicht als »Geister« anzuerkennen.

Auf diesem Lichtweg muss jeder seine eigene Richtung finden und mit sich selbst ausmachen, inwieweit er diese sphärische Vereinigung akzeptiert. Ich erlebe es immer wieder, dass Menschen Dinge ausdrücken, die sie sozusagen »unbewusst« aus der geistigen Welt erhalten, wobei sie stets erklären, dass sie nicht medial begabt sind. Die Menschen sind in unserer Zeit schon derart feinfühlig und leben dies in einer vollkommenen Selbstverständlichkeit, dass ihnen der eigene Aufstieg nicht einmal mehr auffällt. Immer wieder sprechen wir vom »Bauchgefühl« oder von der »Intuition« und vertrauen dabei nicht auf das eigene höhere Wissen. Meistens spüren wir dann das Verlangen nach einem höheren Lichtwesen oder einem Meister, obwohl wir selber genau das sind. Lediglich der Frequenzzustand des Körpers unterscheidet uns von diesen höheren Wesen. So sind wir alle dazu aufgerufen, uns der eigenen Energie zu öffnen, um selbst zu schaffen, was sein soll. Niemand kann uns unseren eigenen Weg weisen, lediglich eine liebevolle Begleitung können wir uns zur Seite holen.

Begleiter

Kosmischer Logos Metatron
Chohan Sanandá, Saint Germain und El Morya
Lady Maria und Genervé
Lady Andora
Erzengel Michael

Behilfliche Priester aus Atlantis

Sulana (Priesterin für spirituelle Bildung)
Herames (Priester der Enthusiasmus)
Lestras (Priester der Freude)
Jehre (Priester der Selbstsicherheit)
Ramos (Priester der zielsicheren Planung)
Morahs (Priester für Netzwerke)
Tores (Priester der Gruppenarbeit)

Vergangene und zukünftige Tätigkeiten

✳ Einer der Bodhisattvas (sanskrit: Erleuchteter) von Gautama Buddha, als dieser seine Lehren im Alter von 35 Jahren vortrug (ca. 528 v. Chr.)

☀ Aufgestiegener Meister von Jesus Christus–Sanandá

Beginn der physischen Zeitrechnung und Verbreitung einer Weltreligion, (Grundgedanke der allumfassenden Liebe des All-Einen)

☀ Weltenlehrer

Meister Maitreya lehrt im gesamten Kosmos die alten Weisheitslehren der Geschichte. Darunter die bekannte Lehre des Jesus Christus von Nazareth, die Lehren Gautam Buddhas und die des Hinduismus.

☀ Repräsentant der Christus-Energie im Kosmos (Kosmischer Christus)

Sein Name wird vom Sanskritwort »maitri« abgeleitet, das »universale Liebe« bedeutet.

☀ Meister Maitreya

Er bereitet sich schon seit mehr als 150 Jahren auf die physische Manifestation als fünfter auf Erden lebender Buddha vor. Als der kommende Buddha ist Maitreya der einzige im Theravada-Buddhismus anerkannte Bodhisattva. Bekannt ist er auch im Mahayana und hier, insbesondere im tibetischen Buddhismus, ist er von großer Bedeutung.

Maitreya:

»Bereits seit mehr als 2500 Jahren wartet die Welt auf die Wiederkunft des Bewusstseins Christi. Durch die bekannten Inkarnationen von Gautama Buddha und Jesus-Sanandá erwachten die alten Weisheitslehren zu neuem Leben. Nun ist die Zeit reif für die Manifestation des fünften Buddhas und die somit stetige Vorbereitung für den Aufstieg in die fünfte Dimension. Ich, Maitreya, möchte meinen Beitrag dazu leisten und diese Lehren im physischen Bewusstsein wecken!«

Optische Beschreibung des Meisters

Maitreya würde ich, bildlich gesprochen, als großen und schönen Manitu beschreiben. Er ist mindestens 1,90m groß, sehr maskulin-muskulös und von mächtiger Erscheinung. Er trägt langes, glattes indianisches Haar, das von seidig-schwarzem Glanz ist. Er trägt es über die Schultern hinab meistens offen. Sein Gesicht würde ich von fein gemeißelter indianischer Abstammung beschreiben, jedoch mit leicht philippinischen Zügen. Maitreya ist einer der exotischsten der mir bekannten Meister. Seine Augen sind so dunkel wie sein Haar und geben den Eindruck, in ihnen den Ursprung allen Seins erfahren zu dürfen. Sein Wesen würde ich als sehr stark und bestimmend, jedoch aber mit sehr liebevollem Mitgefühl beschreiben.

✱ CHOHAN SANAT KUMARA ✱

Amt

Chohan des zwölften Strahls in der Weissen Bruderschaft
Farbe des Strahls: Opalfarben
Aufstieg 1113 n. Chr.

Themen

Wiedergeburt, Heilung für die Welt, Licht als Arbeit am Aufstieg, Organisationen, Menschlichkeit, Vereinigung, Gesandte, Systeme und Voranschreiten

Tätigkeit

 Zusammenarbeit zwischen der Erde und der Venus

Im gesamten Kosmos gibt es Weiterbildungszentren, die mit der Ausbildung von Lichtarbeitern beschäftigt sind, so auch auf der Venus im Bereich der Kumaras. Sanat Kumara war vor mehr als 4126 Jahren leitendes Oberhaupt dieser Abteilung und betreut nun die von dort zur Erde gesandten Medien, um diese vor Ort zu unterstützen. Diese Gesandten wurden speziell für die Arbeit am Aufstieg der Menschheit und Engel ausgebildet, um bei der Verbindung der Sphären mit dem Wissen der Venus mitzuwirken. So sind in diesen Zeiten bereits zahlreiche Lichtarbeiter aus dem gesamten Kosmos auf der Erde inkarniert, um ihr Leben der Zusammenarbeit der einzelnen Körperformen zu widmen. »Ich bin eine der Personen, die niemanden mehr verurteilt«, spricht Sanat Kumara und erzählt von einem kosmischen Gefühl der Zusammengehörigkeit zwischen anderen Planeten oder anderen Lebensformen. Wir alle sind ewig lebende Seelen, die schon in vielen Bereichen des Universums zu Hause waren. Viele Fantasien stammen meist aus realer Seelenerinnerung, die uns nun leider als völlig absurd und unmöglich als real erscheinen, obwohl sie Teil von uns sind. Viele bekannt gewordene Lebensformen wie die Kumaras oder die Kartane sind keine Spinnerei, nur liegen diese in einem anderen Frequenzbereich, sodass sie von dem physischen Auge eines Nicht-Hellsichtigen nicht gesehen werden. Das Universum ist sozusagen stark belebt, nur können wir nicht alle Bereiche des Lebens erfassen, da sie uns meist solange verborgen bleiben, bis wir uns auf diese Sphäre begeben. Großmeister wie Sanat Kumara gewährleisten den stetigen Erfahrungs- und Hilfeaustausch der einzelnen Planeten und Interessengruppen.

✳ Ausbildung und Leitung der gesandten Lichtarbeiter

Im Bereich der Kumaras werden Lichtarbeiter als zukünftige Medien der physischen Sphäre bei Lady Gaia ausgebildet. Der Großmeister Sanat Kumara nimmt sich speziell dieser doch relativ großen Gruppierung von Lichtarbeitern an, um sie bei der Erfüllung ihrer Pläne zu unterstützen. Hierbei findet ein stetiger Austausch zwischen dem Medium, Sanat Kumara und dem Komitee der Venus statt, um dem Plan gerecht zu werden, der vor mehr als Tausenden von Jahren gefasst wurde. Das Medium hat die Wahl, auf seinem Lichtweg von Brennpunkt zu Brennpunkt zu reisen, um einmalig zu inkarnieren, oder sich durch direktes Inkarnieren auf die Sphären zu begeben, um dort zu leben. Egal auf welchem Weg gereist wird, der kausale Kontakt reißt niemals ab, nur so kann diese Person gewinnbringend unterstützt werden. Sanat Kumara hat für diese Tätigkeit eine eigene Organisation im Brennpunkt eingerichtet, um für diese Hilfestellung der Venus einzustehen.

Begleiter

Chohan Konfuzius und Meister Lanto
Meister Gendalfon
Erzengel Michael und Hope
Engel Großmeister Raheim

Behilfliche Priester aus Atlantis

Thasos (Priester der Reinkarnationsarbeit)
Damestes (Priester der Rebirthing)
Anedra (Priester der Erkenntnis)
Pira (Priester der Wahrnehmung des ersten Impulses)
Watena (Priester des Wissens der Venus)
Bintas (Priester der Träume)
Lara (Priesterin des Atlantiswissens)

Edelstein: Opal
Weibliche Urkraft: Messoni (Handeln)
Aura-Soma Equilibrium Flasche: Nr. 61 – Persönlicher Verlust, transpersoneller Gewinn

Tempel

»Tempel der Wesenheiten« in der Wüste Nairobis

Optische Beschreibung des Meisters

Der Meister Sanat Kumara wirkt auf den ersten Blick wie ein wunderschönes männliches Sternenwesen in Gestalt eines englischen Lords. Meist trägt er prachtvolle Gewänder mit feinen Goldstickereien. Seine Statur ist mittelgroß, sportlich und von englischer Noblesse. Er trägt schulterlanges, leicht gewelltes dunkelbraunes Haar und hat braune, weit geöffnete Augen, die eine universelle Freundlichkeit ausstrahlen. Sein Wesen ist sehr ruhig und sanftmütig. Deshalb ist die Arbeit mit diesem Meister immer sehr angenehm und auch teilweise sehr lustig gewesen.

Die Hierarchien der Großmeister

Viele Menschen sind der Meinung, dass die Hierarchien und die Anzahl der Großmeister einer bestimmten Ordnung folgen, da diese sehr oft von den verschiedenen Medien im Detail beschrieben werden. So werden immer wieder Namen, Zahlen, Farben, Tätigkeiten, Bedeutungen usw. der einzelnen aufgestiegenen Personen aus dem Jenseits durchgegeben, damit wir uns orientieren können. Auch ich habe die Großmeister und Erzengel der verschiedenen Räte in eine bestimmte Reihenfolge gebracht, um bei der Beschreibung ihres Wesens und ihrer Tätigkeit eine gewisse »Ordnung« zu bieten. Diese hierarchische Darstellung ist jedoch nichts Festgefahrenes, da jeder Meister eines Rates den gleichen Stellenwert und somit auch »Rang« hat. Unterschiede existieren nicht im All-Einen-Grundgedanken der Meister. Zudem können die Meister der Weisheit jederzeit ihr Amt niederlegen, um einer anderen Tätigkeit nachzugehen. Die Anzahl der Beispiele sollte ebenfalls individuell gesehen werden, da unzählige Großmeister, Erzengel und Lichtarbeiter am Aufstieg beteiligt sind und dies nicht nur im Jenseits, sondern auf allen Sphären. Alles ist im Fluss und verändert sich entsprechend. Genau wie bei uns neue Räte gebildet werden, werden auch im Jenseits Umstrukturierungen vorgenommen. Für uns Menschen dienen die Hierarchien der Großmeister zum besseren Verständnis der Organisation des Lebens im Jenseits.

DER KAUSALE RAT

Der Kausale Rat ist einer der wichtigsten Räte im Brennpunkt Paolo Vernese. Ihm unterliegen die gesamten Formungen der Körper und somit Schwingungszellen. Die Frequenzen aller körperlichen Ebenen unterstehen den einzelnen Mitgliedern des Rates. Der Rat besteht aus sieben Mitgliedern und einem Oberhaupt. Jedes Mitglied hat bestimmte Frequenzen und Bereiche zur Lenkung und Leitung übernommen.

Der Großmeister Aman ist das Oberhaupt dieser Bruderschaft und überwacht alle körperlichen Zustände der Sphären. Die Zustände werden als physisch, ätherisch, astral und kausal bezeichnet. Jedoch gibt es noch unzählige »Zwischenfrequenzen«, die als engelhaft oder dämonisch bezeichnet werden. Auch sie unterstehen dem Kausalen Rat. Wenn wir extreme Veränderungen in einem Menschen spüren, die vor allem mit der körperlichen Ebene zu tun haben, können wir den Kausalen Rat zu Hilfe rufen. Die Schwingungszellen werden dann überprüft und richtiggestellt. Jedoch sollten wir nicht vergessen, dass viele Krankheiten, Schmerzen oder andere Blockaden auch von Karma oder anderen Lernaufgaben herrühren. In diesem Fall sollten wir uns das Thema der differierenden Frequenz zunächst erst einmal anschauen. Für diese Klärung empfiehlt sich die Arbeit mit der violetten Flamme vom Großmeister und Chohan Saint Germain oder mit der grünen Flamme der Heilung vom Großmeister und Chohan Hilarion.

Nicht nur der Mensch sondern auch das Tierreich benötigt gerade in der heutigen Zeit, in der einzelne Tierarten vom Aussterben bedroht sind, Hilfe. Der Kausale Rat ist auch hier bemüht, sich um die freie Entwicklung und das stetige Wachsen der Tierarten zu bemühen. Auch Tiere können emotional belastet sein und müssen überwacht werden. Da Tiere nur sehr selten direkt um emotionale Klärung der geistigen Welt bitten, schreitet der Kausale Rat selbstständig ein, damit sich auch das Tierreich stetig transformieren kann. Beginnt ein Tier in seinem Bewusstsein aufzusteigen, wird dafür gesorgt, dass der Körper an seine eigene evolutionäre Entwicklung angepasst wird. So kann aus einer Gruppenseele, zum Beispiel einem Fischschwarm, eines Tages ein großer Wal werden, der als einzelne Seele weiter Erfahrungen sammeln und daran wachsen kann.

Oberhaupt Großmeister Aman

Aman ist ein Meister, der im Jahr 1345 den Aufstieg in die Kausalwelt absolvierte und seither ein Leben als gelehrter Großmeister führt. Kurz nach seinem Aufstieg wurde er Mitglied im Kausalen Rat und ca. 100 Jahre später wurde er bereits zum Oberhaupt des Rates ernannt. Dieses Amt hat er seither inne. Aman selbst ist ein großer blonder Mann mit mittellangem Haar, großen blauen Augen und einem sehr einfühlsamen und sanftmütigen Wesen.

Als Logos aller körperlichen Formen untersteht dem Großmeister Aman die gesamte Lenkung, Leitung und Überwachung aller Frequenzen in dem uns bekannten Lebensraum der Sphären. Zu seinen Aufgaben gehört auch die Überwachung der »außergewöhnlichen« Frequenzen, die im Engel- oder Dämonen-Bereich liegen. Auch große Massenansammlungen oder Energieverschiebungen der Körper unterstehen dem Oberhaupt.

In dringenden Fällen kommt es vor, dass der Großmeister persönlich in die Schwingungszellen einer einzelnen Person eingreift, um deren Leben zu retten. Besonders im Bereich der Chakren-Energie oder wenn sich die Energien durch emotionale Überbelastung verschoben haben, kann Aman einschreiten und mit seinem Wissen über die Körperzellen helfen.

Physische Frequenzen
Großmeister Kukula und Nirosis

Bei den Meistern Kukula und Nirosis handelt es sich um zwei Sternenwesen, die vom Planeten Merkur angereist sind, um im Kausalen Rat
an den Schwingungszellen der physischen Sphäre mitzuwirken. Auf
dem Merkur sind diese Frequenzen sehr gut bekannt und daher wurden diese beiden Meister gesandt, um beim Aufstieg zu helfen. Besonders der physische Körper wird von der energetischen Frequenz soweit
angehoben, dass er in Zukunft im Ätherbereich schwingen soll. Dieser
Vorgang hat bereits mit dem Goldenen Zeitalter begonnen und wird
über Jahrhunderte weitergehen, sodass wir diesen Prozess mit dem
Körperbewusstsein nicht erfühlen. Im Laufe der Evolution werden wir
den physischen Bereich im Äther wiederfinden, da dieser lediglich eine
Frequenz ist. Unsere Körper werden immer feinstofflicher und mit
der zunehmenden Annahme der medialen Fähigkeiten verschmelzen
die Sphären durch die gelebte Kommunikation der visuellen Wahrnehmung und des Hellhörens. Für viele, die diese Fähigkeiten bereits
angenommen haben und auch leben, sind die anderen Sphären kein
verborgener Ort, sondern lediglich ein anderer Lebensraum, mit all
den Facetten, die wir auch hier vorfinden.

Krankheiten und Schmerzen werden immer weniger werden und die
Menschheit wird langsam begreifen, dass die Evolution ihre Arbeit tut.
Dies ist jedoch meist ein so feiner und ruhig fließender Vorgang, dass es
erst rückblickend auffallen wird. Die Zellen werden feinstofflicher, sodass
Blockaden nicht mehr so leicht entstehen können, da der energetische Lebensfluss ungehindert fließen kann. Dies waren die uralten Zeiten des
physischen Atlantis, wo die Körper stetig transformiert und Blockaden
sofort erkannt wurden. Damals war die Menschheit noch nicht bereit,
sich in diesem Zustand weiterzuentwickeln, da sie in der Selbstverständlichkeit der körperlichen Vollkommenheit vergaßen, an sich selbst und

somit zum Wohle aller zu arbeiten. Die Evolution verlangte einen Spiegel der Blockaden, um das stetige Arbeiten und das damit verbundene Hinschauen auf die Lernaufgaben zu garantieren. So entstanden im Laufe der Zeit Krankheiten, emotionale Blockaden und andere Hinweise unseres Körpers, um uns durch die eigene Arbeit an uns und somit an unseren Körpern wieder in das Goldene Zeitalter zu führen.

Unter anderem hat der Kausale Rat auch die Überwachung und Leitung des physischen Rates und die damit verbundene Formung der Körper für die menschliche Empfängnis inne. Die inkarnierenden Seelen werden in der Frequenz herabgesetzt und in eine Form gebracht, die für den Einstieg in die Aura und später in den Mutterleib geeignet ist. Auch die zu inkarnierenden Seelen in der Aura der Mutter fallen unter diese Überwachung. Bei Anomalien oder Notfällen kann es auch vorkommen, dass eine Seele wieder aus der Aura der Mutter herausgezogen werden muss. Den Befehl hierfür erteilen die Großmeister Kukula und Nirosis, da hiermit auch eine weitläufige Veränderung im Lebensplan der Mutter und der zu inkarnierenden Seele verbunden ist.

Äther-Frequenzen
Großmeister Mendele und Klausus

Die Großmeister Mendele und Klausus sind bereits seit 3.421 Jahren aufgestiegen und gehen ihrer Tätigkeit im Kausalen Rat seit ungefähr 1.534 Jahren nach. Die Ätherfrequenzen sind noch vergleichbar mit den physischen Frequenzen, da sie noch im grobstofflicheren Bereich der Sphären liegen. In diesem Bereich ist die Klärung der emotionalen Blockaden besonders wichtig, da wir in diesem Körperzustand ebenfalls Schmerz empfinden. Auf dieser Sphäre müssen wir unter anderem auch schlafen oder essen, lediglich der Gang zur Toilette entfällt. Wir fühlen uns etwas feinstofflicher und die anderen Sphären werden durch das Wissen ungehindert wahrgenommen. Dazu gehört auch die stetige Kontrolle der Ruhe und Ordnung in diesen Frequenzen, da Verschiebungen sehr schnell wahrgenommen werden und wir in diesem Bereich auch krank werden können. Für diese Fälle sind zahlreiche medizinische und ärztliche Versorgungen durch Krankenhäuser und ärztliche Praxen vorhanden. Die meisten inkarnierten Personen kennen das Gefühl von Krankheit und Schmerzen und diese werden oft vom Bewusstsein bei ähnlichen Situationen hervorgerufen, um auch hier auf die eigenen Blockaden hinzuweisen. So kann es passieren, dass wir uns plötzlich etwas schwindelig oder kränklich fühlen, wenn wir emotional belastet sind. Das geht jedoch in der Regel schnell wieder vorüber, da der Körper feinstofflich genug ist, um Energie-Verschiebungen zu harmonisieren. Da auf den ätherischen und den anderen Sphären keine übermäßige Verschmutzung herrscht, so wie auf der physischen Sphäre, kommt es nur durch eigene Lernthemen zu Krankheiten. Keime, Vieren oder gar Seuchen findet man hier nicht, diese werden lediglich auf unserer Ebene benötigt, um den stetigen Kreislauf von Gedeihen und Vergehen zu gewähren, damit die Flora und Fauna gedeihen.

Die Meister kümmern sich auch um die Auslastung der Energieverteilungen und die Vergabe von passenden Wohnorten zur Erfüllung der Lebensräume auf dieser Sphäre. Auch hier werden die Lebensräume den Lebensumständen einer Person angepasst; so kommt es vor, dass eine Großfamilie ein passendes Haus erhält oder Singles in ein nettes Apartment ziehen. Dies hat viel mit unserer eigenen Frequenz zu tun, da jeder seinem eigenen Lebens- und Lernplan folgt. Spürt die Seele, dass sie von ihrem Plan abkommt, macht sich dies auch im Außen bemerkbar. So kommen auch hier Verformungen aufgrund z. B. wachsender dämonischer Energien in einer Person vor. Dies kann entstehen, wenn wir uns allein gelassen, unverstanden oder gar verstoßen fühlen. Diesen Weg geht jede Seele jedoch für sich selbst, da für jede Lebensform stetig gesorgt wird, wenn sie darum bittet. So können wir uns selbst helfen, indem wir die geistige Welt um Hilfe, Energie oder Transformation bitten, um an der Seele zu arbeiten und zu wachsen.

Astrale Frequenzen
Großmeister Opulus und Milos

Der Großmeister Opulus und die Großmeisterin Milos sind gesandte Zwillingsseelen, die schon seit fast 156 Jahren ihr Amt im Kausalen Rat bekleiden. Sie reisen seit jeher gemeinsam und haben es sich zur Aufgabe gemacht, mit ihrem Wissen gemeinschaftliche Arbeiten anzunehmen, um zu helfen. Gerade die astralen Frequenzen sind ihnen sehr gut bekannt, da sie selbst in den astralen Körperzustand als reisende Seelen geboren wurden und seither in diesem Zustand bzw. dieser Frequenz verblieben sind. Gerade im kausalen Bereich ist es einem aufgestiegenen Meister möglich, den körperlichen Zustand selbst zu wählen. Daher übernahmen die Zwillingsseelen auch diese Sphären.

Leben wir auf der astralen Sphäre, ist auch unser Körper entsprechend feinstofflich und dem kausalen Bereich nicht weit entfernt. So kommen gerade in diesem Bereich die meisten Medien vor, die in Zusammenarbeit mit den aufgestiegenen Meistern auch für mediale Aufträge inkarnieren. Da die Medialität auch auf der physischen Sphäre wächst, ist es heutzutage nicht mehr nötig, dass sich ein Großmeister materialisiert; daher entscheiden sich viele astrale Seelen für die Inkarnation mit einem medialen Auftrag, da sie meistens ohnehin noch Karma, Programme oder andere Lernaufgaben haben oder einfach auf der physischen Ebene leben möchten.

Auch hier kann es vorkommen, dass wir uns etwas krank fühlen, wenn wir die eigenen Blockaden ignorieren und nicht hinschauen möchten. Krankheiten sind in diesem Körperzustand jedoch sehr selten. In diesem Frequenzbereich finden sich keine Keime, Viren oder andere Mikroorganismen, die uns durch Krankheiten nur allzu gut bekannt sind. Die Seele kann um Energie oder Transformation bitten, die geistige Welt steht für jeden Einzelnen jederzeit offen, der gewillt ist, an sich und somit an seiner Seele zu arbeiten. Niemand wird mit seinen Blockaden alleingelassen, da wir Alle-Eins sind. Was ich zum Wohle eines anderen tue, das tue ich auch für mich, die freudige Energie wird durch mich vermehrt, sodass ich sie weitergeben kann.

Kausale Frequenzen
Großmeister Hibiscus

Der Großmeister Hibiscus stieg im Jahre 1278 selbst in die Kausalwelt auf und lebt seither im Brennpunkt Paolo Vernese. Hier übernahm er im Jahr 1573 das Amt im Kausalen Rat, das er seither innehält. Er selbst reiste auf den Sphären nicht sehr lange und inkarnierte auch nur ein Mal physisch. Seine Kenntnisse liegen eindeutig im Wissen um diese Frequenz, da er vorher schon sehr lange in diesem Körperzustand lebte und auch Formungen in diesem vornahm, indem er als Großmeister die Aufstiege in einen Brennpunkt aus den Sphären übernahm. Hibiscus selbst können wir uns als einen großen, sehr muskulösen älteren Mann mit langem rotbraunem Haar vorstellen, das zu einem Pferdeschwanz gebunden ist. Er ist ein Gelehrter im Transformieren von Emotionen und im Formen von verschiedenen Körperzuständen. Die dafür nötige Gedankenkraft erlernte er im Laufe seiner beruflichen Karriere als Großmeister.

Haben wir das Leben und Lernen auf den Sphären beendet, ist es uns gewährt, in einen Brennpunkt unserer Wahl aufzusteigen. Hierbei ist nicht entscheidend, wie lange wir gereist sind oder wie viel wir gelernt haben, da das Ende dieser Reise genau wie der physische Tod schon seit Anbeginn unserer großen Inkarnation vorbestimmt ist. So kommt es leider auch vor, dass ein Großmeister alles andere als, sagen wir, gehalten ist, da er vielleicht noch zu einer der jüngeren Seelen zählt. So sollten wir einem Meister auch niemals blind vertrauen, nur weil dieser angibt, aufgestiegen zu sein. Meistens macht die Möglichkeit zur Allwissenheit im Umgang mit anderen Personen nicht wirklich viel gescheiter. Dies trifft jedoch nur auf eine kleine Anzahl von aufgestiegenen Meistern zu, vor denen ich nicht unbedingt warnen möchte, sondern dies einfach nur einmal erwähnen möchte, da die Kommunikation mit der geistigen Welt nicht ausschließlich wegen der Dämonen schwer und anstrengend sein kann. Der Großteil dieser Meister ist jedoch sehr liebevoll, wissend und dennoch nach wie vor lernwillig, höflich, gehalten, charmant, geduldig, schön, hilfsbereit, verständnisvoll und vor allem derart lustig, dass es mir persönlich oft schwer fällt, eine ernste Haltung zu bewahren. Sie sind ganz normale Persönlichkeiten, mit denen man normal sprechen kann.

Die Aufstiege dieser Sphären, auf denen wir derzeit leben, hat der Chohan der Weissen Bruderschaft Serapis Bey seit nun mehr als 2.400 Jahren inne. Hierbei werden allgemeine Blockaden und das Erlebte der großen Inkarnation transformiert und die Körperzellen werden auf das kausale Niveau angehoben. Wir erhalten einen neuen und gereinigten Körper, mit dem wir als aufgestiegener Meister weiterreisen können. Pro Tag steigen tausende Seelen in diesen Brennpunkt auf, wobei alle von Serapis Bey persönlich betreut werden. Hierfür gibt es individuell manifestierte Programme, die uns beim Aufstieg begleiten, da wir auch hier einen langen Transformationsschlaf halten. Sind wir erst einmal aus diesem erwacht, fällt uns sofort das extrem leichte und freie Körpergefühl auf und die wachsende Feinfühligkeit für Energien und Informationen. Der kausale Körper ist derart feinstofflich, dass Energien viel ungehinderter fließen können als bei allen anderen

Frequenzen. Daher können wir nur selten krank werden, was nicht heißen soll, dass es nicht möglich ist. Auch in diesem Zustand kann es passieren, dass wir uns selbst derart blockieren, dass ein Gefühl von Krankheit entstehen kann. Dies liegt aber an eigens gesetzten Blockaden, die schnell durch Reinigung und Transformation behoben werden können. Auch lebenswichtige Organe, welche im kausalen Körper vorkommen, wenn dieser dauerhaft manifestiert wurde, sind entsprechend anders als beim physischen Körper. Wie sich der Körper letztlich gestaltet, liegt an den Wünschen des Meisters, der ihn manifestiert hat. Ein Körper ist zudem nicht zwingend notwendig!

Langsam erlernen wir, mithilfe der aufgestiegenen Meister mit diesem Zustand umzugehen und wie wir die bekannte Allwissenheit einsetzen können. Allwissenheit ist eine Gabe, die uns allen gegeben ist, nicht nur den aufgestiegenen Meistern. Nur haben wir leider als physische Wesen aufgrund unseres sehr grobstofflichen Zustandes nicht die Möglichkeit, konkrete Antworten zu verstehen. Wir spüren die Antworten mehr durch Impulse, die uns Richtungen weisen können, weniger als ein klares »Ja« oder »Nein« auf eine gestellte Frage. Daher haben auch Menschen, die ihre Schwingungen anheben, mehr Zugang zu Wissen, indem sie beginnen, hinter den Schleier zu blicken und Kontakt mit der geistigen Welt zu pflegen, was den meisten, die dies nicht zulassen, verborgen bleibt. Ich selbst bin immer wieder verblüfft, wie oft man die eigene Allwissenheit anwenden kann, wenn man nur etwas mehr auf sich selbst vertraut. Das berühmte Bauchgefühl ist der beste Beweis hierfür. Daher sollte man sich immer selbst bewusst konzentrieren, um eine Antwort zu erhalten oder um eine vorhandene Antwort zu überprüfen, da auch in der geistigen Welt genug Lügen vorkommen können, gerade wenn jemand denkt, er müsse alles lenken und leiten. Dies sollten wir niemand anderem als uns selbst überlassen, da nur wir uns und unsere Ziele am besten kennen können und dies kein Meister für uns übernehmen kann.

Nicht nur wir, sondern auch die Meister können gelegentlich einmal Hilfe oder Unterstützung brauchen. Sie möchten gelegentlich persönlich angehört oder betreut werden, da sie die normalen Wünsche, Bedürfnisse und auch Stärken beibehalten. Ich habe bis jetzt noch jede Gelegenheit genutzt, meine Meister auch einmal persönlich sprechen zu lassen, und versucht, ihnen mit meiner Gedankenkraft zu helfen. Auch wenn es nur kleine Dinge sind, ist es dennoch eine liebevolle Geste, die sehr geschätzt wird. Auch wir werden eines Tages aufsteigen und somit unseren Körperzustand in eine andere Frequenz ändern, was auch bedeutet, dass wir immer wir selbst bleiben. Wir haben bereits hier und jetzt schon alle gedanklichen Möglichkeiten, die wir später auch haben werden. Daher sollten wir auch immer gut überdenken, was wir in Gedanken erreichen möchten, da dies in der geistigen Welt verheerende Wirkungen haben kann. Gedanken werden dort sozusagen physisch real, was auch »Manifestationsarbeit« genannt wird. So können auch wir manifestieren, was für eine Person von der Ätherwelt , der astralen oder kausalen Natur, als absolut real und greifbar erscheint. Das einzige, was uns von dieser »Wirklichkeit« trennt, ist unser physischer Körper, der zu grobstofflich ist, um diese Dinge greifen zu können. Wir nehmen gedanklich manifestierte Dinge auch nur visuell wahr, wenn wir hellsichtig sind.

Vermögen wir es, hellzusehen und möchten selbst zu manifestieren versuchen, brauchen wir uns lediglich einen Gegenstand mithilfe unserer Gedankenkraft im Raum vorzustellen. Er zieht sich aus den umliegenden Energien zusammen und wird »fester« und daher »sichtbarer«. Schon kann dieser Gegenstand für uns visuell wahrgenommen werden, aber auch von anderen anwesenden Personen, die hellsichtig sind. Menschen, die nicht hellsichtig sind, können die Gegenstände auch erfühlen, da die Materie an dieser Stelle dichter geworden ist.

Der Tempel der körperlichen Gestalten

Jede Seele hat es sich zur Aufgabe gesetzt, die verschiedenen körperlichen Zustände als Lebensaufgabe zu leben. Denn jeder Zustand des
Körpers birgt neue Erkenntnisse. Möchte eine Seele zum Beispiel vom
astralen Bereich auf die ätherische Sphäre umziehen, wird der körperliche Zustand im »Tempel der körperlichen Gestalten« angepasst,
sodass ein Umzug möglich ist. Hierfür stehen die jeweiligen Meister der einzelnen Frequenzen ein. Wir können uns das wie eine Art
»Umwandlung« oder »Operation« vorstellen, die der Betreffende nicht
einmal mitbekommt, da er in einen Ruhe-Schlaf versetzt wird. Wacht
er nach dem Eingriff auf, wird er keine spezielle Veränderung fest-
stellen, da lediglich seine Frequenzen angepasst wurden, der Körper
bleibt gleich. Bevor dies geschieht, wird der neue Lebensraum genau
ausgesucht und beurkundet. Wir können uns das vorstellen wie den
Abschluss eines neuen Mietvertrages in einer neuen Wohngegend. An-
träge können auch abgelehnt werden. Auf welcher Sphäre wir letztlich
leben und wie lange, bleibt jeder Seele selbst überlassen. Auf der physischen Sphäre ist dies wieder etwas anders, da wir zeitlich begrenzt
sind. Die Umformungen des Körpers für eine Inkarnation übernimmt
der physische Rat mit dem Großmeister Cougul Merhan.

Kristallkinder

Kristallkinder sind eine von vielen neuen Generationen des Goldenen
Zeitalters. Ihre Körper werden bereits mit viel höheren Frequenzen
geboren als die der derzeit lebenden Menschen. Sie sind schmerzun-
empfindlicher, feinfühliger und daher auch offener für die geistige
Welt als Menschen mit den üblichen physischen Schwingungszellen.
Vor allem an den Zellen und der damit verbundenen Genetik wird
gearbeitet. Diese Kinder sind sehr emotional, da sie die umliegenden

Schwingungen aufgrund ihrer wachsenden Feinstofflichkeit besser aufnehmen. Sie sind auch in der Gesellschaft viel umgänglicher, gehen Streitigkeiten aus dem Weg oder versuchen, diese zu beseitigen. Diese Kinder nehmen emotionale Blockaden viel schneller wahr und werden aus diesem Grund nicht mehr so leicht krank. Der Körper wird viel feiner und bewusster wahrgenommen und somit auch die Umgebung. Ziel ist es, dass der Körper viel feiner wird und der Mensch erkennt, dass er allgegenwärtig ein Medium ist. Er nimmt immer und überall Schwingungen und Informationen auf von innen (Körper) sowie von außen (Umgebung).

Indigokinder

Bei den Indigokindern – dieser Begriff kommt das erste Mal 1982 im Buch *Understanding Your Life Through Color* von der Autorin Nancy Ann Tappe vor – handelt es sich um eine Generation von Körpern, die von Geburt an mehr Seeleninformationen in sich tragen. Alles, was unsere Seele erlebt hat und die damit verbundenen Ängste, Lernthemen, Schocks, Erlebnisse und vor allem das hohe Wissen jeder Seele, sind zugänglicher. Diese Kinder haben einen höheren Intelligenzquotienten und bewältigen ihre Lernaufgaben leichter. Der Schleier, der uns von den gesamten Wahrnehmungen des Innen und Außen trennt, wird immer mehr fallen und wir werden auf allen Sphären mehr Zugang zu unserem Wissen haben. Das Höhere Selbst kann in Zukunft viel konkreter und nicht nur gefühlt abgefragt werden. Die Kinder erkennen, dass sie etwas ganz Besonderes sind, und geben dies auch in ihrer Umwelt weiter. Hinzu kommt auch, dass sie sehr sensibel gegenüber der Wahrheit und Unwahrheit sind, was das Bewältigen von Situationen im Leben viel leichter macht. Karma und andere Programme, die durch »Fehlentscheidungen« hervortreten, sind dann nicht mehr die Hauptsache des Lebens, sondern etwas, das sich die Seele zum weiteren Wachstum vornimmt. Wir müssen das bereits Erlernte nicht mehr so mühselig in jeder Inkarnation neu erlernen, sondern haben das eigene Wissen sofort im Bewusstsein.

DER HOHE RAT
Oberhaupt Chohan El Morya

Verallgemeinert ist die Arbeit des hohen Rates mit der Arbeit eines Aufsichtsorgans zu beschreiben, das für Recht und Ordnung auf den Sphären sorgt. Sein Wesen entspricht einem kausalen Gericht, das jedoch nicht verurteilt, sondern ordnet, sodass Gerechtigkeit geschieht. So überwacht der hohe Rat, als eines der zahlreichen Aufsichtsorgane, alle Geschehnisse auf den Sphären, schreitet in Streitfällen ein und übernimmt Entscheidungen. Der Rat wurde bereits mit dem Formen des Sonnensystems gegründet und ist daher älter als die Erde. Die Erde wurde nach dem Beschluss über die Gestaltung unseres Sonnensystems, wobei der Hohe Rat mitwirkte, in physische Form gebracht, um dort Leben ansiedeln zu können. Seither bestimmen die hohen Räte der Brennpunkte die Geschehnisse der Sphären als superkausale Obermacht in wöchentlichen Großtagungen, in denen sich die Oberhäupter gedanklich zu einer Einheit verbinden, um für das Wohlergehen aller einzutreten oder bei Bedarf einzuschreiten und Entscheidungen zu treffen. Das Oberhaupt des hohen Rates wird vom Brennpunkt persönlich bestellt und auf unbestimmte Zeit von den Ratsmitgliedern gewählt. Derzeitiges und mit Sicherheit bekanntestes Oberhaupt ist der Großmeister El Morya, der dieses Amt seit ca. 100 Jahren als Logos leitet. Die Mitglieder werden allein vom Oberhaupt gewählt und vorgestellt. Die Einweisung in diese Berufung erfolgt durch den Vorgänger, der einen bestimmten Bereich innehat. So hat jedes Mitglied im Rat eine bestimmte Funktion.

Der Rat kommt in einer kleineren Halle von ovaler Form, die mit grauem Marmor bekleidet ist, zusammen. Im Raum befindet sich eine u-förmige Steinformation aus Tischen und Bänken, an der die Mitglieder Platz nehmen. Die Mitglieder erscheinen zunächst in einer reinen Lichtgestalt, die wie eine wunderschön leuchtende Lichtkugel aussieht und wie ein körperloser göttlicher Kern erscheint. Möchte ein Mitglied persönlich sprechen, manifestiert es sich hierfür in einen kausalen Körper. So kann die körperliche Gestalt wahrgenommen werden und der Name wird genannt. Der Rat entscheidet immer als Einheit und tritt daher zunächst nur in Lichtgestalt ohne direkte Anrede auf.

Das Oberhaupt übernimmt meist den Vorsitz und spricht für die Einheit. Möchten wir vorsprechen, verbinden wir uns gedanklich mit dem Rat selbst, der das Anliegen vernimmt. Wir erhalten umgehend einen Impuls, wann wir zum Vorsprechen geladen sind und wir können auf Wunsch zum vereinbarten Termin herangezogen werden. Nun tragen wir unser Anliegen frei vor dem Rat vor und erhalten Unterweisung über die darauffolgenden Schritte. Hier kann es – je nach Gewicht des Anliegens – ein paar Tage dauern bis eine Entscheidung getroffen wird. Die Entscheidung wird dem Antragsteller über Telepathie mitgeteilt, der an dieser Stelle beim weiteren Verlauf nur zu kooperieren hat. Vorsprechen vor einem einzigen Mitglied des Rates ist nur in absolut dringenden Ausnahmefällen möglich, da es gegen die Ordnung des Entscheidungsträgers geht.

Mitglieder

1. Meister El Morya	7. Meister Neron
2. Meister Konfuzius	8. Meister Belos
3. Meister Lanto	9. Meister Mikos
4. Lady Babo Dey	10. Meister Verdos
5. Meister Assatar	11. Meister Gallas
6. Lady Akoschá	12. Meister Mekon

Entscheidungsträger als Kausales Gericht

Der hohe Rat entscheidet wie ein unabhängiges und neutrales Gericht, das regelt und ordnet, jedoch nicht verurteilt. Eingegriffen wird zum Beispiel in Streitfällen, bei denen die Parteien keine vernünftige Entscheidung treffen können. Aber nicht nur in Rechtsstreitigkeiten können wir uns an den hohen Rat wenden, sondern auch um größere Vorhaben genehmigen zu lassen. Dies ist so ähnlich wie auf der physischen Sphäre, denn wenn jeder machen würde, was ihm gerade in den Sinn kommt, ohne auf das Allgemeinwohl zu achten, würde ein Chaos ausbrechen. Daher existieren bedeutende Entscheidungsträger wie der hohen Rat. Unter anderem werden folgende Anliegen behandelt:

Konflikte aller Art

Sollten sich zwei Nachbarn um Lappalien streiten, greift der hohe Rat sicherlich nicht direkt ein. In extremen Fällen können wir auch ein Schlichtungsorgan wie die »kausale Aufsicht« rufen, die wir uns als eine Art Polizei der Sphären vorstellen können. Diese sorgt für Ordnung und kann in dringlichen Fällen auch Leibschutz bieten. Gerade bei Übergriffen von Dämonen zum Beispiel kann es vorkommen, dass wir Hilfe benötigen. Dieser Hilferuf geht an die geistige Welt und an die Großmeister allgemein und wird in jedem Fall gemeldet und weitergeleitet. Auch wenn eine Seele eine Weiterwanderschaft antreten möchte und sich aus diesen Gründen energetisch vom Partner frei machen muss, kann der hohe Rat dies vornehmen und auch in materiellen Streitigkeiten oder bei der Sorgerechtsfrage zu gemeinsamen Kindern entscheiden. Auf das Wohl und das Interesse aller beteiligten Seelen wird dabei eingegangen. So wird eine Entscheidung gesucht, die für jede Seele zufriedenstellend ist. Die Themenbandbreite bei Konflikten ist derart groß, dass ich nicht auf alle Formen eingehen kann.

Vertretung von Tieren in Einzelfällen

Gerade bei Tieren kommt es sehr oft vor, dass sie nicht direkt sprechen können, da die meisten unsere Sprache und wir ihre Sprache nicht verstehen. Kleine und schwache Tiere werden leider häufig eingesperrt und misshandelt. Die Seele des Tieres schreit dann derart laut nach Hilfe, dass ein Großmeister dieses Flehen vernimmt und einschreitet. Es kann in besonders drastischen Fällen eine Entscheidung des hohen Rates verlangt werden, um für Ordnung zu sorgen. Gerade Tiere sind sehr dankbar, da nur selten jemand für sie vorspricht, um ihnen zu helfen. Misshandelnde Personen ändern auch nach ihrem physischen Tod nicht grundlegend ihr Verhalten. Auch aus diesen Gründen ist ein Gericht als Aufsichtsorgan nötig. Das Gericht wird mit Sicherheit Schritte einleiten, um die betreffende Person zurechtzuweisen, um in Zukunft derartige Vorkommnisse zu vermeiden. In schweren Fällen kann auch mit einer eigenen Form der Bestrafung gerechnet werden, die dem Vergehen gerecht wird. Auch die psychische Zwangsbetreuung kann hier eine Folge der Entscheidung sein, wenn dies zum Wohl aller und natürlich auch zum Wohl der betreffenden Person ist.

Erteilung einer Genehmigung

Wenn wir ein größeres Projekt planen, sollten wir uns an den hohen Rat wenden, um die Interessen prüfen zu lassen und um Manifestation zu bitten. So können wir um die Genehmigung einer neuen Schule oder Hilfsorganisation, um die Anmeldung einer neuen Firma oder um Anbauten an bestehende Gebäude bitten. Diese müssen auf Interessenvertretung, Örtlichkeit, Inhalt des Projektes, Allgemeinwohl und Art der geplanten Manifestation geprüft werden. Steht unseren Plänen nichts im Weg, werden wir an die betreffenden Abteilungen oder an einen Großmeister weiterverwiesen, um das Projekt zu verwirklichen. Dies geschieht meist, so wie manchmal auch auf der Erde, sehr schnell, lediglich die Planung bedarf einiger Zeit und muss gut ausgereift sein, bevor das Projekt dem hohen Rat vorgelegt wird. Durch die gedankliche Manifestationsarbeit der Großmeister kann ein Gebäude innerhalb von Sekunden errichtet und auch eingerichtet werden, so kann der Betrieb einer Organisation nach der Genehmigung sofort betrieben werden. Das erspart viel Zeit im Gegensatz zu unserer grobstofflichen Sphäre. Der hohe Rat kann auch bei der Besiedelung neuer und noch unberührter Lebensräume entscheiden. Wenn wir ein Grundstück beziehen möchten, das in der freien Natur liegt, müssen wir auch dem Tierreich genügend Achtung schenken. Auch im Jenseits gibt es Lebensräume, die den Tieren zugesprochen wurden, um ihnen dort ein freies und unbeschwertes Leben zu ermöglichen. Dennoch können wir um Manifestation eines Hauses zum Beispiel an einer schönen Waldlichtung bitten, wenn dadurch keine Benachteiligung für die dort lebenden Wesen entsteht.

Patente

Auch im Bereich der Erfindungen, die auf allen Sphären getätigt werden, können wir um ein Patent ansuchen. So kommt es oft vor, dass jemand eine gute Idee hat, die er auf seinen Namen anmelden möchte. Hier sprechen wir oft davon, dass physische Erfindungen bereits auf einer anderen Sphäre existieren. Hat jemand ein Patent im Äther- oder auch in der Astralsphäre entworfen, kann er diese Erfindung durch eine Inkarnation zum Nutzen der Menschen auf die physische Ebene bringen und dort verbreiten. So trug es sich z.B. mit der Erfindung der Kontaktlinse zu. Es kommt auch vor, dass jemand im Jenseits von einer genialen neuen Erfindung gehört hat, sich an diese bei einer Inkarnation erinnert und nun hier auf seinen Namen patentieren lässt. Es spielt keine Rolle, woher eine Erfindung kommt, sondern sie sollte der Allgemeinheit nützen.

Terminvergabe bei Vorsprechen

Die Gründe für ein Vorsprechen beim hohen Rat sind sehr vielschichtig, jedoch ist der Rat immer für dringliche Anliegen zu erreichen. Er verweist auf andere Organe, sollte die Angelegenheit nicht in seinem Zuständigkeitsbereich liegen.

Ernennung auf ein spezielles Amt

Auch im Jenseits gibt es spezielle Ämter, die wir bekleiden können und die einen eigenen Titel haben. So können wir uns zum Beispiel zu einem Meister oder einem Professor ernennen lassen, um dieser Tätigkeit nachgehen zu können. Gerade auf den zahlreichen Universitäten der Sphären sind solche Ansuchen geläufig und werden im Falle der Genehmigung auch zeremoniell überreicht. Der Titel darf bis zum Aufstieg beibehalten werden. Der akademische Ausbildungsgrad spielt jedoch, nicht wie bei uns, nur in der beruflichen Welt eine Rolle, da wir uns auch im Jenseits qualifizieren müssen, um einer Berufung nachzugehen. Titel wie Doktor oder Magister sind nicht gängig, daher werden wir auch nur mit unserem Jenseitsnamen angesprochen. Auch Nachnamen gibt es im Jenseits nicht. So spricht man eine verheiratete Frau zum Beispiel lediglich mit Frau Gerda an, der Name des Gatten fällt weg. Auch bei Kindern fällt der Familiennamen weg, da jeder eine eigenständige und freie Seele ist.

Lassen wir uns zu einem Meister ernennen, sind wir befugt, ein physisches Medium als Logos zu leiten. So erhält das Medium die nötigen Informationen, die es für seinen Auftrag braucht, und der stetige Kontakt mit der jenseitigen Welt ist garantiert. Dies gilt jedoch nur für noch nicht aufgestiegene Personen, die durch ihr Wissen und ihr Wesen qualifiziert für diese Tätigkeit sind. Nicht jeder kann sich zum Meister einer Person ernennen, obwohl dies viele gern ohne Befugnis versuchen würden. Daher sollten wir auch bei Äther- oder astralen Meistern vorsichtig sein, ob diese ihrem Amt auch berechtigterweise nachgehen. Handelt es sich um einen aufgestiegenen Meister, sollte ebenfalls geprüft werden, mit welchen Absichten er sich für die Leitung des Auftrages bereit erklärt hat. Aus meiner Erfahrung ist zu empfehlen, die Tätigkeit der Meisterschaft von einem Rat bestätigen zu lassen, um in guten Händen zu sein. Dies soll lediglich ein liebevoller Tipp sein, da die meisten Meister ohnehin in bedingungsloser,

liebevoller Absicht handeln. Wir sollten jedoch niemals blind vertrau-
en, auch wenn es sich um einen aufgestiegenen Meister handelt.

Planung einer medialen Inkarnation

Viele von uns sind mit einem speziellen medialen Auftrag inkarniert,
haben diesen jedoch entweder noch nicht angenommen oder sind
mitten darin, so wie ich. Diese Inkarnation wurde vorher gut durch-
dacht, wobei wir uns in den meisten Fällen eine Begleitperson aus
dem Jenseits ausgesucht haben, um auf der physischen Sphäre Unterstützung zu erfahren. Dazu zählen zum Beispiel ausgebildete Geistführer, nahestehende Familienangehörige, qualifizierte Meister oder
auch Schutzengel. Ein Geistführer ist eine in den eigenen Lebensplan
eingewiesene Vertrauensperson aus dem Jenseits, die sich bereit erklärt
hat, das physische Leben soweit zu begleiten, dass sich der Lebensplan
auch in die Tat umsetzt. Kommen wir von unseren Vorhaben ab, darf
unser Geistführer einschreiten, um uns wieder auf den rechten Weg
zu bringen (eigene Ermächtigung). So wartet meistens schon ein Meister ganz ungeduldig auf das Öffnen der medialen Fähigkeiten, um frei
sprechen zu können. Meistens werden wir, wie ich auch, schon seit der
Geburt begleitet und haben bereits in der Kindheit außergewöhnliche
Erfahrungen im medialen Bereich gemacht.

Diese ermutigen uns natürlich, sich speziell mit derartiger Thematik aus-
einanderzusetzen. Nach dem Tod meiner geliebten Oma fanden schnell
ungewöhnliche und teilweise auch unheimliche Ereignisse in meinem
Leben statt, denen ich auf den Grund gehen wollte. So beschäftigte ich
mich zunächst damit, mir das nötige Wissen durch Lektüre anzueignen.
Dies half mir bereits zu Anfang, mit dem Verlust umzugehen. Schnell
merkte ich, dass es noch mehr gibt, als die kleine Wirklichkeit, die ich seit
22 Jahren mein eigen nannte, und begann Hilferufe und visuelle Eindrücke aus dem Jenseits zu vernehmen. So war es tatsächlich meine
Oma, die um Hilfe bat, da sie den Weg ins Jenseits nicht finden konn-

te. Ich konnte ihr damals mithilfe eines anderen Mediums helfen, die Schwelle in ihr gewohntes Leben zu übertreten. Ich freue mich heute umso mehr, wenn sie mich gelegentlich astral und vor allem, wohlauf besuchen kommt. Der Kontakt zu den aufgestiegenen Meistern ergab sich auch nicht sofort, zunächst hatte ich Kontakt zu meiner liebevollen Geistführerin, die meinen Lebensplan verwaltet, und dann zu einem astralen Meister, der mir das nötige Anfangswissen vermittelte, das ich für die Arbeit mit den Großmeistern benötigte. Kurz darauf hatte ich das große Vergnügen, den Großmeister El Morya an meiner Seite zu finden, der mich das Wissen in diesem Buch auch großteils lehrte, damit ich darüber schreiben konnte. Nun darf ich mich zu den glücklichen Personen zählen, die in Kontakt zu mehreren Großmeistern stehen, um deren Informationen, Wissen und Botschaften an die Menschheit weitervermitteln zu dürfen. Darum möchte ich auch all denen Mut machen, die den Kontakt zu den Großmeistern suchen, da die Arbeit mit ihnen sehr bereichernd und liebevoll ist. Die Großmeister warten nur darauf, dass ihre Hilfe angenommen wird, und die Bereitschaft zur gemeinsamen Arbeit besteht.

Mediale Arbeit mit dem hohen Rat

So wie mit einem Meister können wir auch mit den Meistern des hohen Rates zusammenarbeiten. Besonders die aktive Seelenarbeit hat viele Vorteile, wenn wir uns direkt an eine »Meistergruppe« wenden, um an Blockaden zu arbeiten. Hierfür kann der Meister, der uns zur Seite gestellt wurde, beim hohen Rat das Gesuch um eine Zusammenarbeit aufgeben. Wenn es genehmigt wird, stehen wir durch eine energetische Verbindung mit dem hohen Rat in Kontakt, der die Ansuchen nun direkt vom Medium vernimmt. Wenn wir uns mit Energiearbeit beschäftigen, können wir gemeinsam mit den Meistern des Rates an Seelenblockaden, Fremdenergien, Karma und Programmen, Rückführungen in frühere Leben und vielem mehr arbeiten. Dies geschieht, wie beschrieben, im größeren Stil und ist nutzbringend, wenn wir mehrere Klienten haben, da die Arbeit so viel schneller und effizienter verrichtet werden kann.

Sollten wir noch keinen Meister haben, jedoch schon die mediale Begabung zu dieser Arbeit, können wir den hohen Rat auch selbst kontaktieren, indem wir uns telepathisch mit ihm verbinden. Er hat ein offenes Ohr für die Zusammenarbeit und wird auch die weiteren Schritte bekannt geben. So durfte ich auch schon einmal in einem Kurs erfahren, wie man sich mit dem hohen Rat in Verbindung setzt, und habe die Antworten damals über ein Pendel erhalten. Ich durfte zur Einführung mit dem Rat für mich und meine Familie Seelenarbeit leisten und bin für diese Erfahrung auch heute noch sehr dankbar. Der Rat besteht aus liebevollen und verständnisvollen Großmeistern, mit denen wir ganz normal reden können. Ob wir uns nun entscheiden »alleine« zu arbeiten oder doch lieber in Zusammenarbeit mit einem Meister oder einer Meistergruppe, bleibt uns selbst überlassen.

DER KARMISCHE RAT
Oberhaupt Chohan Saint Germain

Der karmische Rat ist sicher eine der ältesten Organisationen in diesem Bereich des Sonnensystems und nicht nur für die Sphären von Mutter Erde zuständig, sondern seine Tätigkeiten gehen bei größeren Karma-Ansammlungen auch in andere Galaxien über. Der karmische Rat überwacht hauptsächlich die Geschehnisse und die emotionalen Erfahrungen des Lebens in seinem Wirkungsbereich. Dies hört sich vielleicht im Vergleich zu den Aufgaben anderer Räte wenig an, man sollte jedoch überlegen, wie viel einem einzelnen Menschen allein in einer kleineren Inkarnation von, sagen wir 80 Jahren passiert, das Ganze hochgerechnet auf den Bereich des Sonnensystems wirkt dann doch recht gigantisch, wie ich meine. Die Mitglieder des Rats haben nicht nur leichten Zugang zu den Akasha-Chroniken, wo alle Geschehnisse verzeichnet sind, sondern auch zu den emotionalen Erfahrungen der Zellen derer, die vor sie treten. So bleibt dem karmischen Rat nichts vorenthalten, was ihm auch die Ermächtigung erteilt, bei den Inkarnationen und den geplanten Lebenserfahrungen im Allgemeinen behilflich zu sein. So tritt jeder, der sich für eine Inkarnation entscheidet, vor den karmischen Rat, um vorzusprechen. Dieser wirft einen Blick auf die Erfahrungen, die von der Seele noch gemacht werden möchten, um an ihrer eigenen Weisheit wachsen zu können, und gibt dies mit einem liebevollen Rat weiter, damit diese Situationen in den Lebensplan mit einfließen können. Karma wird meist als »Strafe« oder etwas, das wir unbedingt lösen müssen, gesehen. Ich sage, es ist eine wertvolle Chance, an Erfahrung und somit an Wissen zu wachsen. Daher nehme ich jede Lernaufgabe auch dankbar an. Der karmische Rat bestraft daher nicht mit der »Verhängung« von Karma, wie oft geschrieben wurde, sondern ist der Seele selbst dienlich, um ihr bei dem Weg zur Meisterschaft behilflich zu sein. Dieser Weg kann nun auch sehr steinig und schwer sein, jedoch ist dies immer ein Thema der Seele selbst. So können wir auch ohne schweres Karma an Wissen wachsen, jedoch brauchen wir dann schon das Wissen um das Gesetz selbst und um die aktive Seelenarbeit, um an uns stetig weiterzuarbeiten. Dies ist auch der Grund, warum wir Karma auflösen können, wenn wir auch ohne die dazu passende, meist schmerzvolle Erfahrung bereit sind, zu erkennen, zu lernen und somit zu leben, was nun einmal ist.

Seit April 2008 hat das Amt des Oberhauptes des karmischen Rats der Chohan der Weissen Bruderschaft Saint Germain inne. Der Großmeister übernahm den Posten von Lady Nada, nachdem sie sich für eine Weiterwanderschaft entschieden hat und nun einer anderen beruflichen Tätigkeit nachgeht. Sie ist nach wie vor eine Großmeisterin, jedoch nicht mehr aktiv als Chohan in der Weissen Bruderschaft oder im Karmischen Rat. Vielmehr hat sich die Sichtweise von Lady Nada in eine sehr dämonische gewandelt, wo sie nun auch lebt! Ich erwähne dies, da die Arbeit mit ihrer Energie immer noch aktuell ist und jeder, der dies bislang tat, gewarnt sein sollte! Gerade Saint Germain zeigte sich als besonders qualifiziert für diese Tätigkeit, da er durch die Arbeit mit der violetten Flamme unglaubliches Wissen im Bereich der Emotionen ansammeln konnte. So ist er nun das Oberhaupt des karmischen Rates und bleibt dennoch Chohan in der Weissen Bruderschaft, um der Menschheit weiterhin mit der violetten Flamme behilflich zu sein.

Mitglieder

1. Meister Saint Germain
2. Lady Kwan Yin
3. Meister Zadoro
4. Meister Vellone
5. Meister Mellon
6. Meister Besar
7. Lady Akoschá
8. Meister Sandor
9. Meister Kikos
10. Meister Asatór
11. Meister Matro
12. Meister Viedos

Die Inkarnation

Fassen wir den Beschluss, inkarnieren zu wollen, egal ob für eine große astrale Inkarnation oder für eine physische, treten wir vor den karmischen Rat, um uns die Einsicht in die noch zu tätigenden Lernaufgaben der Seele zu holen. Der Rat ist als Entscheidungshilfe und nicht als Entscheidungsträger tätig. Unsere Seele selbst weiß allein am besten, was sie bewältigen möchte, um daraus wertvolles Wissen zu schöpfen. Daher nimmt der karmische Rat auch Einsicht in die Schwingungszellen der Seele, um diese tief im Inneren zu befragen. Diese Informationen werden in liebevoller Absicht weitergegeben und fließen bei unserem Einverständnis in den Lebensplan ein. Die Geschehnisse, die nun auf uns zukommen können, werden nicht detailliert mitgeteilt, da die Seele im tiefen Inneren ohnehin Bescheid weiß. Wir fürchten uns sonst zu sehr vor den Lernaufgaben, die auf uns zukommen, und meist trauen wir uns ohnehin selbst viel zu wenig zu. Dies würde uns bereits vor dem Inkarnieren blockieren. Lediglich die Hauptthemen werden uns mitgeteilt, damit wir die Aspekte der Inkarnation, an denen wir arbeiten möchten, abschätzen können. Diese lauten meist Geld, Familie, Liebe, Freunde, Sexualität oder vieles mehr. Diese sind sehr individuell und meist fühlen wir selbst, welche Aspekte im eigenen Leben vorrangig sind, da diese immer wieder in Lernaufgaben auftauchen. Bei mir zum Beispiel sind es die Themen Familie, Tiere, Freunde, Sexualität und Geld. Ich hab mir also einiges vorgenommen!

Zu den Hauptthemen, die wir lernen möchten, kommen noch die energetischen Verstrickungen dazu, die wir im Laufe unserer Lebenszeit in diesem Bereich geformt haben und an denen wir arbeiten müssen, um uns frei zu machen. Diese Verstrickungen verbinden uns mit Personen, denen wir einmal oder auch öfter begegnet sind, wobei für die Seele jedoch noch etwas zu klären bleibt. Meist sagen wir »Karma« dazu. Die Seele selbst gibt sozusagen so lange keine Ruhe, bis wir in Frieden zueinandergekehrt sind. Dabei spielt Zeit oder Raum keine Rolle. So können wir einer Person in fünf Jahren oder aber auch in einer Million Jahren wieder begegnen, wenn noch eine Thematik offensteht. Hier ist zu empfehlen, dass wir Konflikte oder andere Streitigkeiten, die uns immer noch an eine Person ketten, überwinden, um uns frei zu machen. Das ist meist leichter gesagt als getan, besonders wenn die betreffende Person noch kein Interesse an Versöhnung oder Aufarbeitung der Thematik zeigt. Hier reicht es meist auch aus, wenn wir uns die Person in Gedanken visuell vorstellen und sie als Seele selbst um Verzeihung bitten, oder wenn wir selbst verzeihen, was uns geschehen ist. Körperlich wird dies meist nicht wahrgenommen, jedoch tut sich etwas auf der tiefsten Seelenebene, was bewirken kann, dass wir vielleicht zumindest in Ruhe gelassen werden. Meistens sind die Auswirkungen bei dieser Seelenkommunikation viel beeindruckender als wir zunächst meinen. Daher sollten wir auch sehr gut überlegen, was wir sagen möchten, da wir unserer Seele selbst niemals aggressiv gegenübertreten sollten, da sie ein sehr sensibles und derart komplexes Wesen ist, dass die Auswirkungen verheerend sein können. Daher empfiehlt es sich, die Worte in Ruhe zu wählen und bei Bedarf auch aufzuschreiben, um sie später bei der Kommunikation langsam und ruhig ablesen zu können. Es spielt keine Rolle, ob wir die Augen geschlossen oder offen halten, oder ob wir meditieren. Ist die Verbindung erst einmal hergestellt, was wir ohnehin sehr deutlich spüren, hört unsere Seele sehr gespannt zu, was wir direkt zu sagen haben. Dies ist eine von vielen Möglichkeiten der aktiven Seelenarbeit.

Weitere energetische Verstrickungen können Programme sein, wie Verfluchungen anderer Personen, Schwüre oder Eide früherer Leben, Seelenversprechen anderen Seelen gegenüber, Glaubenssätze, wie zum Beispiel »Ich will nie wieder ...« (dann werde ich auch nie wieder ...), Schockerlebnisse, Fesseln aus Sklavenleben, die uns immer noch an etwas anketten, fremde Seelenanteile, die uns gedanklich bestimmen

die auf uns zukommen, sich immer noch blockierend oder belastend auswirken. Diese sollten nicht einfach ignoriert werden, da auch hier Zeit
und Raum keine Rolle spielen. Meistens kommen diese Blockaden im
Laufe unseres Lebens immer wieder auf uns zu, damit wir daran arbeiten
können. Diese können, sind sie erst einmal erkannt, in einer einfachen
Meditation und Bitte an die geistige Welt gelöst und transformiert werden. Das Erkennen ist meistens einfach, da wir ja ohnehin wissen, was
uns im Leben nervt und blockiert. Nur müssen wir uns einmal die Zeit
nehmen, diese Dinge genauer anzuschauen, um die Thematik auch zu
verstehen. Dann dürfen wir die Thematik auch lösen und müssen nicht
mehr den vollen Weg der Lernaufgabe gehen und somit durchleben. Das
Leben kann sich auf diese Weise weit einfacher gestalten und die Aufarbeitung der Thematik geht viel schneller. So haben wir die Möglichkeit,
stetig an uns zu arbeiten, dadurch werden in einer Inkarnation auch viel
mehr Themen behandelt als ursprünglich geplant, was zwar anstrengend
sein kann, aber ein erheblicher Vorteil für die Seele ist. Nicht nur für
uns ist es ein großer Vorteil, sondern natürlich auch für alle damit verbundenen Personen, für die ja zwangsläufig auch die Verbindung gelöst
wird und sie somit befreit werden. Dies ist auch ein schönes Beispiel der
All-Einen Zusammengehörigkeit. Jedes Mal, wenn wir etwas Gutes für
uns tun, tun wir auch etwas Gutes für andere.

Meditation zum Lösen von Blockaden

Begib dich in eine bequeme Haltung und schließe deine Augen, um dich
tief entspannen zu können. Atme ruhig ein paar Mal tief ein und aus, bis
du das Gefühl hast, die nötige Konzentration aufbringen zu können, um
klar und bewusst deine Absichten zu formulieren.

Der Text selbst ist nicht so wichtig, die Absicht sollte klar und deutlich
formuliert werden und von Herzen kommen. Ich gebe dennoch ein Bei-

spiel für eine Anrufung, um Seelenblockaden zu lösen. Entweder sind diese Blockaden vorher schon deutlich erkannt und verstanden worden oder wir bitten jetzt darum, Klarheit darüber zu erhalten, um sie dann lösen zu dürfen! Sind wir bereit für die Anrufung, können wir folgenden Text als Vorlage verwenden, der auch für andere Personen gesprochen werden kann, wenn sie damit einverstanden sind.

»Ich, (eigener Name), bitte die geistige Welt von ganzen Herzen um die Veranschaulichung meiner Seelenblockaden, um daran arbeiten zu können.«

Jetzt kann es passieren, dass wir Gefühle, Visionen oder auch Stimmen zu den Blockaden erhalten, um diese zu verstehen. Meistens sind diese »Filme« aus früheren Leben, die uns zeigen, was uns mit den verschiedensten Personen verbindet und vor allem was ausschlaggebend für die Blockade war. Dies ist meistens eine eher unschöne Erfahrung, da derartige Erlebnisse sehr verletzend, auch körperlich, waren. Also erschrecke bitte nicht über das, was einst geschehen ist, da du an dieser Stelle bedenken musst, dass diese Geschehnisse zur Vergangenheit zählen und nicht mehr zur objektiven Beurteilung der Person. Du kannst mitschreiben oder einfach nur still betrachten, um zu verstehen. Ist dieser Prozess vom Gefühl her abgeschlossen, kannst du um Auflösung und Transformation bitten!

»Ich, (eigener Name), bitte die geistige Welt nun von ganzem Herzen um Auflösung und Transformation der erkannten Blockaden und Lernaufgaben meiner Seele, die nun nach der göttlichen Ordnung gelöst werden dürfen!«

»Ich bitte des Weiteren darum, dass alle Fremdenergien, die nicht mehr zu mir gehören, in die göttliche Ordnung zurückgeführt werden!«

Löcher oder Risse in der Aura, die durch das Lösen entstehen können, werden von der geistigen Welt automatisch geheilt oder ihre Heilung kann auch speziell in einer eigenen Bitte erwähnt werden (z. B. auch das Reinigen aller Chakren und Energiekörper).

Dieser Prozess kann mehrere Minuten dauern und sollte geduldig abgewartet werden, da die zu lösenden Themen meist derart umfangreich sind, dass es einer gründlichen Reinigung bedarf. Hier solltest du ausschließlich nach dem Gefühl gehen. Zum Abschluss finde ich es immer sehr schön, wenn wir uns für diese Hilfe auch liebevoll bedanken.

»Ich, (eigener Name), bedanke mich aus tiefster Seele für die liebevolle Unterstützung aus der geistigen Welt und für die Heilung meiner Seelenblockaden!«

Geschehnisse im eigenen Wirkungsbereich

Der karmische Rat hat, wie schon erwähnt, einen sehr umfangreichen Wirkungsbereich. Er kann durchaus auch in den Kosmos eingreifen, wenn es sich um größere Karma-Ansammlungen handelt. Zeit und Raum spielen, wie schon erklärt, keine Rolle, da es hier ausschließlich um die Situationen, Emotionen, Gefühle und natürlich die daraus entstehenden Ursachen und Wirkungen auf das Leben selbst geht. So betrachtet der karmische Rat die Ursachen und Wirkungen neutral, ohne sich von Aspekten wie Vergangenheit, Gegenwart und Zukunft beeinflussen zu lassen. Was war, das ist, und was ist, wird sein. So entscheiden die Ratsmitglieder, in besonderen Fällen einzugreifen, indem sie Ursachen lenken und leiten, wenn das Gefühl die Wirkungen bereits darlegt. So kann eine größere Aufgabe, im großen Ganzen und auf das Sonnensystem gesehen, vorher schon betrachtet, gelernt und somit erledigt werden. Dies ist ein erheblicher Teil der Arbeit des Rates, der uns alle betrifft. Die Auswirkung zeigt sich durch die prägende Frequenz dieser Lernaufgabe auf die Schwingungszellen der Seele, die in ihrem Lerneifer stetig mitmacht. So greift das Gruppenkarma in das Leben all derer ein, die es wünschen, mitzumachen. Werden die veranschaulichten Lernaufgaben als Frequenz verbreitet, können wir bereits vor dem Durchleben daraus lernen, was schlimmere Erfahrungen für die Einzelseelen verhindert. Beispiele hierfür finden sind im physischen Bereich, wenn mehrere Personen in Katastrophen verwickelt sind. Hier hat sich eine Gruppe von Seelen zusammengetan, um gemeinsam diese Situation und die daraus entstehenden Emotionen zu erleben. Diese Emotionen gleichen meistens denen der Personen, denen sie dies vielleicht in einem Täterleben zugefügt haben. So erleben sie in derartigen Situationen, wie sich das damalige Opfer gefühlt hat. Nun haben sie die dualen Seiten des Täters- und Opferlebens vereint und sind bereit, das große Ganze der Emotion zu ermessen, dies bedeutet wahres Wissen. Haben wir erst einmal erkannt, dass Täter und Opfer dasselbe sind, da wir in jeder Situation in unserem Leben erfahren, was nun einmal ist, egal aus welcher Perspektive wir es sehen, können wir endlich so sein, wie wir sind, frei von Bewertungen und Verurteilungen! Beide Seiten eines Geschehnisses müssen nicht zwingend »ausgelebt« werden. Wenn wir bewusst hinsehen und versuchen zu verstehen, was die andere duale Seite bedeutet, erlangen wir das nötige Wissen darum. Sind wir uns nun das »Opfer«, können wir versuchen, uns in den Täter hineinzufühlen, um das nötige Wissen zu erlangen, was diesen aus seiner Sicht, zu seiner Tat bewegt hat. Wir begeben uns bei diesem Prozess auf einer höheren Ebene in sein Leben und lernen sozusagen gleich mit, ohne selbst zum Täter werden zu müssen! Somit erleben wir auch die duale Sichtweise für eine Begebenheit im Leben, ohne diese Erfahrung »physisch real« werden zu lassen.

Die Geschehnisse werden bekanntlich in den Akasha-Chroniken gespeichert und können visuell betrachtet werden, indem sich die Großmeister einen Bildschirm manifestieren. So hat jeder, der vor den Rat tritt, die Möglichkeit, sich die manifestierten Ursachen und deren Wirkung auf das Wissen anzusehen, um zu entscheiden, ob dies erfahren werden soll. So können wir uns leichter einen Eindruck verschaffen, wie sich das Karma im Leben gestalten könnte. Haben wir eine Inkarnation bereits hinter uns und sind in die jenseitige Welt wieder eingetaucht, können wir die erlebten Erfahrungen mit einer Lerngruppe austauschen. Hierfür begeben wir uns in den Tempel der Weissagung im Äther, wo sich der Scanner befindet. Der Scanner bildet sich aus vier großen Monitoren, die im Kreis angeordnet sind. Die Halle, in der sich diese befinden, ist von achteckiger Form und mit rot-beigem Marmor verkleidet. Die Halle selbst wird von acht Großmeistern geleitet, die den Scanner mit den Informationen einer zu betrachtenden Inkarnation speisen. So können wir uns die Erlebnisse, in denen gelernt wurde, als Gruppe anschauen. Hierfür wird die Lerngruppe in die Halle geleitet, wo jeder für sich betrachtet, was gezeigt wird, um ebenfalls daraus lernen zu können. Dies geschieht still und leise und hat einen fast zeremoniellen Charakter. Aus Respekt wird nicht miteinander gesprochen, da die betreffenden Personen, die durch diese Inkarnation wanderten, auch immer anwesend sind. So kann nicht nur der Rat auf die Informationen zugreifen, sondern auch wir selbst, da es sich um unsere Seele und Lernaufgaben handelt!

Entscheidung in besonderen Fällen

Greift ein Geschehnis in den Wirkungsbereich eines anderen Rates ein, wird auch an diesen weiterverwiesen. So kommt es bei gröberen Übergriffen in einer Inkarnation, durch die böswillige Setzung von Impulsen zum Beispiel, die ein Leben negativ beeinflussen können, ohne dass dies tagesbewusst wahrgenommen wird, zur Vorstellung beim hohen Rat. Dieser entscheidet über die weiteren Schritte. Sicherlich kann jeder ein Beispiel nennen, wo er glaubte, sein Bauchgefühl habe versagt. Dies ist nicht immer der Fall, da wir stets Fremdimpulsen ausgesetzt sind. Ob uns ein Freund etwas einreden möchte, indem er mit uns spricht, oder ob diese Gedankengänge eingegeben werden, spielt keine Rolle, da beide für die Umsetzung angenommen werden müssen. So sollten wir allgegenwärtig unsere Gefühlswelt überprüfen, da unsere Gefühle das Einzige sind, das nicht beeinflusst werden kann, da sie im ewigen Fluss sind. Der karmische Rat darf während einer laufenden Inkarnation eingreifen, wenn das Leben durch derartige Übergriffe gefährdet ist. Aus diesem Grund erhalten wir auch einen Geistführer, der uns vom Jenseits aus begleitet, um in unserem Namen zu überwachen, was im Leben sein soll. Dieser spricht für uns auch beim karmischen oder hohen Rat vor, sollte etwas schiefgehen oder sollte dort etwas entschieden werden. Daher danke ich meiner Geistführerin auch jeden Abend für die liebevolle Aufsicht über mein Leben, auf dass alles so läuft, wie ich es mir vorgenommen habe.

DER PHYSISCHE RAT
Oberhaupt Ältester Cougul Merhan

Der physische Rat im Bereich von Lady Gaia wurde vor ca. 5 Milliarden Jahren gegründet, um bei der evolutionären Entwicklung des Planeten, der nun ca. 4,6 Milliarden Jahre existiert, mitzuwirken. Einige der Mitglieder des Rates gehen ihrer amtlichen Tätigkeit nun schon seit Millionen von Jahren nach und wurde so zu einem entscheidenden Teil der physischen Entwicklungen auf dieser Sphäre. Sie wanderten durch Hunderte von Inkarnationen, bis sie die Meisterschaft über diesen Körperzustand erlangten, um nun dieses Wissen weitergeben zu können. So erhält jeder, der vor den Rat tritt, einen liebevollen Wegweiser für seine Inkarnation, um sich bei dem erheblich grobstofflicheren Schwingungszustand Unterstützung zu holen. Dies ist sehr oft der Fall, wenn der karmische Rat empfiehlt, sich im physischen Zustand Unterstützung zu holen, besonders wenn Krankheiten oder Schmerzen als Lernaufgabe in unserem Lebensplan stehen. Der physische Rat ist hier in der Lage bei einer Bitte (oder Gebet) einzugreifen, um z. B. Schmerzen zu lindern! Der Großmeister Klitos ist einer der wenigen Meister, die seit Anbeginn des Rates Mitglied sind, woraus auch eine tiefe und enge freundschaftliche Verbundenheit mit Mutter Erde selbst entstand. Nur wenige hielten Lady Gaia so lange die Treue und begleiteten sie auf ihrem langen Weg als Heimat derer, die in diesem Bereich ihr Leben bestreiten möchten. Mutter Erde selbst ist von physischer Natur und daher ein großer Teil des Aufgabenbereiches des Rates. So tritt sie des Öfteren in astraler Erscheinung den Ratssitzungen bei, um über die Entwicklung in diesem Frequenzbereich zu diskutieren. Gerade auf unserer Ebene zeigt sich ein sehr schneller Wandel der Körperformen, da der Körper am meisten beansprucht wird und wir uns stetig weiterentwickeln müssen, um den andauernden Energieflüssen standzuhalten. Das Goldene Zeitalter beschreibt am besten, wie viel in diesem Bereich noch getan werden muss, um der Entwicklung nachzukommen, da unser Körper noch viel zu grobstofflich und somit anfällig für Krankheiten und andere Blockaden ist.

So beschäftigt sich der Rat größtenteils mit der Matrix des Körpers und deren Schwingungszellen und allem, was im physischen Frequenzbereich vorzufinden ist. Darunter fallen sämtliche Inkarnationen auf dieser Sphäre, bahnbrechende Erfindungen im Gesundheitsbereich, in der Ernährung, der Fitness, der Erholung, der Wellness, der Psyche und in der Medizin.

Das Erforschen von Krankheiten im kausalen Bereich durch die Großmeister wird hier durch den Rat erheblich gefördert, wofür auch spezielle mediale Inkarnationen geplant werden, um diese auf die Sphäre zu bringen. Da die Meister immer noch zu wenig direkten medialen Zugang zu der Menschheit haben, sind Inkarnationen meist die einzige Möglichkeit, um derartige Information zu verbreiten. Aus diesem Grund hinkt die Entwicklung auf unserer Ebene immer etwas hinterher. Meist dauert es 30 Jahre oder mehr, bis ein Mensch bereit ist, seine von Geburt an gespeicherten Informationen der restlichen Menschheit zum Nutzen zu bringen. So übernimmt der Rat in einzelnen Fällen auch die Aufsicht über derartige Leben, um diese so schnell wie möglich gewinnbringend für das Allgemeinwohl einzusetzen. Dies mag auch ein Grund sein, warum erfolgreiche und legendäre Forscher, Ärzte oder andere Personen, die bei der Weiterentwicklung Erhebliches leisten, meistens viel spiritueller sind, als sie öffentlich zugeben würden. So habe ich schon mehrere Ärzte getroffen, die ein Leben nach dem Tod niemals abstreiten würden, sondern sich sogar für diese Tatsache einsetzen.

Die neuen Körperformen und steigenden Frequenzen, wie zum Beispiel bei den Kristall- und den Indigokindern, fallen in den Interessenbereich des Rates. Hier wird viel auf die Auswirkungen auf die

Körperzellen geachtet und wie sich diese weiterentwickeln müssen, um sich zukünftig mit der Ätherwelt verbinden zu können. Auch bei medial begabten Wesen wird die Verträglichkeit von Einflüssen auf einen längeren Zeitraum gemessen, wenn diese größtenteils im kausalen Schwingungsbereich leben. Wenn ein Medium beginnt, sich mit der jenseitigen Welt zu verbinden, passt sich der Frequenzbereich des Mediums an diese an, um Botschaften empfangen zu können. Wir können uns diesen Prozess wie das Einstellen eines Radiosenders vorstellen, den wir empfangen möchten. Ist die Channeling-Sitzung beendet, wird die Frequenz des Mediums wieder auf den »Normalzustand« gebracht. Entschließt sich ein Medium nun dazu, seine Schwingungen dauerhaft auf die kausalen Frequenzbereich zu bringen, werden die Veränderungen des physischen Körpers stetig überwacht, um bei der Umstellung zu helfen. Der Körper muss sich erst daran gewöhnen, in einer anderen Frequenz zu schwingen. Das Gehirn, die Augen, auch die Haut und vieles mehr beginnen, sich zu verändern. Zunächst nur ganz fein, sodass es kaum wahrgenommen wird, aber zum »Abschluss« dennoch so deutlich, dass die Veränderung anatomisch erkannt werden können (z. B. zusätzliche Gehirnwindungen usw.).

Medial begabte Menschen, die sich dazu entschlossen haben, sind nun rund um die Uhr extrem feinfühlig, hellsichtig und hellhörend. Diese Lebensweise wird noch nicht von vielen physischen Medien praktiziert, da ein derartiger Zustand extrem anstrengend und belastend für den Körper sein kann. Chronische Migräne, Schwäche- und Schwindelanfälle, psychische Belastung, Ohrensausen, Augenbrennen oder auch Ohren- und Nasengeräusche sind die stärksten Nebenwirkungen der körperlichen Veränderung. Bei den Ohren- und Nasengeräuschen handelt es sich um ein Phänomen, das entsteht, wenn ein großer Druck im Hohlraum (z. B. in der Ohrmuschel) entsteht. Dieser Druck kommt von sehr hohen Schwingungen, die auf diesem Weg, meistens jedoch nur am Anfang der Umstellung, wahrgenommen werden.

Leider kenne ich selbst so gut wie alle Nebenwirkungen, da ich mich entschlossen habe, ein derartiges Leben zu führen. Sicher ist diese Lebensweise extrem interessant und wird auch von vielen angestrebt, aber sie kann auch sehr anstrengend sein und es gibt vor allem kein Zurück mehr. Diese Ausführungen sollen niemandem Angst machen, der sich für die jenseitige Welt öffnen möchte, jedoch muss auch einmal von den Schattenseiten berichtet werden, die es in einer derartigen Berufung gibt.

Mitglieder

1. Meister Cougul Merhan
2. Meister Klitos
3. Meister Ussus
4. Meister Kilon
5. Meister Ywor
6. Meister Papollos
7. Meister Nobis
8. Meister Xuses
9. Meister Moros
10. Meister Hollos
11. Meister Nopoš
12. Meister Qualos

Planen einer Inkarnation

Entschließen wir uns, unseren körperlichen Zustand und somit unser Leben in einen physischen Körper zu verändern, beginnt ein neuer Abschnitt für die Seele, der gut vorbereitet werden muss. Alle Schritte werden bis ins Detail besprochen und geplant. Die Betreuung ist sehr individuell und persönlich und bedarf einiger Zeit, da nichts hastig entschieden werden sollte. Meistens nehmen wir uns viel mehr vor, als wir dann tatsächlich in der gegenwärtigen Situation ertragen können. An dieser Stelle werden wir vom physischen Rat und unserem persönlichen Berater, vor die wir treten müssen, um uns vorzustellen, liebevoll unterstützt und auf das Gewicht der emotionalen Belastung aufmerksam gemacht. Kennt eine Seele das Leben als inkarnierte Person der physischen Sphäre noch nicht oder ist noch von sehr jugendlichem Wesen, wird die Planung hauptsächlich vom Betreuer übernommen und als ausgearbeiteter Vorschlag vorgelegt. Lediglich Details werden noch ausgebessert und besprochen, der Lebensplan selbst steht aber schon als Grundkonzept fest. Auch die Schwingungszellen des Körpers werden genau betrachtet, um auch die körperliche Vorbereitung bis ins Detail zu planen, da dies bei jedem individuell abläuft. Berücksichtigt wird hier auch, welche schmerzhaften Informationen aus vergangenen Inkarnationen die Körperzellen gespeichert haben, damit diese nicht allzu schnell wiederholt werden. Dies könnte zu einem tiefgreifenden Schockerlebnis der Seele führen, das nur schwer zu lösen und transformieren ist. Auch beim Formen des Körpers in der Ätherwelt muss dies berücksichtigt werden, da dieser unbeschadet in der Aura der Mutter Platz nehmen soll. Meistens finden wir verletzungsähnliche Male am Körper, die uns von Geburt an prägen. Diese sind meistens Verformungen der Zellerinnerungen des Körpers, die sich am physischen Körper bilden können, wenn dieser im Mutterleib wächst. Auch Muttermale können z. B. Zeichen von Einstichwunden einer vergangenen Zeit sein. So fließen nicht nur die geplanten, sondern auch die vergangenen Aspekte der Inkarnationen mit in die Planung ein. Auch energetische Verstrickungen und Lernthemen mit anderen Personen müssen hier berücksichtigt werden, da wir auf diesem Gebiet sicher am meisten aufzuarbeiten haben. Die Planung und Vorbereitung ist sehr kompliziert, wobei wir noch nicht einmal bei der Auswahl der detaillierten Lebensthemen angelangt sind.

Die ersten Schritte zum Erstellen eines Lebensplanes

Schon zu Beginn der Planung läuft das umfangreiche Gutachten des karmischen Rates in die Formung der Umstände des geplanten Lebens ein. Hier wurde bereits ein großer Einblick in die Wünsche der Seele genommen, da diese selbst das zu erlebende Karma bestimmt. So treten wir als erste Anlaufstelle vor den karmischen Rat, der uns auf persönlichen Wunsch an den physischen Rat weiterverweist, damit dieser alle weiteren Schritte übernimmt. Das Gutachten des karmischen Rates ist bereits der erste Schritt des detaillierten Lebensplans, der definieren soll, was wir uns vornehmen möchten. Das bedeutet nicht, dass diese Dinge im Leben zwangsläufig eintreffen müssen, da wir uns sehr wohl an Ort und Stelle umentscheiden dürfen. Hier geht es um unser eigenes Seelenwohl und das, was wir freiwillig erleben möchten, um zu lernen. So bleibt es unserer Seele frei, auch im physischen Leben zu entscheiden, was wir tatsächlich machen möchten oder lieber nicht. Um jederzeit überprüfen zu können, ob unsere Wünsche auch nach dem erstellten Seelenplan laufen, wird uns ein persönlicher Geistführer zur Seite gestellt, der nun für uns »Verantwortung« trägt. Dies bedeutet nicht, dass wir keine Eigenverantwortung mehr tragen, sondern lediglich, dass dieser Geistführer für unsere Interessen in der jenseitigen Welt einsteht, da wir dies in den meisten Fällen während einer Inkarnation nicht können. Der Geistführer ist eine astrale Person, die qualifiziert ist, bei einer Inkarnation zu helfen. So darf er auch Impulse setzen, um uns planmäßig als Logos zu lenken und zu leiten. Jedoch fällt hierunter auch das Einstehen für unsere Interessen in der jenseitigen Welt, was sich in Einzelfällen auch als Vorsprechen vor einem hohen Rat gestalten kann. Zusätzlich dürfen wir noch einen Schutzengel und einen Meister wählen, je nachdem, was wir geplant haben. Die meisten Personen wählen einen Schutzengel, da sie genau wissen, wie viele Situationen das physische Leben gefährden können, sollten sie selbst einmal nicht so aufmerksam sein.

Nun muss darauf geachtet werden, ob passende Lerngruppen gebildet werden können. So werden Personen zusammengeführt, die die gleichen Lerninteressen hegen, um gemeinsam daran arbeiten zu können. Dies bedeutet, dass wir uns im Leben selbst begegnen, um zu lernen, damit wir anschließend die daraus gründenden Erfahrungen gemeinsam diskutieren können. So werden wir energetisch verwoben, um ein »Aneinander-vorbei-Laufen« zu vermeiden. Meistens spüren wir genau mit welchen Personen wir absichtlich zusammengeführt wurden. Wir begegnen niemandem im Leben aus Zufall, auch wenn manche Begegnungen eher von ungemütlicher Natur sind. Wenigstens können wir sagen, daraus gelernt zu haben. Zumindest ist das meistens eine Beruhigung des Gemüts, da wir mit gewissen Personen wirklich sehr viel lernen.

Der Lebensplan

Hat man diese »Kleinigkeiten« tatsächlich zeitig klären können, geht es anschließend um die Details des Lebensplanes. Diese sind jedoch nicht weniger umfangreich, daher erhalten wir auch reichlich Unterstützung bei der Auswahl folgender Themen:

✧ Geplantes Geschlecht, Aussehen und Genetik sowie vererbbare Aspekte aus denen gelernt werden kann (systemische Krankheiten)
✧ Geburtstermin und voraussichtlicher Todestag, Numerologie, Astrologie und andere Lehren spielen hier eine große Rolle
✧ evtl. Ausstiegsmöglichkeiten, um das Leben zeitiger zu beenden
✧ Land, Wohnort und Vorbereitung auf die Landessprache
✧ Familie, Freunde, mögliche Lebenspartner und Personen, mit denen wir energetisch verwoben sind
✧ Umstände in der Familie passend zu den Lernthemen
✧ zeitliche Bestimmung von geplantem Karma, Programmen, Lernaufgaben, Glaubenssätzen und anderen Blockaden, an denen gearbeitet werden soll
✧ Beruf und Berufung
✧ Finanzen, Bildung, Karriere und gesellschaftlicher Stand
✧ Liebe, Sexualität und mögliche Kinder

- ✧ Haustiere oder andere Begegnungen mit der Tierwelt
- ✧ Lebensalter des evtl. geplanten Kontaktes mit der geistigen Welt, (Hier kann der Meister, Geistführer oder Engel die medialen Schwingungen erhöhen, um Kontakt aufzunehmen.)

Sind diese Themen geklärt, werden sie in Form eines Lebensplanes manifestiert. Vergleichen lässt sich diese Manifestation mit einem Programm, das wir uns aus tiefster Seele gewünscht haben, um die Sicherheit im physischen Leben zu haben, dass sich unsere Wünsche erfüllen. So fließen diese Informationen tief in unsere Schwingungszellen ein, um bei gegebener Zeit ihre Wirkung zu tun. Die nötige Lenkung im Leben ist so gewährleistet. Unser Geistführer achtet nun darauf, dass wir nicht vom Weg abkommen, und wirft stets einen genauen Blick auf die Schriftrolle unseres Planes, die sich in der großen und prunkvollen Archivhalle im Äther befindet. Betreten wir diese, befinden wir uns in einer großen bibliothekartigen Halle aus creme-weiß-goldenem Marmor, in deren Mitte ein prunkvoller Kristalllüster hängt. Dieser funkelt in den schillerndsten Farben, die sich im ganzen Raum brechen und die Halle erstrahlen lassen. Wenn wir tiefer in das Gebäude hineingehen, kommen wir zu langen, endlos scheinenden Gängen, in denen die unzähligen Schriftrollen der Lebenspläne gelagert sind. Sie sehen aus, als wären sie Hunderte von Jahren alt und die Schrift glänzt in purem Gold. Lediglich dem Geistführer und den zugesprochenen Helfern ist die Einsicht in die Schriftrolle gewährt und jedem, dem diese Bemächtigung nicht zusteht, verwischt die Schrift beim Versuch, sie zu lesen. Lediglich nach dem Ableben kann die Schriftrolle visuell auf dem Scanner mit der Lerngruppe betrachtet werden.

DIE »ICH BIN«-LEHRE
von Chohan Saint Germain

Saint Germain
»Es ist mir ein großes Anliegen, in diesem Buch die Lehren des ›ICH BIN‹ genauer zu erläutern. Sabrina ist eine meiner zahlreichen Schülerinnen, denen ich dieses göttliche Gesetz mit auf ihren Lehrweg gegeben habe. Somit seid auch Ihr aufgefordert, Euch diese Lehre zu Herzen zu nehmen, sodass sie auch für Euch eine Erleichterung auf dem steinigen Weg des Erkennens und Lernens sein möge.«

1. ICH BIN immer die sieghaft Gegenwart des mächtigen ICH BIN.

Jeder von uns ist göttlich in seinem Sein, so wie er ist. Mit der sieghaften und mächtigen Gegenwart ist »Gott in uns« gemeint und die damit verbundene Perfektion, die wir sind.

2. ICH BIN die sichtbare Gegenwart jener großen, geliebten, aufgestiegenen Meister, von denen ich wünsche, sie mögen vor mir erscheinen, und deren Beistand ich erflehe!

Der Aufstieg zu einem Meister beginnt im Hier und Jetzt und wird allgegenwärtig und fortwährend gelebt. Wir erhoffen uns immer den Beistand jener, die schon aufgestiegen sind, in ihrem Wissen und Handeln, dabei ist der wahre Aufstieg die Selbstherrschaft.

3. ICH BIN der mächtige magische Schutzkreis um mich, der unüberwindlich ist und der jeden stö-

renden Gedanken, jeden Missklang, der zu mir durchdringen will, zurückweist.

Alle Einflüsse von außen, die mich beherrschen und manipulieren wollen, die nicht zu mir gehören, die nicht aus meinem individuellen göttlichen Ursprung stammen, lasse ich nicht zu. Was wir aussenden, kehrt auch wieder zu uns zurück.

4. ICH BIN die Vollkommenheit meiner Welt und diese steht in eigener Kraft.

Wir erschaffen uns fortwährend und ewig unsere eigene Wirklichkeit in unserem Sein. Wir sehen das, was und wie wir sein wollen. Die eigene Kraft in unserer Vollkommenheit sind wir selbst, denn wir sind vollkommen und gewillt, dies zu erkennen.

5. ICH BIN das Höchste im Menschen, wo ich auch hingehe – ICH BIN schaffende Gottheit.

Jeder von uns trägt den unendlichen und uralten Wissensschatz seines Seins in sich. Mit dem niemals endenden Lernprozess jedes Einzelnen wird die kollektive Intelligenz geschaffen.

6. ICH BIN die reine elektronische Essenz, die mir Gemüt und Leib erfüllt, und ich dulde nichts anderes.

Wir sind erfüllt und geleitet von den derzeit gelebten göttlichen Aspekten, die das ICH BIN ausmachen. Alles, was im Moment für mich wirklich ist und so wie ich mich sehe, macht mich aus. Wir müssen muss erkennen, dass Gemüt und Leib Bewusstsein in jeder Zelle ist und somit das All-Eine.

7. Durch die mächtige Kraft und Intelligenz, die Iᴄʜ Bɪɴ, begebe ich mich, während mein Körper schläft, vorwärts und trete in Verbindung mit diesem Erfordernis, was es auch sein mag, um es reichlich zu erfüllen.

Unser Sein ist göttliches Bewusstsein und somit stetig wach. Egal was wir sehen, hören oder fühlen, es ist immer da und somit gelebte Wirklichkeit in allen Momenten. Denn jeder Moment ist stetig erfüllt von allem.

8. Iᴄʜ Bɪɴ die allgegenwärtige, allmächtige und beschützende Intelligenz, die dieses Gemüt und diesen Leib regiert.

Damit ist gemeint, dass wir selbst und jegliches Leben Gott selbst sind. Egal ob in oder um uns, jede einzelne Zelle ist Bewusstsein und somit eine eigene, allgegenwärtige und allmächtige Gottheit (Mikro- und Makrokosmos)!

9. Iᴄʜ Bɪɴ die Gegenwart, die das meisterliche Heim erzeugt.

Als Meister über mich und mein Leben habe ich auch die Regentschaft über meinen Leib. Jegliche gelebte Blockaden, das bedeutet unter anderem Krankheiten, habe ich mir selbst erschaffen. Ich allein habe die Verantwortung und Herrschaft über mich!

10. Iᴄʜ Bɪɴ die Auferstehung dieses Erdenkörpers gerade jetzt.

Egal in welchem Seinszustand ich mich gerade befinde, ich habe die Wahl, immer wieder neu zu entstehen und doch immer ich selbst zu bleiben. Ich bin perfekt, egal wie ich war, gerade bin oder in Zukunft sein möchte!

11. ICH BIN die vollkommene Tätigkeit eines jeden Organs und jeder Zelle meines Körpers.

Beherrschung ist die eine Grundessenz zur erhabenen Macht über mich und somit alles, aus der die Frucht der Selbstbeherrschung entsteht. Ich bin der Maha Chohan über mein eigenes Selbst und ich bestimme, was in meinem Leben zur Wahrheit wird. Mein Ziel ist es, nicht zu kontrollieren, was ist, sondern kontrolliert zu leben mit allem, was ist!

Die »So ist es«-Lehre
von Chohan Konfuzius

Konfuzius:

»In Zeiten, in denen jeder Einzelne bemüht ist, an seiner wachsenden Spiritualität zu arbeiten, müssen wir erkennen, dass unser Fortschritt bereits da ist, weil er gegenwärtig ist. Das ›So ist es‹ verweist auf das Bewusst-werden, dass alles, was wir in der Gegenwart haben, bereits schon jetzt so ist! Wir sollten nicht immer etwas hinterherjagen, was wir bereits haben. Meinen Schülern gebe ich diese Weisheit mit auf den Weg des Erkennens. Nehmt auch Ihr diese mit auf Euren Lichtweg!«

Das einflussreichste Werk der ostasiatischen Geistesgeschichte ist das *Lunyu*. Es enthält die vier Grundbegriffe des Konfuzius: Mitmenschlichkeit, Gerechtigkeit, kindliche Pietät und geistliche Riten.

Die ersten Leit- und Lehrsätze des Meisters im *Lunyu* lauten

Original	Pinyin	Übersetzung
「学而时之， 不亦悦乎？	Xue er shi xi zhi, bu yi yue hu?	Lernen und es von Zeit zu Zeit wiederholen, ist das nicht auch eine Freude?
有朋自 方来， 不亦 乎？	You peng zi yuan fang lai, bu yi le hu?	Wenn ein Freund von weither kommt, ist das nicht auch eine Freude?

人不知而不 愠， 不亦君子 乎？」	Ren bu zhi er bu yun, bu yi junzi hu?	Von den Menschen verkannt zu werden, aber sich nicht zu grämen, ist das nicht die Haltung eines Edlen?

Das menschliche Ideal ist für Konfuzius der (Person) oder auch das
(Taten) Edle. Er strebt danach, die vier Tugenden zu verwirklichen.
Dabei stellen diese für den Meister lediglich ein Ideal dar, das niemals
zu erreichen ist, weil es bereits ist.
Der Gedanke ist – So ist es!

»Ist es nicht jeder Mann, der glaubt, seine Ideen wären nicht zu verwirklichen, obwohl sie als Idee bereits sind?«
Konfuzius

DIE »WIR SIND«-LEHRE
von Chohan El Morya

El Morya
»Durch das WIR treten wir von den ewigen Fesseln des einen Egos heraus in die schöpferische Kraft des All-Einen! Allein, wenn wir sein wollen, sind wir schon in Perfektion und somit am Ziel des Aufstiegs. Gerade in Zeiten, in denen spirituelle Themen aktuell sind, sollten wir erkennen, dass jede Arbeit an sich immer eine Arbeit für all unsere Mitmenschen ist, da wir ewig miteinander verbunden sind!«

1. WIR SIND in uns!

Jedes Leben im Außen existiert auch im Innen. Alles was wir glauben, lediglich um uns zu erfahren, tritt in uns in Erscheinung, sodass die äußere Wirklichkeit ihren Ursprung im Innen hat. Jeder einzelne Eindruck, den wir aufnehmen, birgt das Wissen darüber aus unserem Inneren.

2. WIR SIND allumfassend!

Jeder einzelne Ausdruck unseres Seins wird durch unser Inneres ins Außen getragen, so sind wir All-Eins. Beim Hinausstrahlen reflektieren wir uns selbst durch unser Gegenüber. Das wahrgenommene Leben ist somit immer ein Spiegel des derzeitigen »Ich bin so« oder »Ich möchte so sein«.

3. WIR SIND Gefühl!

Wenn wir z. B. in der Gegenwart mit den Gedanken, also mit dem Bewusstsein, eine Reise in die Vergangenheit oder auch Zukunft antreten, wird in der gegenwärtigen Materie (Körpergefühl oder Umfeld) das Gefühl von Zeit und Raum allgegenwärtig und somit All-Eins.

4. WIR SIND allwissend!

Alles, was ich an Erfahrungen sammle oder mir an Wissen aneigne, erfährt auch das allgegenwärtige Wir! Gott ist Bewusstsein in jeder einzelnen Zelle des All-Einen energetischen Meeres. Durch dieses Gedankenmeer drückt sich das Allwissen in und um jeden Einzelnen aus, da wir dieses Meer sind!

5. WIR SIND Mutter und Vater Gott!

In jeder einzelnen Zelle ist immer das treibende männliche (Geist – Idee der Fortpflanzung) und das hervorbringende weibliche (Seele – Umsetzung und Gebären) Prinzip vorhanden, woraus ein individueller Korpus (Körper) entsteht. Das bedeutet Schöpfung!

6. WIR SIND Liebe!

Alles, was sich in meinen Zellen manifestiert hat, strahlt nach außen. Jeder einzelne Aspekt meines Seins wird allgegenwärtig Ausdruck des All-Einen. Bin ich Liebe, so ist auch mein Gegenüber Liebe, da wir sind!

7. WIR SIND Eins!

Wenn ich in meinem Geiste nur im Ego lebe, so werde ich auch immer nur im Ich leben und so sein. Erkennen wir aber, dass wir durch die Energie des Sein-Wollens auch Weiteres hervorbringen können, können wir jederzeit so sein, wie wir sein wollen, und zwar schöpferische Kraft.

8. WIR SIND ewiger Gedanke!

Stellt sich mir eine Frage, weiß ich schon, welche Antwort ich haben möchte. So werden Frage und Antwort ein und dasselbe, ein ewiger Kreislauf des Schöpferischen. Jedes Ziel setzt immer ein Erreichen voraus, das Erreichen setzt wieder voraus, dass wir in Gedanken schon erreicht haben.

Die »Ich habe«-Lehre
von Lady Abedine

Lady Abedine

»Die ›Ich habe‹-Lehre ist auf das uralte Wissen des Kosmos gegründet, genau wie die zahlreichen Lehren der Weissen Bruderschaft und der aufgestiegenen Weltenlehrer. Jeder hat dieses Wissen bereits in sich, da wir All-Eins sind! Es ist mir ein besonderes Anliegen, diese einfachen, aber gewichtigen Leitsätze im Bewusstsein jedes Einzelnen zu wecken, sodass jeder zu seiner eigenen Selbsterkenntnis gelangen kann! Die Zeit ist reif, zu erkennen, dass wir nicht mehr wollen müssen, sondern bereits das Haben leben, da wir sind.«

1. Ich habe, weil ich denke!

In Gedanken sind wir alle immer und überall vereint, somit ist Gedanke Bewusstsein und das bedeutet Verbundenheit. Ist ein Gedanke, so wird er in meiner gegenwärtigen Realität wirklich. Wenn ich glaube, an die »Vergangenheit« oder an die »Zukunft« zu denken, ist dieser Gedanke »Gegenwart«, somit verschmilzt die Zeit zu einem Gedanken.

2. Ich habe, weil du bist und wir somit sind!

Wenn ich zum Beispiel Wissen habe, dann ist das ein Gedanke des göttlichen Bewusstseins und somit haben wir Allwissen! Ich habe somit alles, weil wir Gott sind.

3. Ich habe, weil ich wollte!

Wenn ich mir etwas wünsche, weiß ich vorher schon, was ich haben möchte. Das Haben steht somit vor dem eigentlichen Wollen und wird zu einer festen Vorstellung, die sich bereits auf einer anderen Ebene materialisiert hat. Somit gibt es nichts, was ich haben möchte, das nicht schon einmal war.

4. ICH HABE, weil ich hatte!

Das Sein der Seele vergisst niemals. Sobald ein Gedanke des Erinnerns in mir aufsteigt, habe ich allgegenwärtig all das, was ich einst hatte. Das bedeutet, dass ich Sein habe, allgegenwärtig!

5. ICH HABE, weil ich gewollt bin!

Indem jemand anderes etwas haben möchte, das ich bin oder schon einmal hatte, wird mein Haben Gegenwart! Somit ist das, was ich hatte, allgegenwärtig im All-Eins. Bin ich gewollt, sind wir.

6. ICH HABE, weil ich Gott bin!

Gott ist Bewusstsein und somit Gedanke in jeder Zelle. Habe ich den Gedanken an etwas, das ich haben möchte, denke ich an einen göttlichen Aspekt, der ist. Da jeder Aspekt ist, gibt es nichts, das ich nicht haben kann, denn ich bin perfekt!

DIE ERZENGEL, ENGEL UND DEVAS

Die kosmische Hierarchie der höchsten Engel

Metatron
Kosmischer Logos und heiliger Geist
Himmlischer Kanzler im Sonnensystem
Botschafter der Devas und Menschen

Devarná Bey
Logos und höchster Geist der Engel

Die Erzengel
Höchste Bruderschaft
Fürst und Repräsentant im Kosmos Erzengel Michael

Fürstentümer
Höchster Rat der Devas
Oberhaupt Erzengel Zadkiel
Fünf Ratsmitglieder

Herrschaften
Vereinigung der Ältesten zur Erschaffung der Formen
Kausaler Rat
Oberhaupt Erzengel Haniel

Mächte
Vereinigung der Ältesten für Geburt und Tod
Physischer Rat
Oberhaupt Erzengel Sandalphon

Die vier siderischen Engel
Gehilfen Metatrons zur interstellaren Überwachung der Deva-Energien im Kosmos

Die Engel der Planeten
Gesandte Metatrons zur Interessenvertretung der Devas auf den einzelnen Planeten
Sieben Gesandte

Die Elementarengel
Bruderschaft von Devarná Bey zur Beherrschung der elementaren Kräfte

KOSMISCHER LOGOS UND HEILGER GEIST
Höchster Engel Metatron

Metatron wird als »König aller Engel« und als die »Stimme Gottes« bezeichnet. Als Logos repräsentiert er auch die Vernunft Gottes und die dahinterstehende Weltschöpfungskraft, die über allem steht. Aus der biblischen Überlieferung offenbarte er Moses die Buchstaben des »Schwures« (die zehn Gebote) und verkündigte Noah die Sintflut. Da sich sein energetischer Bereich auf das gesamte uns bekannte Sonnensystem erstreckt, ist es ihm in seinem Amt als kosmischer Logos, heiliger Geist und himmlischer Kanzler im Kosmos möglich, die Deva- und Engel-Energien und deren Interessen auch dimensional übergreifend zu vertreten.

Unter einem kosmischen Logos verstehen wir die sinngemäße Führung und Verwaltung des Zusammenspiels der energetischen Bereiche der Engel, Devas und Menschen im gesamten Sonnensystem. Als heiliger Geist im Kosmos könnten wir Metatron auch als den Himmel der Engel-Energien in unserer Dimension bezeichnen. Er ist für Gesandte oder Repräsentanten der Engel aus anderen Dimensionen der Kanzler und Botschafter unserer Interessen. Als himmlischer Kanzler hat er zusätzlich noch die Überwachung und Aufsicht der Ereignisse der Engel-Gemeinschaften in unserer Dimension inne und tritt in Krisensituationen oder für die Ausführung des göttlichen Planes als Oberhaupt auf. Das bedeutet, wenn sich seitens der Engel und Devas Konflikte, Kriege oder Katastrophen in der Zukunft manifestiert haben, greift Metatron in Ausarbeitung eines göttlichen Planes ein, um dem entgegenzuwirken.

Beispiele seiner Tätigkeit

⁕ Zusammenlegung der Engel- und Menschensphären

Es gibt unzählige Lichtarbeiter, Räte und Bruderschaften, die gemeinsam mit den menschlich inkarnierten und aufgestiegenen Meistern bemüht sind, die Sphären von Lady Gaia (Mutter Erde) zusammenzulegen. Ziel ist es, nicht nur die Sphären vom Lebensbereich der Devas und Engel zu vereinen,[10] sondern diesen auch in Zukunft ein gemeinsames Leben mit den Menschen zu ermöglichen.

⁕ Überwachung der manifestierten Ereignisse im Kosmos

Dazu gehört die visionäre Anschauung der Akasha-Chronik auf der Suche nach gedanklich manifestierten Ereignissen seitens der Engel sowie auch die Planerfassung, Überwachung und Umsetzung in Katastrophenfällen.

⁕ Lenkung, Leitung, Überwachung und Aufgabenverteilung

Die vier siderischen Engel des Sonnensystems

Sonnen	Oberhaupt Engel Galgalliel – 96 Engel
Monde:	Oberhaupt Engel Ophanniel – 88 Engel
Tierkreiszeichen:	Oberhaupt Engel Rahatiel – 72 Engel
Planeten:	Oberhaupt Engel Kokbiel – 365.000 Myriaden Engel

---

10 Das Wort »Deva« stammt aus dem Indischen und ist eine Bezeichnung für »Gott dienende Wesen«. Devas sind im eigentlichen Sinne ganz normale Engel, nur dass sie noch nicht körperlich aufgestiegen sind. Sie leben noch auf den Sphären und haben den Weg des bewussteren Lebens eingeschlagen, sie wurden also zu einem Medium der Engelhierarchien (Lichtarbeiter). Als Vergleich können auch astrale Personen und aufgestiegene Großmeister genommen werden, die eigentlich gleich sind, jedoch aufgrund ihrer Lebensumstände andere Bezeichnungen erhalten haben. Ziel ist es also, auch das Leben der Sphären mit dem Leben der Brennpunkte zu vereinen!

Die Engel der einzelnen Planeten

Saturn.	Engel Fürst Aratron – 191 Engel
Jupiter:	Engel Fürst Bethor – 15 Engel
Mars:	Engel Fürst Phaleg – 25 Engel
Sonne:	Engel Fürst Och – 87 Engel
Venus:	Engel Fürst Hagith – 21 Engel
Merkur:	Engel Fürst Ophiel – 225 Engel
Mond:	Engel Fürst Phul – 7 Engel

Die Elementarengel

Wind:	Erzengel Gabriel
Blitz und Hagel:	Engel Baradiel
Zorn und Donner:	Engel Zacamiel und Zigiel
Feuer:	Engel Ruchiel
Regen und Schnee:	Engel Ziíel und Zaáphiel
Tag und Nacht:	Engel Rámiel und Raásiel
Sonne und Mond:	Engel Salgiel und Matariel
Planeten und Tierkreiszeichen:	Engel Simsiel und Lailiel

Die Oberhäupter und deren Mitarbeiter wurden von Metatron beauftragt, die interstellaren Energien der Engel in den jeweiligen Bereichen des Sonnensystems, der einzelnen Planeten und der Naturkräfte zu beaufsichtigen. Das Zusammenwirken lässt sich mit einer großen Firma vergleichen, die von Metatron geleitet wird.

✳ Vertretung der Interessen

Als kosmischer Kanzler und Botschafter vertritt Metatron die Interessen und Pläne der Engel in unserer Dimension. Er ist »der Ansprechpartner« und somit oberster Logos der Engel.

✳ Myriadischer Aufbau der Devas im Kosmos

Jede Energieform hat immer einen weiblichen und einen männlichen

Aspekt, was Ausdruck der göttlichen Dualität ist. Im Kosmos vereinen sich beide Aspekte im harmonischen Einklang des großen Ganzen der Engel-Energien. Hierbei werden speziell auch die weiblichen Aspekte der Engel intensiv eingesetzt. Teil der Weiblichkeit ist auch das »Erschaffende« und somit der Fortschritt im Kosmos.

✳ Konstellationen der einzelnen Energien

Bei den Konstellationen der Hierarchien wird Rücksicht auf den momentanen energetischen Aufbau im Kosmos genommen. Unter anderem sind das das Formen und die Zusammenstellung eines neuen Rates, das Aussenden von Gesandten und das gemeinsame Wirken am göttlichen Plan.

Zusammenarbeit

Planetarischer Logos und heiliger Geist Aeolus
Logos und höchster Geist der Engel Devarná Bey
Erzengel Michael (als Fürst, Lenker und Repräsentant der Erzengel im Kosmos)
Engel Fürst Mellekon (Zusammenspiel der Engel und Deva-Energien im Kosmos)

Energetische Untersützung

Weibliche Elohim Cassandrá Tassar
Männlicher Elohim Devarná Bey

Die Weisheitslehren der Engel

Die »Lehren der kosmischen Weisheit« gründen auf dem uralten Wissen, das bei den Engeln von Generation zu Generation weitergegeben wird. Dieses wird, je nach Entwicklung, immer wieder in moderner

Form gelehrt, um auch die jüngeren Generationen zu erreichen. Möchte wir uns hier weiterbilden, oder interessieren wir uns für das Wesen und Wirken der Engel, können wir uns in zahlreichen Schulen, Kursen, Zentren oder mithilfe von Texten dieses Wissen aneignen bzw. erwecken. Möchten wir als physisches Medium das Wesen und die damit verbundenen Weisheiten der Engel verstehen lernen, können wir auch einen Engel-Großmeister um Vermittlung dieser Lehren bitten. Jeder hat eine individuelle Sichtweise gegenüber der Weisheit im Leben, die es zu erlangen gilt, somit können wir sie auch nicht verallgemeinern oder beschreiben. Grundsätzlich lässt sich sagen, dass es sich hierbei um das Erlangen der Meisterschaft über das eigene Leben handelt, sodass wir uns keine selbst gesetzten Blockaden mehr in den Weg legen. Der Großengel Metatron ist hierbei der Repräsentant der Engelweisheiten im gesamten Kosmos, da diese auf reges Interesse in so vielen Herzen der einzelnen Lebensformen stoßen. Auch ich lasse es mir nie entgehen, mir die Weisheiten meines Meisters und Freundes Erzengel Michael anzuhören, da wir von den Engeln noch so vieles lernen können, so wie auch die Engel keine Gelegenheit versäumen, sich die Sichtweise der Menschen anzuschauen.

LOGOS UND HÖCHSTER GEIST DER ENGEL
Maha Chohan Devarná Bey

Der Gelehrte Devarná Bey stieg 281 v. Chr. in den heiligen Brenn-punkt (Nirvana) der Engel auf, um dort als aufgestiegener Engelmeis-ter zu leben. Nach ca. 1.000 Jahren übernahm er das Amt des höchs-ten Geistes der Engel und wurde mit seinem energetischen Bereich zur Heimat all derjenigen, die den geistigen Aufstieg der vierten Di-mension erreicht haben und nun in seiner Energie als aufgestiegene Engelmeister leben.

Amt

Logos und höchster Geist der Engel (Brennpunkt)
Aufstieg 281 v. Chr.
Farbe: kristallines Saphirblau

Tätigkeiten

»Finde den geistigen Weg nicht im Außen, sondern erkenne, dass du der göttliche Weg selbst bist! Der Aufstieg erfolgt in dir!«
Devarná Bey

※ Überwachung aller Ereignisse, die den eigenen energetischen Bereich betreffen

Zu dieser Überwachung gehört die gesamte Lenkung und Leitung als heiliger Logos der Engel und Devas in diesem Bereich der Erde. Auch die Devas der Sphären werden von ihm überwacht, um die Aufstiege in seine Energie zu beobachten. Die größten Bereiche dieser Tätigkeit sind sicher-lich die Anrufungen der Großmeister, die Manifestationsarbeit und die Koordination der Lebensbereiche. So werden im Nirvana der Engel zum Beispiel unendlich scheinende, glasklare Flüsse und Seen, wunderschön duftende Wälder, schlossähnliche Gebäudekomplexe, öffentliche Parkanlagen, Bildungszentren und vieles mehr manifestiert. Hierbei werden auch die Impulse der Wunschvorstellungen aller Lebewesen in diesem Bereich berücksichtigt. Der Bezeichnung »Himmel« wird alle Ehre gemacht. So wunderschön wie Engel selbst sind, so ist auch das Leben in diesem Brennpunkt!

✳ Kooperation mit anderen Engelbereichen des Universums

Besonders viel Engel-Energien sind in diesem Universum vertreten, was den interstellaren Austausch von Informationen und die damit verbundene Zusammenarbeit umso leichter macht. Nicht nur die einzelnen Brennpunkte bemühen sich, nach einem einheitlichen Gesamtkonzept zu wirken, sondern dieses Konzept wird im gesamten Kosmos vertreten. Ich kenne derzeit keine andere Lebensform bzw. Energie, die disziplinierter und einheitsbewusster kooperiert als die Engel und Devas! Erhalten wir eine Zusage von einem Engel oder bietet dieser uns seine Hilfe an, können wir uns sicher sein, dass wir diese auch nach bestem Gewissen erhalten.

✳ Verwaltung der Auf- und Abstiege im Brennpunkt

Die Auf- und Abstiege funktionieren wie bei den menschlichen Meistern. So steigen die Engel, die ihren Inkarnationsweg abgeschlossen haben, durch die emotionale Klärung in die Kausalwelt auf und werden auf dieses Leben vorbereitet, so wie auch diejenigen Großmeister, die weiterreisen möchten auf ihrem ewigen Lernweg, auf den Abstieg in eine Inkarnation vorbereitet werden. Auch diese Abstiege können wir mit denen der Menschen vergleichen, da sie sich vom Ablauf her nicht viel unterscheiden.

✳ Koordination und Leitung der großen Hauptämter

Die berühmtesten Hauptämter wie zum Beispiel die Erzengel, Herrschaften, Mächte und Fürstentümer unterstehen grundsätzlich dem Logos Devarná Bey. Er garantiert das harmonische Zusammenspiel dieser Großmächte im Brennpunkt selbst. In superkausalen Großsitzungen der Oberhäupter der Räte und des Logos selbst wird einmal pro Woche das geplante Wirken auf den Sphären besprochen, um darüber eine Planerfassung durchzuführen.

Begleiter

Planetarischer Logos Aeolus
Kosmischer Logos Metatron
Logos und Maha Chohane Paolo Vernese
Weisse Bruderschaft (die zwölf Chohane)
Die Erzengel
Die Fürstentümer
Die Herrschaften

Devarná Bey

»Als Logos und höchster Geist der Engel ist es mir ein großes Anliegen, die gemeinsame Zukunft aller Geistwesen in einem harmonischen Miteinander zu sichern. Die höchsten der Engel und Devas sowie die zahlreichen Lichtarbeiter, die wir in alle Himmelsrichtungen und Sphären aussenden, wirken als kollektive Bruderschaft des göttlichen Planes mit. Ich möchte, dass jeder Einzelne von den Engeln und auch von den Menschen sich dazu berufen fühlt, seinen Teil dazu beizutragen. Schon der Gedanke, für das All-Eine und somit auch für sich selbst etwas zu leisten, ist eine Manifestation des guten Willens. Es kommt nicht auf die Größe der Tat an, denn diese lässt sich ohnehin nicht ermessen, wenn es um das Wohl aller geht!«

DIE ERZENGEL

Die Erzengel sind eine brüderliche Gemeinschaft der höchsten Engel der Erde. Sie haben es sich zur Aufgabe gemacht, gemeinsam mit den aufgestiegenen Meistern der Weissen Bruderschaft an der Wiedervereinigung aller Geistwesen und am Wohl der gesamten Menschheit mitzuwirken. Als Oberhaupt und somit als Fürst der Erzengel dient Michael im gesamten Kosmos als Repräsentant und Botschafter der Engel- und Deva-Interessen. In diesem Amt hat er schon zahlreiche Oberhäupter und Gesandte aus dieser oder auch aus anderen Dimensionen empfangen in stetiger Bemühung, keine Unterschiede mehr zu machen und die Wiedervereinigung zu fördern. Als Gemeinschaft wirken die Erzengel unter anderem auch an der Koordination und Überwachung der Elementarkräfte, gemeinsam mit den Elementarengeln auf der Erde mit. Auch die Aufstiege des Bewusstseins jedes Einzelnen von der ersten bis in die vierte Dimension gehören zu ihren zahlreichen gemeinsamen Aufgaben.

 ERZENGEL MICHAEL

Amt
Fürst der Erzengel

Farbe: Diamant – Türkis
Aufstieg 681 v. Chr.

Grundthemen

✧ Gefahrensituationen
✧ Mutlosigkeit
✧ Schutz
✧ Glaube

✧ Recht und Gerechtigkeit

✧ Wahrheit
✧ Kraft
✧ Struktur
✧ Verhaltensweisen
  beschreiben
✧ Kommunikation

❖ Geborgenheit   ❖ Gedankenkontrolle

❖ Reinigung   ❖ Disziplin

Energetische Unterstützung bei folgenden Lebensthemen

❖ wenn wir uns als Opfer fühlen oder ungerecht behandelt werden
❖ wenn wir kraftlos sind und neue Kraft und Mut tanken möchten
❖ bei Selbstzweifeln
❖ wenn wir von Albträumen geplagt werden und die Botschaft dahinter nicht verstehen
❖ wenn wir das Bedürfnis nach Schutz haben
❖ bei Bedrohungen jeglicher Art
❖ um die eigenen Wahrheit zu erkennen und diese anzuerkennen
❖ für die eigene Disziplin auf allen Ebenen
❖ wenn wir als Führungskraft Souveränität als Stärkung brauchen
❖ zur Befreiung von Fremdenergien (um sie in die göttliche Ordnung zurückzuführen – Raumharmonisierung)
❖ um alte, unpassende Verhaltensmuster hinter sich zu lassen
❖ um begonnene Dinge auch zu Ende zu bringen
❖ Kindererziehung (Autorität)
❖ Lernproblemen in der Schule oder bei Lernaufgaben im Alltag

Arbeitsbereiche durch Anrufung der Energie von Michael

❖ Erkennen und Lösen von Lebensthemen und Lernaufgaben
❖ Lösen von Blockaden in den einzelnen Energiekörpern
❖ Klärung und Harmonisierung in der Chakrenarbeit (Ausgleich des Lebensenergiehaushaltes)
❖ Transformation belastender emotionaler Blockaden in der Aura
❖ Transformation belastender emotionaler Blockaden in den einzelnen Körperzellen

Begleiter
Die Erzengel und die höheren Abteilungen der Engel
Chohan: El Morya, Saint Germain, Djwal Khul
Männlicher Elohim Cassadur
Weiblicher Elohim Katraia

Tätigkeiten

✳ Fürstlicher Repräsentant der Erzengel im Kosmos

Michael bildet das Oberhaupt der gesamten Erzengel im Bereich von
Mutter Erde. Diese umfassen weit mehr, als die zwölf bekanntesten Erzengel. In diesem Buch werden nur neun Erzengel vorgestellt,
da einige von ihnen mehreren Tätigkeiten, auch in anderen Räten,
nachgehen und die Anzahl der Erzengel ohnehin relativ ist und somit variieren kann! Daher zählen zu seinen Aufgaben auch das Repräsentieren dieser Interessen im gesamten Universum, was die enge
Zusammenarbeit mit dem Großengel Metatron erfordert. Um ein
einheitliches Bild der Interessen der Erzengelräte der Brennpunkte zu
erlangen, werden regelmäßig Großsitzungen der Oberhäupter abgehalten, wobei Michael den Vorsitz hat. So wird die Tagesordnung von
ihm bestimmt und er übernimmt auch die Protokollierung für den
Logos Devarná Bey. Zudem ist Michael als Oberhaupt für die Lenkung und Leitung der Tätigkeiten der Erzengel verantwortlich. Er ist
außerdem der Logos der göttlichen Strahlen im Bereich der Engel.

✳ Vorbereitung zur Inkarnation eines Großmeisters

Bei dieser Vorbereitung geht es vor allem darum, dass sich die Engel
oder die menschlichen Großmeister, die inkarnieren möchten, see-
lisch auf diesen Prozess vorbereiten. Sie können selbst entscheiden,
wie bzw. als was sie inkarnieren möchten, da es vor allem um die körperliche Veränderung geht, denn die Seele bleibt natürlich so, wie sie
ist. Niemand kann diese wichtige Entscheidung für sie übernehmen,

da es sich hierbei um einen tiefen Seelenwunsch handelt. So liegt es an der Seele selbst, sich zu öffnen, um ihren eigenen Plan preiszugeben. So übernehmen der Erzengel Michael und der Großmeister El Morya die Seelenkommunikation auf tiefgreifender Basis, um den Weg als Hilfestellung genauer zu definieren.

Die »Halle des Willen Gottes« untersteht hierbei dem Großmeister El Morya, welcher den menschlichen Weg repräsentiert, und die »Halle der Mächte« untersteht dem Erzengel Michael, welcher den Engelweg repräsentiert. Liebevolle Helfer sind andere Erzengel wie Gabriel, Haniel oder aber auch Großmeister wie Hilarion oder Lady Miriam. Treffen wir in einer der Hallen ein, wird uns ein goldener Becher mit einer blauen Flüssigkeit gereicht. Trinken wir ihn aus, symbolisieren wir den eigenen Willen Gottes, die Weiterreise antreten zu wollen. Die Seele jedes Einzelnen stimmt durch die Zellöffnung der Transformation und Formung in einen neuen Körperzustand zu. Daher ist auch der Symbolfaktor, der hier eine Hilfe sein soll, um sich den neuen Gegebenheiten zu öffnen, so wichtig.

Aber nicht nur die Abstiege sondern auch die Zusammenarbeit für die Aufstiege der vierten Dimension von Lady Gaia mit dem Chohan Serapis Bey, zählen zu seinen zahlreichen Tätigkeiten. Das Erkennen, Aufarbeiten und Lösen von emotionalen Blockaden spielen eine sehr große Rolle. Dabei werden vor allem die gemeinschaftlichen Frequenzen der Sphären betrachtet, wobei es darum geht, Impulse zu senden, wer aufsteigen kann und wer noch nicht dazu bereit ist.

☀ Prägung der Weltreligionen

Michael ist sicherlich einer der bekanntesten Erzengel, der in der menschlichen Geschichte vorkommt und dokumentiert wurde. So ist es auch schwer, alle biblischen oder religiösen Ereignisse vom Großmeister Michael zu beschreiben. Die großen Weltreligionen wurden weitgehend durch einen befreienden oder auch helfenden Aspekt seitens der Engel geprägt. So kommen Erzählungen des Erzengels Michael im Alten Testament und im Neuen Testament vor. Auch das Judentum oder der Islam berichten von den Engeln. Dies ist auch ein wunderschöner Beweis für die Bemühungen um eine Zusammenarbeit zwischen Engeln und Menschen, die seit Anbeginn der Zeit wirken. Auch ich habe das große Glück, den Erzengel Michael an meiner Seite zu haben, um von ihm Unterstützung zu erfahren.

✳ Verbreitung von Botschaften

Auch in diesem Bereich gibt es so viel zu erzählen, dass es mir schwerfällt, diese umfangreiche Arbeit zu beschreiben. Wenn wir nach Informationen zu den Botschaften oder Arbeiten des Erzengels suchen, werden wir von der umfangreichen Bandbreite überwältigt. Hier kann ich nur sagen, dass Michael viel durch Bücher, Channeling-Texte auf Homepages, Engelkarten, Anleitungen zur Energiearbeit und vielem mehr von seinem Wissen preisgegeben hat. Auch seine zahlreichen Schüler begleitet er bei deren Aufstieg in die Kausalwelt und dies meist über Jahrhunderte hinweg. Die liebevolle Begleitung des Großmeisters wurde auch mir, Gott sei Dank, schon des Öfteren gewährt in vergangenen Zeiten meiner Inkarnationen.

Edelstein: Diamant, Aquamarin
Chakra: Herzchakra, Kehlkopfchakra
Geruch: Jasmin
Aura-Soma Equilibrium Flasche: Nr. 94 – Blassblau/Blassgelb, Beziehung zwischen dem Willen des Übergeordneten und dem eigenen Willen

Über Erzengel Michael

Er ist wohl der bekannteste unter allen Erzengeln und es wurde seit langer Zeit überliefert, er sei die rechte Hand Gottes. Das stimmt insofern nicht ganz, als jeder Einzelne ein Teil von Gott ist und somit ein enormer Teil des All-Einen. Nach christlicher Überlieferung war es Michael, der Daniel mit seinem Schwert aus der Löwengrube errettet hat. Daher stammt auch die machtvolle symbolische Bedeutung seines Schwertes! Er war unter anderem auch der Erzengel, der in der *Bibel* den Busch bei Moses brennen ließ und somit ein Zeichen für die göttliche Kommunikation setzte. Michael ist auch als Engel des Rechts und der Gerechtigkeit bekannt, und wird häufig mit zwei Waagschalen dargestellt. In dieser Funktion dient er der Wahrheitsfindung und kann uns aus der Selbstverleumdung herausführen. Seine Energie ist klar und kraftvoll, gleichzeitig auch schützend, einhüllend und stärkend. Bei seiner Anrufung wird sofort spürbar, dass wir behütet und gestärkt sind.

✯ Erzengel Uriel ✯

Amt

Zweiter Erzengel
Farbe: Rubinrot mit Gold
Aufstieg 1391 n. Chr.

Grundthemen

◆ Mutlosigkeit

◆ Unsicherheit

◆ Umsetzung

◆ Gnade

◆ Dankbarkeit

◆ Selbstvertrauen

◆ Zusammengehörigkeit

◆ Kraftlosigkeit

◆ Zentrierung

◆ Stärke

◆ Freude

◆ Schöpferkraft

◆ Lebensfreude

◆ Vergebung

Energetische Unterstützung bei folgenden Lebensthemen

✧ bei Unbeweglichkeit und Kraftlosigkeit
✧ bei Starre im Körper und Verspannungen
✧ wenn wir uns antriebslos und energiearm fühlen
✧ wenn Ausdauer und Kraft verstärkt benötigt werden
✧ bei gefühltem Verlust der Lebensfreude und Fröhlichkeit
✧ um Gedanken in die Wirklichkeit zu bringen
✧ in Phasen von Strukturlosigkeit und Chaos
✧ wenn uns die passenden Ideen für ein laufendes Projekt fehlen
✧ um Auge und Seele für die Schätze der Natur zu öffnen
✧ für Erfolg und Aufschwung in geschäftlichen Bereichen
✧ in Stresssituationen
✧ um mit mehr Selbstvertrauen neue Wege zu beschreiten
✧ wenn wir uns selbst mehr zutrauen sollten

Arbeitsbereiche durch Anrufung der Energie von Uriel

✧ Anschauung der inneren Lebensthemen und Erkennen des
   Lebensplanes (Hauptthemen)
✧ Zentrierung auf die innere Mitte (göttlicher Kern)
✧ zur Stärkung der Energiekörper
✧ zur Stärkung der emotionalen Bereiche im Leben
✧ Klärung und energetisches Aufladen der einzelnen Chakren bei
   Stockungen
✧ zum vollen Entfalten der göttlichen Gaben (Hellsehen, Hellhören
   und Fühlen)
✧ um erkannte Ziele zu erfassen und die nötige Kraft dafür zu erhalten

Begleiter

Die Erzengel und die höheren Abteilungen der Engel
Chohan: Lady Rowena
Männlicher Elohim Baltasár
Weiblicher Elohim Gautana

Tätigkeiten

✻ Verwaltung und Überwachung der dritten Dimension der Engel

Bei dieser Arbeit geht es vor allem um die Überwachung der Auswirkungen des Karmas und wie das Wissen des eigenen Höheren Selbst ins Leben integriert werden kann. Der Großmeister Djwal Khul arbeitet dazu eng mit dem Erzengel Uriel zusammen, wobei vor allem die gesamten Frequenzen in diesem Bereich betrachtet werden. So kann es auch vorkommen, dass in einen Lebensplan neue Lernaufgaben einfließen, die der Seele helfen sollen, sich mehr und mehr den eigenen Energien und dem damit verbundenen Wissen zu öffnen. Immer wieder kommt es vor, dass sich viele Seelen aus einer Form von eigener »Faulheit« der Selbstverantwortung entziehen wollen und aus diesen Gründen die Gesellschaft eines Meisters suchen, um sich bequem lenken und leiten zu lassen. Doch das ist sicherlich nicht Sinn und Zweck des Aufstiegs. So müssen wir lernen, dass ein Meister lediglich ein liebevoller Freund und Helfer aus der jenseitigen Welt ist, der aber nicht bestimmt, was wir tun sollen. Das eigene Bauchgefühl ist immer das richtige, individuell betrachtet, da kann auch die Allwissenheit eines Meisters nicht weiterhelfen, denn wir müssen unseren eigenen Weg gehen!

✻ Energetische Reinigungsarbeit

Gerade die Engel leisten unglaublich viel im Bereich der energetischen Heilarbeit. Dazu zählen bekannte Formen wie die Chakrenarbeit, Anrufungen der Energien zur Reinigung, aber auch der Grundgedanke der Liebe, der sich in unseren Herzen durch die liebevollen Botschaften der Engel öffnet. Auch dies kann zur Heilarbeit gezählt werden. Ich sammle daher Engelkarten mit wunderschönen Botschaften der Engel, da diese mein Herz berühren und mir zur Selbstheilung verhelfen.

✳ Übermittlung von göttlichen Botschaften

Der Erzengel Uriel versucht immer wieder in zahlreichen Botschaften, den Sinn und die eigentliche Harmonie der göttlichen Ordnung zu vermitteln und weist hierbei den Weg zum Einklang mit allem, was ist. Nur zu oft wenden wir unseren Blick auf einen bestimmten Aspekt eines Moments, der meistens von negativer Natur ist und betrachten dabei nicht den Sinn und Zweck der ganzen emotionalen Breite, die sich entwickelt hat. Gerade bei der Arbeit an der eigenen Seele und den Themen des Karma kommt es immer wieder vor, dass wir Motivation suchen, die wir aus Engelsicht stets finden, um mit dieser Sicht unseren Weg weiterhin in Liebe zu beschreiten. Allerdings kommt es auch vor, dass wir bei der Schau auf unser vergangenes Leben und dem, was wir dadurch von der Zukunft erwarten, den dämonischen Energien verfallen. Wichtig ist es, stets im Hier und Jetzt zu bleiben, um eine klare und vernünftige Vision von allem, was jetzt ist, zu erhalten, da wir in jeder Sekunde der Lebenszeit unser weiteres Leben selbst manifestieren. Auf diesem schmalen Grad der Selbstfindung und der Beherrschung der Sichtweisen und Manifestationen des Lebens sind die Engel gern als liebevolle Wegbegleiter tätig, um uns einen Blick in andere Dimensionen zu gewähren.

✳ Überwachung der Erdstrahlen

Die Erdstrahlen haben sehr viel mit dem Zusammenspiel von Mutter Erde, den darin- und darauflebenden Körperformen und der Evolution zu tun. Die Erdstrahlen, die von Mutter Erde ausgestrahlt werden, spielen eine große Rolle bei der Energiearbeit. Häufig sammeln sich viele Engel an Kraft- und Energieplätzen rund um den Erdball, um denjenigen, die sich dort »aufladen« möchten, behilflich zu sein. Auch Mutter Erde bekommt bei den Hauptenergiezentren und Leylines Unterstützung, um die Aufnahme und Abgabe ihres Energiehaushaltes in Harmonie zu halten. Wir harmonisieren sie und uns durch die Chakrenarbeit. Ich vergleiche das immer mit einem liebevollen Geschenk von Lady Gaia an ihre Kinder und bedanke mich jeden Tag für die Energie, die ich von ihr beziehen darf. Auch sie bezieht unsere Energien durch die emotionale Kraft unserer Erlebnisse in ihrem Energiebereich. Einer meiner Lieblingsplätze im Raum Salzburg ist die große Baumformation bei Urstein oder aber auch der bekannte Wallfahrtsort Maria Plain und der Kirchenplatz bei Großgmain mit der Statue von Pater Pio.

Edelstein: Rubin, Rhodochrosit
Chakra: Wurzelchakra und Solarplexus
Geruch: Rosmarin
Aura-Soma Equilibrium Flasche: Nr. 97 – Gold/Königsblau, Sich selbst treu sein

Über Erzengel Uriel

Der Name Uriel bedeutet »Feuer Gottes« oder »Gott ist mein Licht« und kommt aus dem Hebräischen. Uriel ist der Engel der Prophezeiung und Offenbarung. Erzengel Uriel ist dem Element Erde zugeordnet und gilt als der Engel, der den Menschen göttliche Geheimnisse offenbart. Außerdem gilt er unter anderem auch als Beobachter der Sternenwelten und als Wächter über die kosmischen Gesetze im Bereich der Engel. In dieser Funktion ist Uriel der am stärksten mit der Erde verbundene Erzengel. Er spendet für alle Lebensformen Kraft und Stärke und damit nicht nur den Engeln und Menschen. Sein Zeichen ist der zuckende Blitz. In der *Bibel* wurde er ausgesandt, um Noah vor der drohenden Sintflut zu warnen. Erzengel Uriel kann blitzartig Inspirationen und Erkenntnisse vermitteln. Er lässt uns aber damit nicht allein, sondern begleitet uns bei der Umsetzung und Integration von Geistesblitzen.

✸ Erzengel Gabriel ✸

Amt

Dritter Erzengel
Farbe: Violett
Aufstieg 281 v. Chr.

Grundthemen

◇ Unklarheit
◇ Unsicherheit
◇ Reinigung
◇ Klarheit
◇ Entscheidung
◇ Neubeginn
◇ Wünsche
◇ Konzentration

◇ Zweifel
◇ Hoffnung
◇ Licht
◇ Klärung
◇ Lebensfreude
◇ Veränderung
◇ starre Strukturen
◇ Geburt

Energetische Unterstützung bei folgenden Lebensthemen

◇ um sein Lebensziel zu erkennen
◇ zur Bestimmung von neuen Zielen
◇ um sich der eigenen Wünsche bewusster zu werden und diese
  formulieren zu können (auch bei der Umsetzung)
◇ in Entscheidungssituationen
◇ bei Veränderungen
◇ bei Hoffnungslosigkeit und Depressionen (Missmut)
◇ wenn wir in einer destruktiven Phase stecken
◇ um erlangtes Wissen zu festigen und richtig einzusetzen
◇ zur Heilung des inneren Kindes
◇ um innere Bilder, Träume und Visionen besser zu verstehen
◇ um Unsicherheit in Sicherheit und Entscheidungskraft zu wandeln
◇ zur Begleitung in der Schwangerschaft
◇ bei Problemen in der Kindererziehung

Arbeitsbereiche durch Anrufung der Energie von Gabriel

✧ Erkennen und Verarbeiten von Lernaufgaben
✧ Lösen von energetischen Blockaden in den einzelnen Energiekörpern
✧ Klärung und Harmonisierung der einzelnen Chakren
✧ Ausgleich des Lebensenergiehaushaltes
✧ Transformation der emotionalen Blockaden in der Aura
✧ Transformation belastender Informationen aus den Körperzellen
✧ energetische Begleitung in der Schwangerschaft für die Mutter und das Kind

Begleiter

Die Erzengel und die höheren Abteilungen der Engel
Chohan: Kuthumi, Paolo Vernese
Männlicher Elohim Zacadur
Weiblicher Elohim Cattanassa

Tätigkeiten

✳ Botschafter der Engel im Bereich Gaia

Schon in biblischen Erzählungen finden wir immer wieder die legendären Erscheinungen und Botschaften des Erzengels Gabriel. Sie ziehen sich durch die meisten Weltreligionen und Epochen der menschlichen Geschichte. So gilt Gabriel, neben dem Erzengel Michael, als Hauptrepräsentant der Engelbotschaften im Bereich von Mutter Erde. Befinden wir uns im Umschwung und begeben wir uns in ein neues Zeitalter, sei dies sphärisch oder auch für das individuelle Leben gesehen, übernimmt Gabriel die Übermittlung wichtiger und richtungweisender Botschaften an die Menschheit. So versäumt der Großmeister es auch nicht, einzelne Botschaften an Medien zu überbringen, damit diese in ihrem Wirken wachsen können. Daher können wir davon ausgehen, dass die Kommunikation auf dieser Ebene derart umfangreich ist und schon seit Jahrtausenden ihren Lauf nimmt, dass nur ein kleiner Bruchteil seines Wirkens dokumentiert wurde. Wir sollten auch keine falsche Bescheidenheit oder gar Scheu zeigen, wenn der Erzengel Gabriel vor dem geistigen Auge erscheint, um eine persönliche Botschaft kundzutun! Diese soll motivieren, eine Richtung weisen oder einfach nur auf eine liebevolle Art helfen, wobei wir uns lediglich der hohen Kunst der Annahme bedienen sollten.

✳ Eingebungen und visionäre Träume

Zu den Übermittlungsarten der Engelbotschaften gehören gewiss auch direkte Impulse für diejenigen, die diese Form der Kommunikation leichter annehmen können, sollte jemand zum Beispiel nicht direkt hellsehen oder hellhören wollen. So muss der Erzengel nicht direkt visuell oder akustisch erscheinen, um persönlichen Kontakt zu ihm pflegen zu können. Jeder kann die Hilfe der Engel annehmen oder Botschaften empfangen, ohne deshalb als geöffnetes Medium zu leben. Die häufigste Form ist sicher das Träumen oder das Erhalten gelegentlicher Visionen. Hierbei wird der Weg zu den medialen Fähigkeiten für die Übermittlung der Botschaft geöffnet und anschließend wieder geschlossen, sollten wir ein Leben als Medium nicht wollen. Schon oft wurde in Ausnahmesituationen, wie zum Beispiel vor einem Unfall, bei wichtigen Entscheidungen, zur Ankündigung eines zukünftigen Ereignisses oder auch in Katastrophenfällen von dieser Art der Eingebung berichtet. In diesen Situationen muss schnell gehandelt werden. Meistens werden diese Erscheinungen als physisch real empfunden, wobei lediglich das telepathische Sprechen auffällt. Hier können wir für die kurze Zeit der Übermittlung tatsächlich absolut deutlich hellsehen und hellhören. Wenn wir mit diesem Zustand nicht vertraut sind, tun wir derartige Begegnungen meist als »Einbildung« oder »Zufall« ab.

✳ Geburtsvorbereitung

Gabriel ist ein Engel, der sich speziell im Bereich des Neubeginns eines Seelenlebens weitergebildet hat. So setzt er seine Energie und sein umfangreiches Wissen im Bereich der physischen Inkarnation ein, um den werdenden Müttern und den zu gebärenden Seelen zu helfen. Dies beginnt mit der Vorbereitung des Körpers zum Eintreten in die Aura der Mutter, bis hin zur Geburt selbst. Das Kind und die Mutter werden gleichermaßen betreut, da sie eng miteinander verbunden sind und hier die Bindung für das ganze Leben bereits mit dem Eintreten des Kindes in die Aura beginnt. Von nun an sind wir, körperlich gesehen, nicht mehr allein, was ein neues Lebensgefühl vermittelt, an das wir uns erst einmal gewöhnen müssen. Nun kommen auch alle emotionalen Freuden, aber auch die Belastungen der Kinderseele auf die Mutter zu. Dies kann in extremen Fällen sogar zu Depressionen in der Schwangerschaft führen, die nicht zu unterschätzen sind. Durch die Arbeit mit dem Erzengel kann die werdende Mutter die Blockaden ihres zukünftigen Kindes bereits in ihrer Aura und im Mutterleib transformieren, was den Start des Kindes in die neue Welt erheblich erleichtert. Kinder sind erwachsene Seelen mit einem kleinen Körper, die genauso ihre Lernaufgaben, Blockaden und Seelenthemen mitbringen wie Erwachsene, egal in welchem Lebensstadium sie sich gerade befinden.

✳ Chakrenarbeit

Erzengel Gabriel ist einer der Großmeister, der sehr viel beim Heilungsprozess von Hilfesuchenden leistet. So ist mir bekannt, dass er sehr viel für die energetische Reinigung der Chakren (auch auf der Emotionalebene), die Vitalisierung und vor allem auch für die Vorbereitung zu neuen Lebensabschnitten tut. Es gibt verschiedene Möglichkeiten, die Hilfe des Erzengels anzunehmen, zum Beispiel durch Engelkarten, Anrufungen oder mediale Sitzungen. Ich würde den Erzengel Gabriel speziell zur Vorbereitung einer Mutterschaft rufen, da er die meiste Erfahrung auf diesem Gebiet hat.

Edelstein: Amethyst, Amethystquarz
Chakra: Wurzelchakra, Sakralchakra
Geruch: Rosmarin

Aura-Soma Equilibirum Flasche: Nr. 95 – Magenta/Gold, Das Wachstum von Weisheit, Liebe zu den kleinen Dingen des Lebens

Über Erzengel Gabriel

Er ist der Engel der Verkündung. So verkündete er in biblischen Geschichten Maria, dass sie den Sohn Gottes gebären werde, und Zacharias, dass seine Frau Elisabeth Mutter von Johannes dem Täufer werde. Als Verkünder der Geburt Jesu Christi (Meister Sanandá) wurde Erzengel Gabriel auch der Engel der Geburt und der Hoffnung. Zu seiner Aufgabe gehört es, die ungeborenen Seelen der Kinder durch die Schwangerschaft bis zur Geburt zu begleiten. Gabriel war der Engel, der Daniel den Sinn der messianischen Offenbarung erklärte und der als Bote Gottes Zacharias, Joachim, Josef, Maria, den Hirten und Königen erschien. Durch seine Rolle als Engel der Verkündung gilt Erzengel Gabriel als Schutzpatron des Fernmelde- und Nachrichtendienstes, der Boten, Postboten, Postbeamten und der Briefmarkensammler und ein Anruf seiner Energie soll gegen Unfruchtbarkeit helfen. Auch die Volksüberlieferung kennt Erzengel Gabriel als den, der die Seelen aus dem Paradies holt und während der neun Monate der Schwangerschaft begleitet.

✵ ERZENGEL HANIEL ✵

Amt

Vierter Erzengel
Farbe: Aquamarin
Aufstieg 1872 n. Chr.

Grundthemen

◈ Erkenntnis
◈ Bewusstheit

◈ Größe erkennen
◈ Illusion

◇ Handeln
◇ Freude
◇ Selbstvertrauen
◇ Erhabenheit
◇ Gemeinschaft
◇ Träume
◇ Ratschläge

◇ Sein
◇ Kraft
◇ Selbstsicherheit
◇ Stille
◇ Gedanken
◇ Meditation
◇ In Liebe wissend

Energetische Unterstützung bei folgenden Lebensthemen

◇ wenn wir mit unserer Weisheit am Ende sind und eine Eingebung brauchen
◇ wenn nach Enttäuschungen oder Schicksalsschlägen Trost gebraucht wird
◇ wenn Mut und Zuversicht für neue Wege gebraucht werden
◇ wenn wir das Gefühl haben, nichts wert zu sein
◇ bei großen Ideen, die der Umsetzung bedürfen
◇ bei der Lösung von Blockaden in Bezug auf die eigenen Fähigkeiten
◇ um die eigene und wahre Größe zu erkennen
◇ in Entscheidungssituationen
◇ um Gelerntes und somit neues Wissen im Alltag zu leben
◇ zur Analyse von unklaren Situationen
◇ zum Durchschauen von Illusionen oder vorgespielten Gefühlen
◇ wenn wir in die Stille oder Meditation gehen möchten, jedoch die Ruhe nicht dafür finden können

Arbeitsbereiche durch Anrufung der Energie von Haniel

◇ bei therapeutischen oder psychologischen Gesprächen; zum Erkennen der wahren Ursache und zum Ausarbeiten einer Problemlösung
◇ um die All-Liebe in allem zu erfühlen und um sich darauf einzustimmen; Wissen, das wir behüten, ist immer und überall
◇ um die nötige Ruhe für die Kindererziehung zu finden

✧ zur Stärkung der einzelnen Aspekte der Chakren je nach Lebensthema oder zum besseren Erkennen einer Blockade

✧ um Vergangenes, dass wir vergessen wollten, zu verarbeiten; Diesen Schritt können wir durch die Anrufung gemeinsam mit Erzengel Haniel gehen.

Begleiter

Die Erzengel und die höheren Abteilungen der Engel
Chohan El Morya und Meister Mandalf
Männlicher Elohim Takkar
Weiblicher Elohim Jellayla

Tätigkeiten

✳ Ausbildung von Engelschülern im Bereich des Übersinnlichen

Nicht nur als physisches Medium müssen wir unsere Seele für ein mediales Leben öffnen. Das bedeutet, dass wir auch in der Äther- oder Astralsphäre zum Medium ausgebildet werden müssen, wobei den Fähigkeiten keine Grenzen gesetzt sind. Wenn die Seele es nicht möchte, kann sich sogar ein aufgestiegener Meister dem Übersinnlichen verschließen. Niemand muss mehr hören, sehen oder fühlen, als er will, auch in Zukunft nicht (z. B. aufgrund des Goldenen Zeitalters). Entschließen wir uns, ein derartiges Leben dennoch anzutreten, können wir mithilfe des Erzengels Haniel erkunden, welche Gaben uns am meisten zusagen, um sich diesen zu öffnen. So hat jeder seine spezielle Begabung, die er in sein Leben integrieren kann. Mir liegt das Hellhören am besten, aber auch das Hellsehen, das Hellfühlen und auch Trancesitzungen beherrsche ich. Egal in welchem Bereich wir uns ausbilden lassen möchten, die Energie des Erzengels Haniel kann uns dabei helfen, die Seele darauf vorzubereiten. Das Leben als Medium stellt sich in Gedanken meistens einfacher dar, als es tatsächlich ist. Diese Tatsache kennt die Seele in ihrer Weisheit bereits und entschließt sich daher meistens auch, sich dem Übersinnlichen zum eigenen Wohl zu verschließen. In diesem Fall können wir üben und lernen, was wir wollen. Wir können bei einer derartigen Blockade lediglich versuchen, das Problem der Seele in Zusammenhang mit medialen Begabungen zu transformieren in der Hoffnung, dass wir uns öffnen können. Hier kann die Energie der violetten Flamme vom Chohan Saint Germain helfen.

✳ Errichtung von Energie- und Kraftorten auf allen Sphären

Hierbei handelt es sich nicht direkt um die Errichtung, da Mutter Erde sich der Verbreitung ihrer Energie zum Wohl aller selbst geöffnet hat. So dürfen wir, als ihre Kinder, um energetische Unterstützung bitten und sollten wenigstens gelegentlich daran denken, was auch wir für die Erde tun können. Hilfreich sind Anrufungen, wie die bekannte Form der Verbindung mit dem Erdkern durch energetische Wurzeln, die uns visualisiert aus den Füßen wachsen, wobei die Energie über sie in unseren Körper gelangt, wir können aber auch einen Kraftplatzes besuchen. Die Engel helfen, diese Kraftplätze und Anrufungen zu verwalten. Hellsichtigen Menschen wird die enorme Engelschar an jedem Kraftplatz auf der Erde sicherlich auffallen, die ein unglaubliches Spektakel darbietet. Erzengel Haniel trägt bei dieser Arbeit die Oberaufsicht und kooperiert direkt mit dem astralen Ich von Lady Gaia, um ihre Interessen zu vertreten. So werden manche Kraftplätze mit mehr Energie gespeist und andere werden wiederum sozusagen geschlossen. Je nachdem, wo Energie auf der Erde gebraucht wird, kommt es zu einer Ausschüttung. Beachtet wird das harmonische Zusammenspiel aller Kraftplätze auf der ganzen Welt, damit dieser Energiehaushalt nicht ins Wanken gerät.

✳ Chakrenarbeit

Bei der Chakrenarbeit beobachtet der Erzengel Haniel speziell die Rotation und den Energiehaushalt der Chakren. Auch das damit verbundene Aufbrechen von Lernthemen und Blockaden, die durch den schnelleren oder langsameren Lebensfluss hervortreten, gehören zu diesem Bereich seiner Arbeit. So kann es bei einer Anrufung seiner Energie dazu kommen, dass sich ein Chakra plötzlich schneller dreht, um die Arbeit an einem Thema zu begünstigen. Aber auch das etwas langsamere Rotieren kann hilfreich sein, wenn ein Schock langsamer verarbeitet werden soll, um die Seele zu schonen. Hier geht es vor allem um das, was die Seele selbst wünscht, um wachsen zu können. Auch die Energie, die wir in Zukunft für anstehende Lernaufgaben benötigen, wird hier gefördert, um später in der betreffenden Situation gefestigt zu bleiben. Zu diesen Vorbereitungen können auch Visionen oder andere Formen der »Warnung« hinzukommen. So können wir zum Beispiel einen bevorstehenden Todesfall, Unfall oder andere Schicksalsschläge erahnen, die leider nicht mehr verhindert werden können, da die Manifestation dieses Ereignisses schon auf einer physischen Ebene wirkt.

✳ Verwaltung und Überwachung der zweiten Dimension

Diese Arbeit, bei der es vor allem um die gemeinschaftlichen Frequenzen der Sphären geht, geschieht in Zusammenarbeit mit dem Chohan Konfuzius. Die beiden Großmeister beobachten hierfür das Wirken der Schicksalsschläge, Lernaufgaben, Karma, also die Situationen in unserem Leben, die uns prägen. So ist es an uns, dass wir daraus lernen, um an Wissen zu wachsen. Geschieht dies nicht und steuert unsere Seele auf eine, nach unserer Meinung nach nicht allein zu bewältigende Situation zu, rufen die Meister die Seele selbst an, um sich zu erkunden, ob diese Hilfe annehmen möchte. Wenn das Höhere Selbst Hilfe benötigt, dürfen die Meister in das Leben eingreifen. Meistens nehmen wir uns mehr vor, als wir in der betreffenden Situation ertragen können, oder eine ungeahnte Situation, die uns aus der Bahn wirft, tritt ein. Häufig geschehen derartige Vorgänge im Leben so gut wie unbemerkt, da sich noch so viele dieser Welt verschließen und keinen direkten Zugang wünschen. Jeder Einzelne hat schon einmal derartige Hilfe aus der jenseitigen Welt erhalten, da die Seele immer bereit ist, Hilfe anzunehmen, egal ob wir diesen Wunsch laut aussprechen oder lediglich durch einen Impuls unsererseits annehmen.

Edelstein: Aquamarin
Chakra: Kehlkopfchakra, Drittes Auge
Geruch: Veilchen
Aura-Soma Equlibrium Flasche: Nr. 103 – Blassblau/Tiefmagenta, Sich mit dem höheren Willen in Verbindung setzen

Über Erzengel Haniel

Erzengel Haniel wird die »Herrlichkeit« oder auch »die Herrlichkeit der Gnade Gottes« genannt. Die Erkenntnis über das Sein zeigt uns auch alle Erscheinungen, Bewegungen, Handlungen, Sichtweisen und Erlebnisse unseres Lebens und aller andern Lebensformen des All-Einen. Seine Energie klärt den Geist, macht Informationen zugänglich und erschafft alles neu. Erzengel Haniel lenkt unser Bewusstsein auf die Erkenntnis, damit unsere Gedanken sich im Stoff manifestieren und Gestalt annehmen. Das, was wir aussenden, werden wir vorfinden und das, was wir erschaffen, ist unser Werk und unsere Schöpfung, und es liegt ausschließlich in unserer Verantwortung. Erzengel Haniel weist uns den Weg in die Liebe. Er hilft uns auch, wieder auf die eigene unermessliche Größe zu vertrauen. Das Erkennen dieser Größe in uns und das Spüren des göttlichen Funkens, der uns innewohnt, helfen uns, uns selbst und anderen wieder zu vertrauen. Erzengel Haniel öffnet unsere Augen für die Schönheit allen Seins und der Schöpfung an sich. Außerdem ist Haniel ein Spezialist auf der Grenze zwischen Leben und Tod und hat schon viele Menschen und Engel ins Leben zurückgeholt (Nahtoderlebnisse).

✸ Erzengel Raphael ✸

Amt

Fünfter Erzengel
Farbe: Smaragdgrün
Aufstieg 231 v. Chr.

Grundthemen

- ✧ Krankheit
- ✧ Heilung
- ✧ Persönliche Freiheit
- ✧ Ausgeglichenheit
- ✧ Erneuerung
- ✧ Blockaden lösen
- ✧ Schönheit der Natur
- ✧ Geborgenheit

- ✧ Verzweiflung
- ✧ Emotionale Heilung
- ✧ positive Grundeinstellung
- ✧ Stärkung
- ✧ Neubeginn
- ✧ Faszination
- ✧ Die eigene Schönheit sehen
- ✧ Nächstenliebe

Energetische Unterstützung bei folgenden Lebensthemen

- ✧ zur Unterstützung der Arbeit mit anderen Lichtwesen
- ✧ zur Neufassung von Hoffnung und Mut
- ✧ um den eigenen spirituellen Weg zu finden und zu formen
- ✧ zur Förderung des Heilprozesses der Zellen
- ✧ zur Lösung von blockierenden Einstellungen und
  Gedankenmustern
- ✧ zur körperlichen Regeneration und geistigen Verjüngung
- ✧ zur Unterstützung der Wechseljahre
- ✧ als Hilfe für Heiler, Ärzte, Berater und Forscher und allgemein
  in der Energiearbeit
- ✧ bei der Sterbebegleitung
- ✧ als Begleiter für Krankenhaus- oder Kuraufenthalte
- ✧ zur Vorbereitung bei kleinen und schwereren Operationen

Arbeitsbereiche durch Anrufung der Energie von Raphael

✧ bei körperlichen oder seelischen Schmerzen
✧ wenn die Ursache für eine Erkrankung jeglicher Art schwer diagnostiziert werden kann
✧ zum Aufladen von Kristallen für die Energiearbeit
✧ zum Energetisieren von Wasser und anderen Essenzen
✧ zur Harmonisierung von Raumschwingungen.

Begleiter

Die Erzengel und die höheren Abteilungen der Engel
Chohan: Kuthumi, Serapis Bey und Hilarion

Tätigkeiten

✳ Ausbildung in der Arbeit mit Kristallen

Auf diesem Gebiet der Heilarbeit nutzen wir grundsätzlich die Energien der Steine und deren Wirkung auf den Menschen. Das Wissen über die gängigsten Heilsteine wurde schon in zahlreichen Heilkundebüchern niedergeschrieben. So gibt es für fast jede Beschwerde einen passenden Helferstein, um die Heilung zu unterstützen oder um die Energie des Steines zu nutzen. Diese Themen reichen von der Chakrenarbeit (jeder Stein ist einem Chakra zugeordnet), der Unterstützung des Heilungsprozesses bei Krankheiten und Blockaden aller Art, zum Schutz vor Fremdenergien beim Channeln, Strahlenschutz (z. B. bei Computern, Handys usw.), zum Aufladen mithilfe von Anrufungen für Räume, Wasserenergetisierung bis hin zur Förderung von medialen Gaben. Erzengel Raphael ist kundig im Reich der Mineralien und weiß auch viel über die Möglichkeiten der Arbeit mit Heilsteinen. So lehrt er seine Schüler den Umgang mit natürlichen Hilfsmitteln, um Blockaden zu lösen. Eine beliebte Methode ist es, mithilfe der Gedankenkraft und eines Bergkristalls die blockierenden Fremdenergien aus dem Körper zu ziehen. Der Bergkristall soll die störenden Energien absorbieren und wird anschließend in einem Salzwasserbad gereinigt und bei Sonnen- oder Mondlicht wieder aufgeladen. Möchten wir die Raumenergie heben, empfiehlt sich das Aufstellen eines Bergkristalls oder Amethyst, die sehr harmonisierend und beruhigend wirken. Bei der Auswahl der Mineralien sollten wir stets nach der eigenen Intuition gehen, da jeder Stein eine eigene Energie und Information trägt. Für die genaue Pflege empfiehlt es sich, in einem Handbuch nachzuschlagen.

✳ Ausbildung von medial begabten Ärzten, Heilern und Forschern

Meistens sind Personen, die in einem Heilberuf arbeiten oder mit Krankheiten und dem Tod in Berührung kommen, für die Spiritualität aufgeschlossen. Hat ein Arzt, Heiler oder Forscher mediale Begabung und interessiert sich für die Arbeiten im übersinnlichen Bereich, nimmt sich der Großmeister dieser Medien an, um sie auszubilden. So wissen meist viele Ärzte mehr über den Tod, als wir jemals vermuten würden, oder ein Heiler entwickelt neue Heilmethoden, die es in dieser übersinnlichen Form bisher noch nicht gab. Auch ein Forscher kann plötzlich eine bahnbrechende Entdeckung für den Heilungsprozess bei Krankheiten machen, welche eine neue Richtung weist. Wie diese Ausbildung aussieht, lässt sich nicht genau beschreiben. da es mehr eine Weiterbildung als eine eigene Ausbildung ist. Es geht vor allem um das Erweitern der Sichtweise, um ein umfangreicheres Verständnis von Krankheiten und den damit verbundenen Bestrebungen, Heilung zu erlangen. Aber nicht nur die Ausbildung, sondern auch die allgemeine Unterstützung von hilfesuchenden Therapeuten zählen zu diesem Bereich seiner Tätigkeiten (z. B. Chinesische Heilarbeit, Aura-Soma, Chakrenarbeit oder Homöopathie).

✳ Unterstützung bei einer physischen Inkarnation

Meistens entschließt sich ein Engel, den Weg der menschlichen Inkarnation anzutreten, um diese Erfahrungen zu erleben. Das Inkarnieren eines Engels in einen menschlichen Körper ist der gleiche Prozess, wie wenn ein Engel physisch inkarniert. Hilfe wird hier bei der Auswahl der Grundthemen im Lebensplan gegeben, da die üblichen Themen von denen der Menschen etwas differieren. Auch die liebevolle Begleitung eines inkarnierten Engels, der in einem ungewohnten menschlichen Körper wandert, zählt hierzu, wenn es gewünscht wird. Auch Engelmedien werden hier begleitet, indem Raphael die Leitung übernimmt bzw. den Weg der Inkarnation überwacht, um daraus den größtmöglichen Nutzen zu ziehen.

❇ Schutzanrufungen für Reisende

Diese Anrufung an den Erzengel Raphael ist eine meiner liebsten, wenn ich unterwegs bin. Hierbei bitten wir den Großmeister um Achtsamkeit und Schutz auf der Reise, damit wir wohlauf an unserem Ziel ankommen. Zusätzlich bitte ich gerne, zum Beispiel vor einem Flug, darum, dass mich der Erzengel beruhigt und meine Gedanken reinigt, damit meine eigene Nervosität besänftigt wird. Dies verhindert meistens Schlimmeres, das wir durchaus durch negative oder unkonzentrierte Gedanken selbst herbeirufen können. So bleibt meistens ein Unfall bei dem stetigen Gedanken daran nicht lange aus. Daher reden wir auch immer von der Wichtigkeit positiver und zielgerichteter Gedanken.

Edelstein: Smaragd, Topas
Chakra: Herzchakra
Geruch: Lavendel
Aura-Soma Equilibrium Flasche: Nr. 96 – Königsblau/Königsblau, Tiefer Friede

Über Erzengel Raphael

Der Name Raphael bedeutet »Gott heilt« oder »Heiler Gottes« und er ist somit der Engel des Heilens, aber auch der Wissenschaft und des Wissens. Er unterstützt jede Heilung, Regeneration, Verjüngung und Erneuerung auf der Erde und im gesamten Kosmos. Auf vielen Bildern wird er mit einer mit heilendem Balsam gefüllten Phiole dargestellt. Erzengel Raphael kommt daher auch in jedem Krankenhaus als Patron vor. In der christlichen Tradition gilt er als Schutzpatron der Kranken, Apotheker, Reisenden, Pilger, Auswanderer, Seeleute, Dachdecker und Bergleute. Er wird in der Ikonographie der katholischen Kirche als Pilger mit Stab, Flasche und Fisch in Begleitung von Tobias dargestellt. Unter anderem gilt Erzengel Raphael im Urchristentum als der Kollegen von Michael, Gabriel und Uriel. Raphael hilft bei der Heilung auf allen Ebenen. Er ist der göttliche Helfer und Heiler und sendet uns Unterstützung und Kraft bei jedem Heilungsprozess auf allen Ebenen des Seins. Er lehrt uns, dass Heilung von uns und durch uns kommen muss. Heilung bedeutet für Raphael nicht immer die schulmedizinische Genesung, sondern kann auch bedeuten, eine Krankheit anzunehmen und ohne Gram und Angst den auferlegten Weg zu beschreiten.

✯ ERZENGEL ZADKIEL ✯

Amt

Sechster Erzengel
Farbe: Blau in allen Facetten
Aufstieg 1671 n. Chr.

Grundthemen

✧ Trauer
✧ Vergebung
✧ Transformation
✧ Verwandlung
✧ Integration
✧ Gnade

✧ Schmerz
✧ Erlösung
✧ Veränderung
✧ Schöpferkraft
✧ Schattenseiten
✧ Eigene Fähigkeiten

- ✧ Intuition
- ✧ Glaube
- ✧ Spiritualität
- ✧ Göttliche Führung
- ✧ Selbstfindung
- ✧ Theosophie

Energetische Unterstützung bei folgenden Lebensthemen

- ✧ Selbstvergebung zugunsten eines Neubeginns
- ✧ in allen Wachstumsschritten und Herausforderungen
- ✧ bei Versagensangst
- ✧ bei Orientierungslosigkeit in Glaubensfragen
- ✧ Hilfe beim Orientieren bei der geistigen Arbeit (z. B. Chakrenarbeit)
- ✧ für neuen Mut bei Niederlagen
- ✧ um anderen und auch sich selbst vergeben zu können
- ✧ wenn es Wahrheit und Lüge zu unterscheiden gilt
- ✧ bei dem Gefühl, emotional überlastet zu sein
- ✧ als Stärkung und Halt bei der Umsetzung von Ideen
- ✧ um neue Pläne auf allen Ebenen zu gestalten und umzusetzen
- ✧ um mehr auf die innere Stimme zu vertrauen
- ✧ Aufarbeitung des Gelernten, um weitergehen zu können

Arbeitsbereiche durch Anrufung der Energie von Zadkiel

- ✧ um tief sitzende Ängste vor Veränderungen zu transformieren
- ✧ bei allgemeiner Verwirrung und zur Klärung der Gedanken
- ✧ um emotionale Blockaden (Neurotransmitter) zu ordnen
- ✧ um die eigene Intuition bzw. Feinfühligkeit zu intensivieren
- ✧ Klärung und Harmonisierung in der Chakrenarbeit (Ausgleich des Lebensenergiehaushaltes).
- ✧ zum Auflösen von aufgearbeitetem Karma, Programmen und Glaubenssätzen (Seelenarbeit)
- ✧ zur energetischen Raumreinigung (Transformation von emotionalen Ablagerungen in den energetischen Gitternetzen)

Begleiter

Die Erzengel und die höheren Abteilungen der Engel
Chohan: Saint Germain, Lady Rowena
Männlicher Elohim Gardon
Weiblicher Elohim Amaya

Tätigkeiten

✳ Inkarnationsvorbereitung im emotionalen Bereich mit Chohan Saint Germain

Viele Seelen entschließen sich, erneut zu inkarnieren, wenn ihre Seele glaubt, auf der physischen Sphäre etwas aufarbeiten zu können. Meistens bilden sich hierbei ganze Gruppen, die gemeinsam an ihren Erlebnissen und den damit verbundenen energetischen Verstrickungen arbeiten möchten. Oft fällt es uns sehr schwer, unser jenseitiges Leben »normal« und ohne Blockaden fortzusetzen, wenn wir ein sehr hartes Leben gelebt haben. Egal was uns einst im Leben belastet hat, die Seele wird es niemals vergessen und wir müssen damit umgehen. Mit dem Tod ändert sich lediglich die Lebensumgebung, wir ändern uns aber nicht. Daher ist auch der Transformationsschlaf nach dem Tod so wichtig, um verarbeiten zu können. Auch wenn wir inkarnieren möchten, sollten wir es nicht versäumen, vorher eine gute emotionale Klärung zu machen, um im physischen Leben Fuß fassen zu können, ohne von Geburt an spezielle emotionale Schockerlebnisse in unsere heranreifende Persönlichkeit einfließen zu lassen. Tun wir dies nicht, kann es bereits in der Kindheit zu schweren psychischen Störungen kommen, wobei die Ursache nur schwer erkannt werden kann, da sie meist aus früheren Leben herrührt. Erzengel Zadkiel und Chohan Saint Germain haben es sich zur Aufgabe gemacht, denjenigen zu helfen, die um Transformation bitten, um ein unbeschwertes Leben führen zu können, sei es zur Vorbereitung auf ein neues physisches Leben, sei es das aktuelle jenseitige Leben betreffend. Auch während einer

Inkarnation kann man um Heilung bitten, da die Seele unentwegt an der Beseitigung von Blockaden arbeitet.

✳ Umwandlung und Transformation von emotionalen Blockaden in den einzelnen Energiekörpern durch die blaue Flamme

Genau wie Chohan Saint Germain hat auch Erzengel Zadkiel eine Flamme der emotionalen Klärung, die er zum Wohl der Engel und auch der Menschheit einsetzt. Hierbei ist es wichtig, dass sich die Seele selbst für die Aufarbeitung der eigenen Blockaden öffnet. Nur so kann sich die heilende Wirkung der blauen Flamme bis tief in die Zellen hinein entfalten. Mit dieser Energie können wir genauso arbeiten wie mit der violetten Flamme von Saint Germain.

✳ Erkennen der Lernaufgaben aufgrund des Erlebten

Möchten wir unsere früheren Leben ergründen, da wir Blockaden aus ihnen erahnen, können wir den Erzengel Zadkiel in einer Meditation oder in einem tranceähnlichen Zustand darum bitten, uns bei einer Rückführung in ein früheres Leben zu begleiten. So wacht Zadkiel an unserer Seite, wenn wir z. B. in schlimme Erlebnisse aus früheren Zeiten eintauchen, um an die Quelle eines Problems zu gelangen. Wenn jemand im Meditieren oder auch bei Trancesitzungen geübt ist, kann es passieren, dass er sehr tief in eine Seelenerinnerung gleitet, wobei die ganze emotionale Gewalt wieder auf ihn einwirken kann. Tränenausbrüche oder Angstzustände können die Folge sein. Daher empfiehlt es sich, diese Sitzungen nicht allein zu machen, sondern sich einem Rückführungsprofi mit psychologischer Ausbildung anzuvertrauen. Ich bin emotional sehr belastbar und alles andere als zartbesaitet und mache daher derartige Trancesitzungen mit dem Erzengel auch allein. Dies erfordert allerdings viel Übung und Sicherheit in diesem Körperzustand. Schwindelanfälle können auftreten, wenn wir uns in diesem Bereich nicht so gut auskennen. Ob wir uns diese Art von Therapie selbst zutrauen, kann sicherlich jeder für sich selbst entscheiden, dennoch sollten die ersten paar Male unter Begleitung geschehen, da wir nie wissen, wie tief wir in eine Trance abgleiten. Bei mir ist es so, dass ich sehr tief in Trance gleite. Zu Beginn meiner Tätigkeit als Medium war mir dieser Zustand noch nicht vertraut und flößte mir sehr viel Respekt ein. Dennoch kann ich sagen, dass Rückführungen mithilfe eines Profis ungefährlich und höchst interessant sind. Zudem können wir mit dieser Methode so gut wie alle Ursachen eines tiefsitzenden Problems aufspüren.

✳ Verwaltung und Überwachung der ersten Dimension gemeinsam mit Meisterin Lady Portia

Beginnen wir mit einer Inkarnation, sei diese nun aus einem Brennpunkt heraus oder auf die physische Sphäre, treten wir das Leben mit all seinen Lernaufgaben an. Um damit besser umgehen zu können, liegt es an uns, diese Lernaufgabe zu erkennen, um den höheren Sinn darin zu verstehen. Meistens schimpfen wir bei einem schlimmen Ereignis nur, dass es ungerecht sei und wir doch nichts Schlechtes getan hätten. Wir vergessen dabei aber immer den wertvollen Aspekt des wachsenden Wissens der Seele, den sicherlich niemand missen möchte. Egal, ob wir den Sinn eines Ereignisses erkannt haben oder nicht, aus Erfahrung wird Wissen, das wiederum gelebt werden kann. Nur so kann die Seele bereit werden, ihr Leben selbst in die Hand zu nehmen, um Logos über sich selbst zu werden.

✳ Gesetzte Blockaden und Fremdenergien

Leider kommt es gelegentlich auch vor, dass wir uns einiger Blockaden entledigen müssen, die nicht von uns selbst gesetzt worden sind. Ich nenne sie allgemein Fremdenergien, da diese Energien uns geschickt wurden und nicht von uns selbst stammen. So kann uns ein Problem belasten, das eigentlich gar nicht zu der individuellen Seele gehört; dennoch müssen wir daran arbeiten, um es wieder loszuwerden. Dies ist auch ein großer Teil der aktiven Seelenarbeit und zählt sicherlich zu den anstrengendsten Aufgaben, da es schwer ist, die Ursachen der Blockaden und ihre Urheber zu identifizieren. Das kann von systemischen Krankheiten, die von Generation zu Generation weitergereicht werden, fremden Gedanken, Energieraub, von schadhaften Manifestationen kommen und bis zur Manipulation und zur altbekannten »Hexerei« führen, wozu eben auch Verwünschungen und Verfluchungen zählen. Schützen können wir uns vor diesen Fremdbeeinflussungen nur sehr schwer. Hier kann evtl. das tägliche Bitten um Schutz vor diesen Energien und das Zurückführen der Energien in die göttliche Ordnung helfen. Leider habe ich noch kein Geheimrezept gefunden, um sie prinzipiell abzublocken. Das ist ein Nachteil des All-Einen, dass wir auch Fremdenergien zu spüren bekommen. Erzengel Zadkiel hat in diesem Bereich gerade aus den düsteren Zeiten des Mittelalters und der damals praktizierten Hexenkunst viel Erfahrung gesammelt und kann helfen, Fremdenergien zu lösen, um uns von Blockaden zu befreien.

Edelstein: Lapislazuli
Chakra: Drittes Auge
Geruch: Wacholder
Aura-Soma Equilibrium Flasche: Nr. 99 – Blassolivgrün/Pink,
Liebe zur Natur und Selbstliebe

Über Erzengel Zadkiel

Nach der jüdischen Überlieferung war Zadkiel der Engel, der Abraham am Berg Moriah in den Arm fiel, als dieser seinen Sohn Isaak opfern wollte. Erzengel Zadkiel hilft uns, das irdische Recht mit der göttlichen Gerechtigkeit in Einklang zu bringen. Er ist der Schutzpatron der Rechtsanwälte und Richter. In dieser Funktion arbeitet Erzengel Zadkiel eng mit Erzengel Michael zusammen und kann dessen Energie unterstützen und ergänzen, genau wie die Energie derer, die seine Energie anrufen.

✴ ERZENGEL CHAMUEL ✴

Amt

Siebter Erzengel
Farbe: Rosa
Aufstieg 1731 n. Chr.

Grundthemen

◇ Leichtigkeit
◇ Harmonie
◇ Unterwürfigkeit
◇ Gefühle
◇ Partnerschaft
◇ Vertrautheit
◇ Freundschaft

◇ Kreativität
◇ Verleumdung
◇ Beziehungsprobleme
◇ Liebe
◇ Beziehung
◇ Gemeinschaft
◇ Gerechtigkeit

Energetische Unterstützung bei folgenden Lebensthemen

◇ wenn uns die Decke auf den Kopf fällt und der Alltag
   unüberwindbar erscheint
◇ wenn kein Raum für Freude, Tanz und Lachen erscheint
◇ wenn wir Probleme bei der Selbstverwirklichung haben
◇ in Stress und Streitsituationen
◇ wenn wir uns nach Liebe und Geborgenheit sehnen
◇ bei Depressionen
◇ bei Diskussionen oder Streitigkeiten in Beziehungen
◇ Problemlösungen in Familienangelegenheiten (Familienaufstellung)
◇ bei Dreiecksverhältnissen
◇ bei Mobbing am Arbeitsplatz
◇ um die richtigen Worte in klärenden Gesprächen zu finden
   (auch in geschäftlichen Situationen)
◇ um die Spannung aus unangenehmen Situationen zu nehmen

✧ bei der Bildung von Gruppen und der Förderung von Teamarbeit
✧ zur Stärkung von Kreativität und Inspiration
✧ zum Genießen und Entspannen, zum Beispiel beim Hören
  von Musik
✧ zur allgemeinen Stärkung der Bande von Liebenden

Arbeitsbereiche durch Anrufung der Energie von Chamuel
✧ zum Festigen der energetischen Bande von Partnerschaften
  (energetische »Schnur«, die uns miteinander verbindet, wenn wir
  zusammenleben oder sogar verheiratet sind)
✧ zur Vorbereitung für Gruppenarbeiten oder gemeinschaftlichen Projekten
✧ zum Schutz der emotionalen Harmonie in einer Gemeinschaft,
  Partnerschaft oder der Familie

Begleiter
Die Erzengel und die höheren Abteilungen der Engel
Chohan: El Morya und Lady Abedine
Männlicher Elohim Zakkar
Weiblicher Elohim Gerlinda

Tätigkeiten

✳ Klärungsarbeiten im Bereich der Emotionen
Im Bereich der Emotionen wird sehr viel Hilfe angeboten, da hier am
meisten Blockaden entstehen können. Auch der Erzengel Chamuel hilft
bei dieser liebevollen Unterstützung mit. Seine Spezialgebiete sind die
Hilfe bei Depressionen oder anderen psychischen Erkrankungen, bei
familiären Problemen, bei Streitigkeiten in der partnerschaftlichen Beziehung oder aber auch bei Problemen in der Kindererziehung, sollten
diese ein auffälliges Verhalten aufweisen (wie z. B. bei hyperaktiven Kin-

dern, die schwer zu bändigen sind). Seine Energie kann hier nicht nur reinigend, sondern auch besänftigend und beruhigend wirken. Gerade in Streitsituationen können wir seine Energie zu Hilfe nehmen, um uns selbst und die gesamte Situation zu harmonisieren und eine vernünftige Gesprächsbasis zu erreichen. Dies wirkt sich auch friedvoll auf den Schlaf aus. Ich habe mir für diese Zwecke angewöhnt, die Energie des Großmeisters in Form einer Energieessenz, die in fast jedem Esoterikladen erhältlich ist, jeden Abend vor dem Schlafengehen auf meinem Bett zu versprühen und um eine erholsame Nacht zu bitten.

✳ Zusammenarbeit mit Erzengel Michael und Chohan Serapis Bey bei der Vorbereitung zum Prozess der Wandlung des Aufstiegs

Mit dem Aufstieg in die Kausalwelt vollzieht sich ein Prozess, der nicht nur das Erlebte transformiert und unseren Körper formt, sondern uns auch gedanklich auf ein neues Leben einstimmt. Wir können uns das wie den physischen Tod vorstellen, nur harmonisch und in freudiger Erwartung. So betten wir uns ohne eine schmerzvolle Erfahrung mit unserem gewohnten Körper nieder, um nach dem Aufwachen ein neues Leben als Großmeister zu beginnen. Auch wenn sich dieser Prozess sehr schön anhört, gibt es jedoch immer wieder Personen, die sich beim Loslassen des Gewohnten schwertun. Chamuel unterstützt dabei die Arbeit der Großmeister Michael und Serapis Bey. Seine Energie fließt in den Prozess ein, wenn jemand Angst hat, das vergangene Leben loszulassen. Wirkung zeigt sich hier in der Besänftigung der Person und in der harmonischen Einstimmung auf das neue Leben, damit wir in freudiger und ungeduldiger Erwartung aufwachen können, um das neue Leben zu beginnen. Auch wenn jemand große Angst vor dem physischen Tod hat, können wir für eine Sterbebegleitung die Energie des Erzengels für die betreffende Person anrufen, um sie zu unterstützen. Um diese Energie anzunehmen, muss lediglich die Seele bereit sein, sich zu öffnen.

✳ Transformation von dämonischen Energien

Wir können den Großmeister darum bitten, dämonische Energien aus dem Umfeld in die göttliche Ordnung zurückzuführen oder auch eigene dämonische Energien zu transformieren. Spüren wir, dass sich negative Energieformen in unserem Umfeld bewegen, die sich belastend oder einfach nur störend auf unser Leben auswirken, können diese aber nicht direkt sehen, um sie gedanklich selbst zu entfernen, bietet Chamuel seine Hilfe an, um sie in die göttliche Ordnung zurückzuführen. Jedes Lebewesen hat ein Recht auf einen privaten Raum, an dem es sich ungestört entfalten kann. Viele feinstoffliche Lebensformen respektieren diesen Wunsch jedoch leider nicht und lieben es, andere bei ihren Aktivitäten zu beobachten. Sicherlich erging es jedem schon einmal so, dass er sich beobachtet fühlte oder ein Gefühl von einer anderen Person im Raum vernahm. Wir befinden uns dann in einer unheimlichen Situation, die wir selbst nicht kontrollieren können; daher sollten wir auch nicht zögern, diese Energieform entfernen zu lassen. Es kann passieren, dass wir uns in eine Situation begeben, in der sich in uns selbst derartige Energien zeigen. Diese können z. B. in einem heftigen Streit hervortreten. Ich bin der Meinung, dass derjenige, der leugnet, selbst zu dämonischen Energien fähig zu sein, die Vielseitigkeit der göttlichen Natur verleugnet. Erzengel Chamuel kann durch Transformation bei diesen negativ-emotionalen Ausbrüchen helfen, auf eine harmonische Basis zurückzufinden.

✳ Überwachung der Ansammlungen von vereinten dämonischen Energien auf den einzelnen Sphären

Der Satz: »Die Masse macht es aus.« spielt hierbei eine große Rolle, da sich negative Energien, wie zum Beispiel dämonische Energien, schnell zu einer großen Gefahr für die Allgemeinheit auswachsen können. Viele Menschen sind sich ihrer enormen Gedankenkraft gar nicht bewusst und begreifen selbst meistens nicht, welche dimensionalen Auswirkungen ihr gemeinschaftliches Gedankengut auf die Umwelt haben kann. Aus diesem Grund versäumen es die Erzengel dieser Sphären auch nicht, ein kritisches Auge auf Ansammlungen aller Art und speziell auf die Ansammlungen dämonischer Energien zu werfen, um im Notfall entgegenzuwirken. Das Gedankengut greift hier natürlich durch Manifestation auch auf die zukünftigen Ereignisse zu; daher werden auch die Akasha-Chroniken genau überwacht.

Edelstein: Rosenquarz
Chakra: Drittes Auge und Kronenchakra
Geruch: Rose
Aura-Soma Equilibrium Flasche: Nr. 104 – Glitzerndes Pink/ Magenta, Neubeginn in der Liebe

Über Erzengel Chamuel

Der Name Chamuel bedeutet »Gott ist mein Ziel«, wird aber auch als »Kraft des Herzens Gottes« interpretiert. In seinem Hoheitsgebiet ist die Liebe das uneingeschränkte höchste Gut, das unter seiner Leitung die höchste Leuchtkraft und Stärke entfaltet. Als soziale Wesen sind wir oft in einem Kampf um Selbstbestimmung verstrickt. Egal, ob in der Arbeit, der Familie oder einfach nur im Kreise einer Gruppe, immer wieder sind wir konfrontiert mit emotionalen Ausbrüchen. Erzengel Chamuel lehrt uns, mit diesen Konflikten umzugehen, indem er uns hilft, kämpferische Aggressionen in sanfte Kooperation zu verwandeln. Erzengel Chamuel wirkt überall dort unterstützend, wo die Freude am irdischen Leben verloren gegangen ist und wiederentdeckt werden soll. Er öffnet das Bewusstsein für Dinge, die Freude bereiten, für Schönheit, Anmut, Harmonie und alles, was die göttliche Vollkommenheit auf Erden ausdrückt.

✦ Erzengel Sandalphon ✦

Amt

Achter Erzengel
Farbe: Mintgrün mit Gold
Aufstieg 561 n. Chr.

Grundthemen

✧ Einfühlungsvermögen
✧ Leichtigkeit
✧ Gefühle
✧ Balance
✧ freie Meinung
✧ Verlassen
✧ etwas geht zu Ende

✧ Selbstbeherrschung
✧ Gnade
✧ Einheit
✧ Herrlichkeit
✧ Beschwingtheit
✧ Trennung
✧ Umbruch

Energetische Unterstützung bei folgenden Lebensthemen

✧ um das Leben in vollen Zügen genießen zu können
✧ um leichter nach unerfreulichen Ereignissen verzeihen zu können
✧ nach Trennungen aller Art (Beziehung, Kinder, Tiere usw.)
✧ wenn sich im Leben etwas Neues entwickelt und der Umbruch hierfür bevorsteht
✧ für eine selbstbewusste Meinung und dafür einstehen
✧ um das Gefühl von Einheit zu verstärken
✧ um das innere Gleichgewicht (Chakren) zu finden und wiederherzustellen
✧ wenn ein Lebensabschnitt zu Ende geht
✧ um sich besser auf seine eigene Mitte zentrieren zu können

Arbeitsbereiche durch Anrufung der Energie von Sandalphon

✧ zur Zentrierung und Stärkung des göttlichen Kerns
✧ in der Chakrenarbeit (Ausbalancieren der Energie)

◇ bei Therapiearbeiten im Bereich der Psyche
◇ bei der Meditation und Harmonisierung des Energiehaushaltes und der Energiekörper
◇ zur energetischen Aufladung und Programmierung von Kristallen im Bereich der Heilarbeit

Begleiter

Die Erzengel und die höheren Abteilungen der Engel
Chohan: Sanandá und Maitreya

Tätigkeiten

✳ Hilft dem Körper, sich aufgrund seiner feinstofflichen Gegebenheit an einen anderen Lebensraum anzupassen

Das gedankliche Reisen nutzen wir, wenn wir den physischen Körper erst einmal abgelegt haben, um uns in das jenseitige Leben zurückzubegeben. Einen Vorgeschmack erhalten wir durch Astralreisen, wobei wir gedanklich unseren physischen Körper auf begrenzte Zeit verlassen. Kennen wir derartige Zustände jedoch nicht, kann uns diese Reisemöglichkeit nach dem Tod noch sehr schwerfallen, wobei wir sie vielleicht aus Angst noch verweigern.

Um uns diese Angst zu nehmen, hilft der Erzengel Sandalphon dabei, sich an das zuletzt Erlebte dieser Reiseform zu erinnern, um das Gefühl der Selbstverständlichkeit wieder zu erwecken. Zudem kommt noch hinzu, dass wir generell ein anderes Gefühl für unsere sonst so gewohnte physische Umgebung entwickeln. So wirkt die Umgebung nach dem Austritt aus dem Körper viel grobstofflicher bzw. von anderer Sphäre, als wir es sonst gewohnt sind. Alles sieht genauso aus, fühlt sich aber anders an. Alles gehört noch zu uns, kann aber plötzlich nicht mehr angefasst werden. Wir sind noch ein Teil dieser Welt, aber wir bewegen uns wie ein »Geist«. Das schlimmste ist jedoch, dass der Körper sich lediglich vitaler bzw. leichter anfühlt, aber sonst immer noch als physisch wahrgenommen wird. Das heißt, wir fühlen uns zwar besser, nehmen uns aber immer noch gleich wahr. Daher irren auch die meisten Seelen, die eintreten in die jenseitige Welt, verzweifelt umher, weil sie keine Unterschiede wahrnehmen und sich den neuen Zustand nicht erklären können. Auch die Tatsache, dass niemand mehr auf sie reagiert, lässt sie schnell verzweifeln. Die Seele muss selbst bereit sein, um von einem Lichtarbeiter abgeholt zu werden. Auch das gedankliche Reisen kann selbst ausprobiert werden, was auch meistens als »unabsichtliches« Phänomen geschieht, jedoch häufig nicht verstanden wird. Daher ist die Verbreitung des jenseitigen Wissens auch so wichtig, um hilflose Momente nach dem Tod aus Unwissenheit über diesen Zustand zu vermeiden. Ich als Medium finde es immer wieder unendlich traurig, zu sehen, wie viele Seelen hilflos auf einem Friedhof umherirren, um an einem Ort des Todes Rat zu finden, da sie die Tatsache des eigenen Todes ein Leben lang verdrängt haben.

☀ Erdenergie auf den einzelnen Sphären

Das berühmte »Auf-dem-Boden-bleiben« ist beim Leben auf einem Planeten sehr wichtig, um sich mit seinem eigenen Lebensraum verbunden zu fühlen. Erzengel Sandalphon beobachtet hier im Auftrag von Mutter Erde die harmonische Verteilung der Erdenergie für alle Lebewesen in ihrem Bereich. Auch das Gefühl von oben und unten ist hier sehr wichtig. So zählt zur Erdung auch die Erdanziehungskraft, um in jedem Lebensbereich eine normale Ausrichtung von Himmel und Erde zu gewährleisten. Auch diese muss stetig genau überwacht werden. Gerade Engel brauchen, da sie sich auch in der Luft bewegen, das Gefühl von oben und unten am meisten, um eine gute Balance zu finden. Um zusätzlich an Erdenergie zu gelangen, erfolgten schon zahlreiche Anrufungen an Mutter Erde direkt, wobei auch hier eine gesunde Balance nötig ist. Für ein Medium sind diese Anrufungen besonders wichtig, da wir uns gedanklich in extrem feinstofflichen Bereichen bewegen und uns daher stets gut erden sollten. Mit den feinstofflichen Bereichen meine ich, dass sich auch der physische Körper verändert und sich durch die Erhöhung der eigenen Schwingungen zwangsläufig leichter anfühlt. Probleme, wie kleine Schmerzen hier und da, werden milder oder bleiben plötzlich ganz aus, aber dafür müssen wir uns an andere Körpergefühle gewöhnen. So kann zum Beispiel plötzlich Schwindel bei einer Ansammlung von Energien bei Massenansammlungen auftauchen oder leichte Migräne aufkommen in Bereichen, wo sphärisch viel gesprochen wird. Hat ein sehr feinfühliger Mensch mit derartigen Problemen zu kämpfen, steht er medizinisch leider so gut wie allein da. Ich kenne zumindest keinen Arzt, der mir Glauben schenken würde, wenn ich ihm von meinen körperlichen Beschwerden aufgrund der Arbeit in der geistigen Welt berichten würde.

✳ Untersützung bei der psychologischen Heilarbeit

Auch die Psyche spielt eine große Rolle bei der Heilung von Blockaden, da hier die gesamte Gedankenwelt zusammenfließt, die den allgemeinen Teil unseres Sein bildet. So würde es sich auch anbieten, den Erzengel Sandalphon um Begleitung bei einer psychologischen Behandlung zu bitten, um diese zu begünstigen. Seine Energie kann hier bis tief in das Gehirn eindringen, um direkt an der Quelle unsere Neurotransmitter (emotionale Botenstoffe im Gehirn) zu klären. Hier werden die bereits neu gebildeten Botenstoffe in gereinigtem Zustand durch den Körper geschickt, was dabei hilft, keine neuen Blockaden mehr entstehen zu lassen. Auch der Therapeut selbst kann den Erzengel zu Hilfe ziehen, um beim Erkennen von psychischen Krankheiten und deren Analyse Hilfe zu erhalten.

✳ Errichten eines energetischen Schutzwalls um den Körper

Befinden wir uns in einer Situation, in der wir das große Verlangen spüren, uns abschirmen zu müssen, kann der Erzengel Sandalphon durch Anrufung gebeten werden, einen energetischen Schutzwall um unseren Körper zu manifestieren. Dieser wirkt für die Dauer der Situation und löst sich dann von selbst wieder auf. Natürlich sind auch wir in der Lage, uns eine stabile Mauer gedanklich aufzubauen, um uns vor bestimmten Energien zu schützen, jedoch hat es schon eine sehr beruhigenden Wirkung, wenn wir die Engelgegenwart bei der Bitte um Schutz spüren. Auch der Erzengel Michael ist einer der starken Großmeister, die bekannt für ihre Hilfestellung sind. Dies ist sicherlich ein weiterer Grund, warum er meistens mit einem Schwert dargestellt wird, um seine Kraft im Kampf zu symbolisieren.

Edelstein: Jade
Chakra: Herzchakra und Solarplexus
Geruch: Minze
Aura-Soma Equilibrium Flasche: Nr. 98 – Blassviolett/Koralle, Negativität verwandeln

Über Erzengel Sandalphon

Der Name Sandalphon bedeutet der »Gärtner Gottes«. Er ist der »Gärtner der Seelen und des Geistes«. Sandalphon ist einer der Erzengel, über den in der Geschichte noch nicht viel berichtet wurde. Er wurde auch schon mit dem Propheten Elias in Verbindung gebracht, was jedoch nie bewiesen werden konnte. Eine seiner bekanntesten Tätigkeiten unter den Engeln ist die Arbeit als rechte Hand vom ehemaligen kosmischen Logos Turgano, dem Vorgänger von Metatron. In dieser Tätigkeit erlangte er das nötige Ansehen, um in den Rat der Erzengel aufsteigen zu können.

✦ ERZENGEL JOPHIEL ✦

Amt

Neunter Erzengel
Farbe: Gold
Aufstieg 1321 n. Chr.

Grundthemen

- ✧ Ängste
- ✧ Weisheit
- ✧ Lebendigkeit
- ✧ Erleuchtung
- ✧ Selbstverwirklichung
- ✧ Neue Möglichkeiten
- ✧ das Höhere Selbst

- ✧ Freudlosigkeit
- ✧ Innere Festigkeit
- ✧ Heiterkeit
- ✧ Schöpferkraft
- ✧ Vertrauen zur Schöpfung
- ✧ Urkraft
- ✧ Mitfühlen

Energetische Unterstützung bei folgenden Lebensthemen

- ✧ bei Lernschwierigkeiten
- ✧ um Kontakt zu seiner inneren Weisheit herzustellen
- ✧ zur emotionalen Unterstützung bei Prüfungen
- ✧ um den Kontakt zur Intuition, der inneren Stimme, zu stärken
- ✧ zum besseren Verständnis von Wissenschafts-, Erkenntnis-
  und Verstehensfragen
- ✧ gegen ignorantes Verhalten, übertriebenen Stolz und Engstirnigkeit
- ✧ zur Stärkung der Selbstsicherheit
- ✧ zur Raucherentwöhnung
- ✧ zum besseren Erfühlen der eigenen Urkraft
- ✧ wenn wir die Wahrheit herausfiltern möchten
- ✧ um neue Fähigkeiten zu erlernen und umzusetzen
- ✧ zur Problemlösung und -erkennung jeglicher Art
- ✧ bei Gerichtsterminen

Arbeitsbereiche durch Anrufung der Energie von Jophiel

✧ zur Entwöhnung bei Suchtverhalten jeglicher Art
✧ um das Gedächtnis zu stärken
✧ bei allgemeinen Lernsituationen, um die Konzentration zu fördern
✧ um die Sinne zu schärfen
✧ zur energetischen Vorbereitung der Zellen auf neues Wissen
  (Botenstoffe im Körper)

Begleiter

Die Erzengel und die höheren Abteilungen der Engel
Chohan: Konfuzius
Männlicher Elohim Herodes
Weiblicher Elohim Appola

Tätigkeiten

✳ Ausbildung von Schülern im Bereich der Wahrnehmungen

Der Großmeister Jophiel ist einer der Erzengel, die besonders feinfühlig
in ihren medialen Gaben sind. Daher versäumt er es auch nicht, seine
Erfahrungen und sein erlangtes Wissen auf diesem Gebiet seinen Schülern weiterzugeben. So testet er seine Schüler gern auf die verschiedenen
Energiefrequenzen und die Informationen, die darin enthalten sind, um
ihnen den Unterschied bewusst zu machen. Dies soll dazu führen, dass
sie mit der Zeit auch extrem feinstoffliche Energieformen erkennen und
diese bestimmen können. Ich durfte für die Recherche zu diesem Buch
eine derartige Unterrichtsstunde wahrnehmen und setzte mich dafür
im Schneidersitz auf den Boden. Ich breitete meine Hände aus, damit
der Erzengel mich mit den Händen fühlen lassen konnte. Nun begann
Jophiel, mir verschiedene Energien auf meiner Handfläche aufzulegen,
damit ich diese erfühlte. Ich versuchte, anhand meines Gefühls zu er-
raten, in welchem Frequenzbereich sich diese Energie befand und mit

welcher Hauptinformation sie versehen war. So sagte ich zum Beispiel: »Diese Energie ist von astraler Frequenz und mit der Information Geduld bestückt.« Das hört sich einfacher an, als es damals war. Natürlich hatte der Erzengel auch seinen eigenen Spaß dabei, mich zu testen, besonders wenn er mittendrin die Energie plötzlich wechselte und ich nur bunte Farben sah, weil ich so getäuscht wurde. Generell kann ich sagen, dass diese Art zu lernen unglaublich liebevoll und lustig ist, so wie ich es allgemein von den Engeln kenne. Haben wir mehr Übung darin, tun wir uns sicherlich auch im Leben leichter, wenn wir anderen Menschen gegenübertreten, da auch hier unentwegt Energien der verschiedensten Arten ausgestrahlt werden. Auch im Umgang mit Dämonen wird sicherlich einiges einfacher, da nicht jeder Dämon gleich extrem böse ist und wir mit einigen sogar normal kommunizieren können.

✳ Hilfe bei der Entwicklung von Auraessenzen auf Öl-Basis

Bei den Auraessenzen auf Öl-Basis, geht es vor allem um die Konsistenz und um die vielseitige Einsetzbarkeit der Auraenergien. So lassen sich einige Essenzen direkt auf die Haut auftragen, andere werden für Duftlampen verwendet, wieder andere mit Wasser verdünnt zur Raumenergetisierung, einige in einer Wasserschale, um Steine aufzuladen, andere zum Einfächern in die Aura verwendet und vieles mehr. Der Erzengel half, die verschiedenen Verwendbarkeiten zu entwickeln, um für jede Essenz die richtige Verwendung zu finden. Ich teste und mische auch selbst gern immer wieder die verschiedenen Essenzen und schaue, wie sie im Alltag auf mich wirken. Gerade bei Energien sollten wir stets nach dem eigenen Gefühl gehen und ruhig auch einmal verschiedene Wirkungen zusammenmischen. Das hat auch den Vorteil, dass wir dann nur ein Fläschchen mit den gewünschten Aspekten bei uns tragen. Egal in welcher Form wir Energien verwenden, sie sollen hauptsächlich die Sinne anregen, um die eigenen Energiereserven zu entfalten, damit wir uns allgemein besser fühlen.

✳ Anteilnahme an technische Entwicklungen im kausalen Bereich

Jophiel ist ein Engel, der sich besonders für neue Techniken und hilfreiche Entwicklungen im Bereich der Medizin interessiert. Dies ist eine seiner Tätigkeiten, die er aus eigenem Interesse und zum Wohl aller verfolgt. Es geschieht oft, dass im kausalen oder astralen Bereich Errungenschaften neuer technischer Möglichkeiten durch die Forschung entwickelt werden, was meistens auch in Zusammenarbeit mit anderen Interessengruppen aus dem Universum geschieht. Ein gutes Beispiel ist hier die neue Technik im Bereich der Augenoperation mithilfe von Lasern. Diese wurden erst auf der kausalen Sphäre entwickelt und dann durch namhafte Forscher auf der physischen Ebene verbreitet und weiterentwickelt. Ich bin mir sicher, dass sich viele Forscher anderer Sphären zur Inkarnation bereit erklärten, um ihre eigenen grandiosen Ideen weiterzuverbreiten. So nahmen sie ihre Erfindung über die Erinnerungen mit in dieses Leben und erfanden sie sozusagen auf der Erde noch einmal in neuer Form. Die Erzengel versäumen es nicht, Erfindungen für die Engelsphären in nützliche Form für die Menschen umzuformen, um beiden Wesensformen Hilfe zukommen zu lassen. Ich kann mir auch gut vorstellen, dass von dort die Sehnsucht zu fliegen und der Gedanke an eigene Maschinerien zu diesem Zweck kommen, damit auch wir uns in die Lüfte erheben können. Gerade beim Gedanken an Staukolonnen danke ich den Engeln immer wieder für die Idee, dass auch wir Menschen uns in die Lüfte erheben können.

Edelstein: Rutilquarz
Chakra: Kronenchakra
Geruch: Zimt
Aura-Soma Equilibrium Flasche: Nr. 101 – Blassblau/Blassoliv, Das Herz entfalten

Über Erzengel Jophiel

Der Name Jophiel bedeutet »Gott ist meine Wahrheit«. Er ist der Engel der Erleuchtung, Weisheit und Beständigkeit. Erzengel Jophiel ist auch an der Seite derer, die sich dazu aufgefordert und berufen fühlen, zum Wohl der Menschheit Entdeckungen, Erfindungen oder Erneuerungen zu erforschen. Diese Pioniere sind auf ihrem Gebiet stark gefordert, und da bleiben ihnen Entmutigung, Selbstzweifel und Erniedrigung oftmals nicht erspart. Erzengel Jophiel lässt für sie seine stärkende und aufbauende Energie fließen.

DIE FÜRSTENTÜMER
Oberhaupt Erzengel Zadkiel

Die Fürstentümer bestehen aus fünf Geistigen, die als Ratsmitglieder ihre Tätigkeit ausüben. Wir können uns diesen Rat als eine Art geistig-kosmisches Gericht vorstellen, das für Recht und Ordnung auf allen unteren Sphären sorgt. Sie repräsentieren den Gedanken und die geistigen Energien an sich.

Die fünf Ratsmitglieder sind:

Erzengel Zadkiel

Als Oberhaupt der Fürstentümer hat Erzengel Zadkiel die Leitung und Aufsicht des Rates inne. Ihm unterstehen die weiteren vier geistigen Ratsmitglieder in ihrem Handeln und ihren Aufgabenbereichen. Zu seiner speziellen Aufgabe im Rat des Fürstentums gehören die Strukturen und Beschaffenheiten der einzelnen unteren Sphären. Hierzu zählen die Geomorphologie (Lehre von der äußeren Gestalt der Erde und deren Veränderungen, z. B. Berge, Wälder und Meere), die Koordination der Elementarkräfte (Wetter) und die Besetzung der einzelnen Lebensräume.

Engel Ceverell

Zu den Aufgaben des Geistigen Ceverell gehören unter anderem die Anschauung der Intensität der einzelnen Frequenzen (wenn die Frequenzkurve an einem Ort oder bei einem Engel drastisch über oder unter dem »Normalwert« liegt, weil es sich zum Beispiel um gefährliche Massenansammlungen oder auch dämonische Energien handelt), die Überwachung der Seinszustände (physisch, Äther und astral) und die Kontrolle der Bevölkerungszahlen der einzelnen Lebensräume.

Engel Madár

Die Hauptaufgabe vom Geistigen Madár ist der allgemeine Lebensumstand der Engel auf den Sphären, z. B. die Vergabe des Wohnortes und einer Wohngelegenheit (Wohnung, Haus oder Wohngemeinschaft) je nach Lebensplan (Engel Mandár kann hierbei bis zu ca. 3.000 Anrufungen gleichzeitig bewältigen) und die Stellenvergabe der Arbeitsplätze auf den Sphären durch Setzen von Impulsen.

Engel Ohar

Engel Ohar sorgt für die allgemeinen Lebensgefühle auf den Sphären; dazu zählt beispielsweise der Rhythmus der Sphären (Tag und Nacht). Auch im Jenseits gibt es Tag und Nacht und auf den unteren Sphären müssen die Engel auch einmal schlafen, jedoch weitaus weniger als wir es müssen. Ein Tag im Jenseits gleicht beispielsweise einer Woche auf der physischen Ebene. Weiterhin kontrolliert Ohar das Gefühl von Zeit. Im Jenseits gibt es in dem Sinne keine Zeit, wie es sie hier auf der physischen Ebene gibt. Jedoch können wir die Zeit nach dem Gefühl und aufgrund von Tag- und Nachtereignisse einschätzen.

Engel Bakkar

Der Engel Bakkar sorgt für die objektive Anschauung und Beschlussfassung der weiteren Instruktionen nach größeren Ereignissen zur Überwachung des Gesetzes von Ursache und Wirkung, damit Gerechtigkeit geschieht. Dazu gehören der Blick in die Akasha-Chroniken bei manifestierten Ereignissen aus der Vergangenheit, Gegenwart oder der Zukunft und die Anschauung des Seins eines Engels oder mehrerer Gruppen bei gröberen Vorkommnissen.

DIE HERRSCHAFTEN
Oberhaupt Erzengel Haniel

Die Hauptaufgabe der Herrschaften ist es, als Vereinigung der Ältesten die Erschaffung der Formen zu lenken. Hierbei werden die Frequenzen der körperlichen Schwingungszellen so weit verändert, dass sie sich den Seinszustände der jeweiligen Lebensumstände anpassen. Wir können die Herrschaften auch als eine Art Kausalrat beschreiben. Ihre Arbeit beinhaltet die Steuerung der jeweiligen Frequenzen des Energiekörpers (Absenken oder Anheben der Schwingungen in die Zustände: Äther-, Astral- oder Kausalzustand, um auf den jeweiligen Sphären leben zu können), die Harmonisierung der Schwingungsfrequenzen bei Unregelmäßigkeiten (Stockungen des Energieflusses oder Energieverschiebungen) und die Überwachung der einzelnen Energiekörper (auf drastischen Anstieg der dämonischen Energien im Körper und die daraus drohende Veränderung, auf den Energiefluss durch die Körperzellen und auf den Fluss der emotionalen Botenstoffe (Neurotransmitter des Körpers). Unter anderem helfen die Herrschaften den Menschen bei der Schwingungserhöhung ihrer Körperzellen, um den Übergang in die gelebte Spiritualität und somit die Sicht in die geistige Welt zu ermöglichen.

DIE MÄCHTE
Oberhaupt Erzengel Sandalphon

Die Mächte sind, wie der Name schon sagt, eine machtvolle Vereinigung der Ältesten für die Vorbereitungen zu physischen Geburten und
dem Tod nach einer Inkarnation der Engel. Zu den Mächten gehören auch als eigene Zusammenkunft die Herren des Karmas, die eine
große Rolle bei der Erfassung der Lebenspläne tragen. Für die Erfüllung ihres Amtes ist es ihnen auch möglich, Einblick in die einzelnen
Lebenspläne oder die Akasha-Chronik zu tun. Zu den Aufgaben der
Mächte zählen die Auswahl der körperlichen Beschaffenheit (Erbanlagen), die Beschlussfassung über den Lebensplan und die darin enthaltenen Lebensthemen, die Unterbringung von Lernaufgaben, Karma,
Programmen und Glaubenssätzen im jeweiligen Leben, der Abschluss
von speziellen Seelenverträgen und die Auswahl eines Schutzengels
und Geistführers.

DAS LEBEN ALS ENGEL ODER DEVA
Erzengel Michael

Sichtweise der Sphären

So wie bei den Menschen gibt es auch bei den Engeln verschiedene Sphären und somit Frequenzen. Diese differieren lediglich auf der Skala der Frequenz selbst, der Lebensraum von Menschen, Engeln und Dämonen bleibt jedoch der gleiche. So leben wir aufgrund der verschiedenen Frequenzen direkt miteinander, bekommen dies aber nicht immer direkt mit. Betrachten wir einen Ort mit der Offenlegung aller dort vorherrschenden Frequenzen, breitet sich ein erhebliches Spektrum an Lebensformen aus. Dies ist mit einem sehr feinstofflichen Menschen aus zum Beispiel dem astralen Bereich, der durch einen sehr grobstofflichen physischen Menschen hindurchgehen kann, vergleichbar. So verhält es sich mit allen Lebensformen, die sich auf den anderen Sphären bewegen und daher gestaltet sich das Leben nicht nur untereinander, sondern eigentlich genauer betrachtet auch ineinander. Hellsichtige sind in der Lage, diese Phänomene zu betrachten, und wissen daher auch, wie viel Leben tatsächlich um und auch durch uns hindurch stattfindet. Egal auf welcher Sphäre wir leben, wir entscheiden uns für einen bestimmten Lebensraum, in dem wir leben wollen. Wir müssen also auch auf den anderen Frequenzen erst hellsichtig sein, um das jenseitige Leben sehen zu können. So gibt es auch auf den anderen Sphären Medien, mit denen wir über die Grenzen der Sphären hinweg sprechen können, was den Austausch von visuellen Eindrücken möglich macht. Bewegen wir uns in einem feinstofflicheren Körper, können wir uns leichter durch die Grenzen hindurch zu den verschiedenen Lebensräumen bewegen und uns mithilfe der Gedankenkraft anpassen. Dies soll in fernerer Zukunft auch im physischen Bereich möglich sein, indem die Körper feinstofflich genug werden, um dies zu bewerkstelligen. Dieser gedanklich bewegte Lebensstil definiert auch das Goldene Zeitalter, in das wir uns wieder entwickeln sollen.

Das Goldene Zeitalter

»Das Goldene Zeitalter« ist ein Begriff aus der antiken griechischen Mythologie. Es bezeichnet eine als Idealzustand betrachtete Urphase der Menschheitsgeschichte. Eine analoge Vorstellung finden wir in religiös-philosophischen Traditionen des Fernen Ostens. Der Begriff kommt aus fernen Zeiten, in denen derartige Lebensweisen normal waren, jedoch entfernte uns die Evolution durch das Formen des physischen Körpers von diesem perfekten Zustand, sodass wir es anstreben müssen, wieder dorthin zu gelangen. Das Goldene Zeitalter in seiner Blütezeit liegt nun schon mehr als 4,6 Millionen Jahre zurück und soll nun in einer modernen Variante wieder angestrebt und verwirklicht werden. Derartiges können wir lediglich mithilfe der gewaltigen Gruppendynamik aller Seelen erreichen, die diesen Weg beschreiten möchten. Um eine derartige Dynamik in Gang setzen zu können, werden auch die Aufstiegstexte durch die Massenmedien verbreiten.

Wir selbst prüfen die Möglichkeiten für einen derartig gewaltigen Aufstieg, der die ganze Erde im vorwiegend physischen Bereich betrifft, um als Gruppe zu ermessen, was wir in Zukunft erreichen können. Das Goldene Zeitalter ist somit ein Überbegriff für die Gruppenmanifestationen des physischen Wunsches nach mehr Freiheit.

Der Großmeister Saint Germain erlebte Epochen dieses Zeitalters vor mehr als 70.000 Jahren im Gebiet der heutigen Sahara als Herrscher mit. Diese Erfahrungen aus der Ätherwelt bewegten den Meister einst, sich als Chohan der Weissen Bruderschaft für den allgemeinen Aufstieg einzusetzen, um auch die physische Sphäre in den Bereich der körperlichen Freiheit zu begleiten. So geschah es auch, dass andere Kulturen aus dem Kosmos der Erde das Geschenk der klaren und reinen Goldenergie machten, um hierbei mitzuwirken. Unter der Goldenergie können wir uns eine spezielle Energiefrequenz vorstellen, welche auf bestimmte Aspekte unseres Wesens anspricht. Trifft diese Frequenz nun auf eine Zelle (z. B. Körperzellen), beginnt diese sich der Schwingung anzupassen und öffnet die darauffolgenden Informationen, die in ihr gespeichert sind. Angesprochen werden speziell Aspekte wie Harmonie, allgemeines Wohlbefinden, Zufriedenheit, Höflichkeit, Nächstenliebe, Offenheit für Informationen aller Art usw. Das Gleiche dürfen wir durch die Energie der Großmeister-Strahlen erfahren, welche ebenfalls bestimmte Aspekte fördern sollen. Die Goldenergie wird heutzutage mehr denn je in den Körper der Erde gespeist, um beim Erhöhen der Frequenzen und somit des Bewusstseins zu helfen. Das Wissen um diese Energie trägt der Meister tief in seiner Seele aus den Erfahrungen seiner Lebzeiten als Herrscher der damaligen Zeit. Auch die Engel bemühen sich in diesem Bereich, da das Wissen um diese Energie verloren gegangen schien. Die Großmeister der Engel sind seit Jahrtausenden tätig, die klare und machtvolle Frequenz der Goldenergie wieder in den Körper der Erde und in die der dort lebenden Wesen zu bringen, um das Herz der Seelen zu öffnen, die sich nach mehr körperlicher Freiheit sehnen. So ergaben sich regelrechte Hochkulturen in einzelnen Epochen der Zeitgeschichte des edlen Metalls, in denen Gold zur energetischen Obermacht heranwuchs. Noch heute ranken sich viele Mythen um diese Zeit und die daraus entstandenen Kulturen der Menschheit.

In Europa und auch im Nahen und Fernen Osten handelt es sich um eine mythische Geschichtsdeutung, die von mehreren aufeinanderfolgenden Weltzeitaltern (bzw. im Nahen Osten: Weltreichen oder geschichtlichen Epochen) ausgeht. Das erste und beste war das Goldene

Zeitalter (in Indien das Satya Yuga), darauf folgte das Silberne Zeitalter usw. Den Abschluss bildet das Eiserne Zeitalter, das gegenwärtige Zeitalter, mit dem der tiefste mögliche Stand des Kulturverfalls erreicht wird. Es handelt sich also um das Gegenteil einer Fortschrittsidee. Die Zeitalterlehre ist der mythische Ausdruck einer kulturpessimistischen Geschichtsphilosophie, welche die historische Entwicklung in erster Linie als naturnotwendigen Verfallsprozess der Kultur oder Zivilisation auffasst. Daher auch die geschäftigen Bemühungen der jenseitigen Welt, diesem raschen Verfall der Kultur entgegenzuwirken! Unter anderem können wir hier auch einen Aufstieg nur im materiellen Sinn verstehen, da unsere Kultur immer mehr zu verfallen droht und wir uns sicherlich in eine Richtung bewegen, die nicht im Interesse des Allgemeinwohls ist. Dennoch befinden wir uns mitten in einer neuen Epoche, dem Goldenen Zeitalter des Aufstiegs, in dem es um dauerhaften Aufschwung, neue Gedankenrichtungen und Lebensweisen, evolutionäre Entwicklungen auf allen Ebenen und vielem mehr geht! Die Aufrufe der Großmeister für diese Bewegung stehen dringlich im Vordergrund, damit dieser Kurs auch beizubehalten wird.

Das Leben als Engel oder Deva

Das Leben der Engel und Devas unterscheidet sich von der Lebensgestaltung der Menschen nur gering, lediglich die Lebensweise ist doch etwas anders, wenn nicht sogar fortschrittlicher als die unsere.. Vom Inkarnieren in die Sphären bis hin zum Aufstieg verläuft alles genauso wie bei den Menschen. Wir können uns also sicherlich ein relativ deutliches Bild davon machen, wie die Engel leben. Lediglich die Frequenz der Sphären, die Einfluss auf das Wesen der dort lebenden Personen hat, und der Körper differieren, sodass die Engel auf eigenen Ebenen leben, die sozusagen von den Menschen getrennt sind, jedoch im gleichen Bereich liegen. Der größte Unterschied liegt im Körper selbst, da

Engel Flügel tragen. Diese gehören tatsächlich zum Körper selbst und können mit einem Paar zusätzlicher Arme verglichen werden, mit denen sie selbstverständlich auch fliegen können. Viele Menschen möchten diese Erfahrung aus Neugierde nicht missen und entschließen sich daher, als Engel zu inkarnieren.

So können Menschen auch erfahren, was es bedeutet, ein Engel zu sein. Viele haben nach solchen Inkarnationen häufig Träume vom Fliegen und sehnen sich nach dem Leben, das sie einst führen durften. So kommt es natürlich auch vor, dass Engel die Erfahrung machen möchten, als Mensch zu leben, wobei sie ihre Flügel ablegen. Ich selbst habe schon inkarnierte Engel getroffen und bin immer wieder von ihrem schönen Wesen und ihrer Energie begeistert. Ich würde diese Energie nicht als »höher frequentiert« beschreiben, da auch Menschen auf der Frequenzskala in diese Bereich vordringen können, jedoch strahlen diese Engel etwas ganz Eigenes und Besonderes aus, nach dem wir uns immer wieder sehen. Der Gedanke ist sicherlich nicht nur für mich wunderschön, dass wir alle gemeinsam an ein und demselben Ort leben. So sind wir stets von engelhafter Energie umgeben und können diese allgegenwärtig spüren, ohne sie speziell rufen zu müssen!

DIE DUNKLE BRUDERSCHAFT
Oberhaupt Großmeister Melek

Die Dunkle Bruderschaft ist einer der größten Mysterien, die es zurzeit auf den Sphären gibt, da so gut wie keine genauen Informationen darüber existieren. Durch den Mythos der dunklen Seite wächst das Interesse an ihr, denn jeder Einzelne trägt auch einen Teil des Dunklen in sich, da das Dunkle auch zu den unzähligen göttlichen Aspekten gehört. Es gibt keine Seele, die noch niemals von dämonischer Natur war, und daher gehört dieses Thema auch zum Erfahrungsschatz, den unsere uralte weise Seele in sich birgt. Die Begriffe »dämonisch« oder »Dämon« sind weit interpretierbar, denn was ist schon eindeutig gut oder böse? Viele Menschen erkennen nicht, dass etwas Dämonisches in uns jederzeit zur Wirkung kommen kann, die Lebensweise allein ist hierfür kein Maßstab! Ein Dämon wird meisten lediglich als böse dargestellt, dabei handelt es sich genauso um ein göttliches Wesen, wie wir alle. Sie sind daher nicht schlechter, aber auch nicht besser als die meisten von uns. Die Art wie wir unser Leben und das Leben an sich sehen, lässt es manche als eindeutig dämonisch, meisterhaft oder als engelhaft beschreiben, dies liegt im Auge des Betrachters. Um dieses Thema ranken sich zahlreiche Diskussionen, daher möchte ich es jedem selbst überlassen, was er in welcher Lebensweise sieht. Ich möchte die dunkle Seite so eingehend beschreiben, dass jeder die Möglichkeit hat, die komplette Wahrheit zu erfahren. Zu diesem Zweck habe ich mich mit der Dunklen Bruderschaft beschäftigt, da auch sie ein Teil des Wesens und Wirkens der Erde ist und nicht einfach ignoriert werden kann, wie es die meisten Medien gerne tun!

Die Dunkle Bruderschaft ist eine große uralte Gemeinschaft von dämonischen, aufgestiegenen Meistern, die es sich zum Ziel gesetzt hat, die dunkle Seite der Menschheit offen zu leben und ihren eigenen Aspekt der Lebensansicht im Geschehen der Weltgeschichte zum Ausdruck zu bringen. Dazu zählen gemeinschaftliche Projekte, wie die schrecklichen

Ereignisse der ersten Atombombenabwürfe, die Weltkriege, aktuelle Auseinandersetzungen, wie die Kriege im Nahen Osten, Rechtsradikalismus, öffentliche Hinrichtungen oder auch Teufelsanbetungen und Sekten. Die dunklen Kräfte wirken aber nicht nur im Großen, sondern auch im Kleinen, wenn beispielsweise jemand aus Frust oder Depression seine Familie ermordet oder junge Menschen sich in den Selbstmord stürzen. Sicherlich ist Selbstmord im eigentlichen Sinne, ein Fluchtweg der Seele, um dem Leben zu entkommen, das gerade gelebt wird. Dennoch kann es in einzelnen Fällen vorkommen, dass jemand zum Selbstmord »verführt« oder gar »getrieben« wird! Ich habe schon mit medial begabten Personen gesprochen, die stunden-, tage-, ja sogar wochenlang mit Impulsen (Stimmen, visuelle Eindrücke oder beklemmende Gefühle) belästigt wurden, wobei der Ausweg durch Selbstmord schon fast verlockend schien. Nicht allzu selten gelangen diese Personen dann in eine Nervenheilanstalt. Daher ist es auch so wichtig, dass wir uns bei derartigen »Belästigungen« jemandem anzuvertrauen, der uns helfen kann, da wir in einer derartige Situation weder klar denken noch handeln können.. Für dunkle Taten können Impulse gesetzt werden, die den Geist eines Menschen ansprechen, wobei jeder für sich in seinem Höheren Selbst entscheiden muss, inwieweit er dies annimmt und auch leben möchte. Niemand ist zu dunklen Taten gezwungen oder wird gar getrieben, entweder ist der Wille hierfür vorhanden oder eben nicht.

Heiliger Geist und Maha Chohan
Großmeister Cabalion

Cabalion ist ein Großmeister, der im Jahr 1781 den Aufstieg in die Kausalwelt absolvierte, und seit ca. 1810 das Amt des Maha Chohan und somit heiligen Geist der Dunklen Welt inne hat. Er ist durch dieses Amt der Brennpunkt und somit Lebensraum aller aufgestiegenen Dämonenmeister. Im Volksmund wird er auch als der Herrscher der Dunkelheit bezeichnet, der viele Namen, z. B. Teufel oder Luzifer, trägt. Sein energetischer Bereich wird auch als die »Hölle« bezeichnet werden. Cabalion selbst steht als Repräsentant für die dunklen Aspekte Gottes im Bereich Lady Gaia und empfängt hierfür auch Gesandte und Staatsoberhäupter gleicher Interessengruppen im Universum.

Im Bereich des Maha Chohan manifestierte sich vor mehr als 2,7 Millionen Jahren, der Rat der Dunkle Bruderschaft als Gegenstück zur Weissen Bruderschaft. Diese Bruderschaft sollte zur Überwachung aller Arbeiten des Lichts dienen und mit ihrer Energie, welche auf der Erde genauso wirken wie die der Großmeister des Lichts, für den Erhalt des »Bösen« sorgen. Zu Beginn war nicht einmal genau klar, was erreicht werden soll und welche Tätigkeit der Rat von nun an auszuführen hat. Das wichtigste war, dass die Dämonen genauso präsent erschienen in den kosmisches Hierarchien, wie auch alle anderen Räte. Genauso chaotisch wie diese Laufbahn begann, scheint sie mir auch heute noch zu sein! Die Tätigkeiten der einzelnen Chohane werden von mir zwar beschrieben, jedoch scheinen diese vielmehr nach Lust und Laune gewählt zu sein, als das sie einem konkreten Konzept folgen. Dennoch ist es wichtig über die Machenschaften der Dunklen Bruderschaft informiert zu sein, da sich daraus viele Ereignisse des weltlichen Lebens erklären lassen.

AUFSTIEG IN DIE HÖLLE

Steigen wir in die »Hölle« auf,[11] haben wir uns bereits lange vorher dafür durch die eigene Lebensweise und die Sicht über das Leben zu diesem Schritt entschlossen. Niemand wird in die Hölle verbannt, nur weil er schlechte Taten vollbracht hat. Leider gibt es viele, die nicht sehen wollen oder aufgrund ihrer schlechten Erfahrungen im Laufe ihres Lernprozesses sehen können, dass die Liebe und die Freude im Leben existieren, sodass sie den Lebensraum unter ihren Gleichgesinnten und Leidensgenossen suchen. Beginnen wir in der Hölle das neues Leben nach dem Aufstieg, so folgen eine Reihe von Tests. Jeder sollte, muss aber nicht, ein Amt übernehmen, um das Fortbestehen der dämonischen Energien zu sichern. Daher bekleiden die meisten Dämonen auch das Amt eines Meisters für die Arbeiter der Dunkelheit oder repräsentieren die eigenen Interessen.

Diese Arbeiter werden, genau wie die Lichtarbeiter, an günstigen Plätzen in den Sphären platziert, um dort ihr Werk zu verrichten. Man könnte das mit einem göttlichen Schachspiel vergleichen in einem Kampf das Gute gegen das Böse. Diese Arbeiter haben die verschiedensten Gesichter, sie sind vielleicht Menschen, die uns das Leben zur Hölle machen oder uns dazu motivieren, unvernünftige Dinge zu tun. Diese Personen wissen meistens gar nicht, dass sie der dunklen Seite dienen und sind in den seltensten Fällen direkte Medien der geistigen Welt. Meistens folgen sie lediglich den Impulsen der höheren Dämo-

---

11 Unter »Aufstieg« ist gemeint, dass auch die Personen, welche in die von mir beschriebene Hölle (Brennpunkt) eingehen, in ihrer Körperfrequenz aufsteigen. Auch sie zähen von nun an zu den kausalen aufgestiegenen Großmeistern und erlangen Allwissenheit. Aus diesen Gründen muss auch an dieser Stelle von einem Aufstieg gesprochen werden, auch wenn dieser in den Meisten Fällen nur schwer zu erkennen ist und lieber mit einem »Abstieg« beschrieben wird.

nen und verrichten so ihre Arbeit. Auch in den geistigen Sphären leben diese Arbeiter bereits in Bereichen, die von vorwiegend dämonischer Natur sind. Viele inkarnieren auch auf die physische Sphäre, um die Chance zu haben, ein kurzes aber viel glücklicheres Leben führen zu können. Sie gründen zum Beispiel Familien und leben ein erfülltes Leben, das sich auch durchaus sehr spirituell und christlich gestalten kann. Kehren sie jedoch nach dem Tod zurück, werden sie meistens von der dort vorherrschenden Energie und ihrer eigenen Sicht über das Leben übermannt und leben ihr dämonisches Leben weiter. Sie sind der Überzeugung, dass die Furcht und die Verzweiflung anderer, die sie selbst verursachen, ihnen beweist, dass sie genug Kraft und Macht haben, um zu überleben. Leider kennen sie nichts anderes als den ewigen Kampf um etwas Frieden und Ruhe, ihre Seelen sind meist sehr verletzlich und geschunden.

Wir haben immer die Wahl, unsere Sichtweise über gut und böse zu überdenken, selbst wenn wir bereits aufgestiegen sind und schon in der Hölle leben. Entscheidet sich ein aufgestiegener Meister, sich zu bessern und sich der guten Seite seiner Natur zuzuwenden, kann er durch die Sprache seiner guten Taten davon überzeugen, den Brennpunkt und somit seinen Lebensraum zu wechseln. Dies geschieht aber nicht ohne weiteres. Der Meister wird gründlich auf die Ehrlichkeit seiner Absicht geprüft und kann sozusagen erst einmal auf »Probe« in einem anderen Brennpunkt leben. Die meisten Dämonen empfinden dies als einen Verstoß und Verrat an den eigenen Reihen, der auch bei der Veröffentlichung des Vorhabens entsprechend »bestraft« wird. Aus diesem Grund wird auch nicht über die privaten Pläne und die Gefühle eines Meisters gesprochen, da es zu viele Interessengruppen gibt, die sich gegenseitig bekämpfen und selbst schützen möchten. Die Vorstellung vom ewigen Leid und Krieg in der Hölle ist daher nicht einmal so abwegig, sondern vielmehr Realität, die niemand so leichtfertig erfahren sollte. Es ist ein Irrglaube, dass wir uns in der geistigen Hierarchie der Dämonen jemals so weit »hoch arbeiten«

können, um absolute Macht und Respekt zu erfahren. Es wird immer einen Kampf um die Vorstellungen von Macht geben, niemals können wir an diesem Ort Ruhe und Frieden finden, alles geht seinen ewigen Kreislauf.

Das optische Äußere eines Dämonen ist nicht mehr als ein Spiegel seiner Sichtweise des derzeitigen Lebens. Wir können daher viel von ihren Seelen in ihrem Äußeren ablesen. Was wir als hässlich empfinden, sollte hierzu niemals Maßstab sein, da jeder seine eigene Sicht hierbei hat. Auch wenn ein Dämon für den allgemeinen Geschmack schön aussieht, kann dies für den Meister selbst absolutes Leid widerspiegeln. Viele tragen genau aus diesen Gründen einen großen schwarzen Umhang, um ihre geschundenen und verletzten Seelen und Körper zu verstecken. Niemand soll sehen, wie sensibel sie eigentlich sein können. Bei der Verformung des Körpers gibt es keine Grenzen, alles ist möglich, was das Leid ausdrückt. Ich habe Dämonen gesehen, die eine grüne Haut hatten, verschobene knubbelige Nasen, Drachenkämme auf dem Kopf, dürre ausgehungerte Körper und vieles mehr. Nicht nur das Optische, sondern vielmehr die Ausstrahlung eines Dämons kann hässlich und beängstigend sein; die meisten Menschen haben das Gefühl eines kalten Schauers oder empfinden plötzlichen eine Angstattacke. Wir müssen nicht hellsehen oder hellhören können, um den Kontakt mit der geistigen Welt zu spüren.

Beschreibung der Hölle
Chohan Karak

Erschrocken vor ihrem eigenen Antlitz ziehen es die Bewohner in der Hölle vor, in absoluter Düsterheit und Trostlosigkeit zu leben. Die Atmosphäre ist vergleichbar mit tiefem Seelenschmerz und Depressionsgefühlen und ist eine Manifestation der gedanklichen Wirklichkeit der dort lebenden Meister. Jeder Einzelne bringt sozusagen seine eigenen Gefühle in die Luft ein. Die Sonne ist zwar zu sehen, jedoch immer von einem trostlosen Schleier, ähnlich wie Smog, verdeckt. Daher wird die Hölle auch meist als ein grauer und dunkler Ort beschrieben, an dem es zwischen Tag und Nacht kaum Unterschiede gibt. Auch Regen und Unwetter herrschen in der Hölle, da auch sie ein Zeichen der absoluten Traurigkeit und Verzweiflung der Seelen sind.

Die meisten aufgestiegenen Meister schließen sich, im Wunsch zu »überleben« und für ihr derzeitiges Leben zu kämpfen, einer gleichgesinnten Interessengruppe an. Die Hölle kennt keine Regeln oder Gesetze, jeder folgt seinen eigenen Gesetzen. Auch hier gibt es sozusagen die »Gesetze der Straße«. Verstößt jemand dagegen, kann es von einfachen Bestrafungen wie Schlägen bis hin zu öffentlichen gespielten Hinrichtungen kommen. Das empfundene Leid ist, trotz der Tatsache, dass der Bestrafte nicht sterben kann, dennoch für die Seele von unermesslichem Schmerz und wird niemals vergessen werden. Hierbei wird selten bis gar nicht Rücksicht genommen, ob der Betroffene ein Mann oder eine Frau ist. Auf welche Arten die Meister jemandem Schmerz zufügen, was die meisten aus reiner Freude oder eben zum Verschaffen von Respekt machen, ist der Fantasie überlassen. Hierfür sind also auch keine Grenzen gesetzt und somit bekommen die uralten Bilder von brennenden Scheiterhaufen oder Kochtöpfen, in denen Menschen sitzen, eine durchaus mögliche und leider realistische Bedeutung. Die Meister bedienen sich bekanntlich der Kunst der Manifestation und diese werden in einer gedanklichen Welt zur schmerzhaften Realität. Jemand, der denkt, als aufgestiegener Meister können wir niemals Schmerz empfinden, der irrt. Die Schwingungszellen und somit der Bereich der Seele des Meisters bleiben gleich und diese beinhalten nun einmal auch die Erfahrung von Schmerz am eigenen Leib.

Aber selbst die Hölle hat nicht nur Schattenseiten, auch wenn diese eindeutig überwiegen. Auch in der Hölle ist es möglich, zu heiraten und eine Familie zu gründen oder auf eine andere Art sein persönliches Glück zu finden und zu leben. Leider wird es dem Betreffenden aber nicht immer leicht gemacht, weshalb es schwer ist, über das Glücklich-sein in der Hölle zu schreiben. Die meisten Meister haben sich ihre Situation selbst ausgesucht und beschreiben ihr Leben somit als glücklich. Sie beschützen und behüten ihre Form von Glück akribisch. Ein hohes Ansehen durch ein angesehenes Amt kann hierbei helfen. Daher stammt auch der Drang zu dienen, um an Ruhm und eine Art von Lohn zu kommen. Diese Dinge werden jedoch niemals Garantie sein, um an einem Ort wie diesem Ruhe und Frieden zu finden.

Die Hölle kann somit schon als ein Ort bezeichnet werden, zu dem wir aufsteigen können, da sie ein Brennpunkt ist, jedoch können wir unsere persönliche Hölle auch jederzeit im derzeitigen Leben finden, wenn wir nicht mehr weiter wissen oder eine »Schrecksekunde« zur Ewigkeit wird. Die Hölle ist daher mehr ein Gefühl, das wir individuell empfinden.

Dämonisch

Es gibt viele Arten, um das Wesen und Wirken eines dämonischen Wesens zu beschreiben, da es nicht in der kompletten Lebensweise zu erkennen ist, sondern eher in den verschiedensten Situation des Lebens. Dämonisch bedeutet, dass ein Lebewesen die dunkle Seite sehr leicht oder oft in seinem Leben annimmt und auch gern verbreitet. Jedoch sucht dieses Wesen bereits nach persönlicher Liebe und Glück, was es zwangsläufig auch ausstrahlt. Hierbei gibt es keine konkreten Grenzen, sondern vielmehr ist es eine bestimmte Frequenz der Schwingungszellen unseres

Körpers, die wir durch unsere gedanklichen Manifestationen oder Taten erhöhen. Diese können individuell verschieden intensiv wahrgenommen werden. So erscheint uns unser Gegenüber meistens als ganz unerträglich, böse oder einfach nur egoistisch. Manche lassen diese Seite in sich das ganze Leben lang zu, wobei wir meistens einfach nur sagen, dass diese Person sehr verbittert, launisch oder einfach nur sehr mürrisch zu anderen ist. Aber auch Wesen, die als allgemein unglaublich liebevoll gelten, können sich in bestimmten Situationen dämonisch verhalten, wenn sie der dunklen Seite das Zepter übergeben und die Beherrschung verlieren, was bedeutet, dass jeder von uns zu einem dämonischen Verhalten in der Lage ist.

Es kann auch passieren, dass eine Person, die bereits im Jenseits, also auf den anderen Sphären ein sehr dämonisches Verhalten hatte, bereits als physisches Kind Anzeichen für dieses Verhalten zeigt. Auch als Kind sind wir eigenständige, alte Seelen mit einem eigenen Wesenskern. Aus diesem Grund gibt es auch Kinder, die der dämonischen Seite verfallen können, meistens ohne dass die Eltern diese speziell durch ihre Erziehung oder das vorgelebte Verhalten gefördert haben. Die Seele und das damit verbundene Verhalten ist unergründlich und hat nicht immer etwas mit den Eltern zu tun, die in solchen Situationen meistens völlig ratlos sind, aber durch die Gesellschaft angeklagt werden. Hier lässt sich leider in den meisten Fällen nicht viel mehr machen, als das Kind als eine lernfähige Seele zu sehen, das eine andere Sichtweise des Lebens lernen und annehmen kann. Aus diesem Grund muss jeder für sich selbst entscheiden, was für ihn als dämonisch gilt und was nicht. Meistens fühlt es jeder ohnehin und hält sich zum Schutz von bestimmten Personen oder Situationen fern. Auch wenn wir jemanden als dämonisch ansehen, müssen wir immer bedenken, dass jeder seine Sichtweise überdenken und ändern kann und somit eine Chance verdient!

Dämonen

Dämonen sind Lebewesen, die ihren inneren Dämonen die Macht über sich und ihr Leben erteilt haben und auf die nur schwer Freude und Liebe zukommen können, da sie diese auch nicht aussenden. Diese Wesen sind eigentlich genauso göttlich wie wir auch, nur dass sie ihr Leben komplett in der dunklen Frequenz ihrer Schwingungszellen verbringen wollen. Somit wird niemand zum Dämon, sondern nimmt diese Seite in sich an und gestaltet sein Leben danach. Das was ich ausstrahle, kommt auf mich zurück und so wie ich im Innen bin, so wirke ich nach Außen, daher werden Dämonen auch mit der Zeit optisch genau so hässlich und geschunden wie ihre verletzten Seelen.

Je länger ein Dämon nach diesen Kriterien lebt, desto verbitterter und hässlicher wird er und desto schwerer wird die Rückkehr in ein zum größten Teil erfülltes Leben. Ein Dämon müsste Besserung zeigen, damit diese auch auf ihn zurückkommt. Leider haben die meisten den Glauben und die Hoffnung daran zum größten Teil aufgegeben oder sogar für den Moment ganz verloren und verweilen über Jahrtausende in ihren selbst gestalteten Hüllen der Trostlosigkeit. Bereits mit der Suche nach etwas Schönem oder Heil für die Seele befindet sich ein Dämon auf dem erlösenden Weg und wird auch im Laufe der Zeit das Licht wieder finden, leider dauert auch dies meistens länger als erwünscht. Jeder von uns kann sich beim Anblick eines solchen Wesens in das Innere hineinfühlen und erkennt, dass er selbst auch diesen Weg der Lichtfindung gegangen sein muss, um dort am Ziel zu stehen, wo er sich gerade befindet. Allein die Befassung mit der eigenen Seele und dem All-Einen zeigt uns, dass wir immer am Ziel sind, da dies nichts ist, was wir erreichen müssen, sondern einfach nur als Tatsache erkennen sollten.

Aus diesen Gründen sollten wir einen Dämon als zwar im Moment vorwiegend böse ansehen, da er sich für dieses Leben im Hier und Jetzt entschieden hat, jedoch auch dabei bedenken, dass jede unsterbliche, göttliche Seele auf der Suche nach Licht ist. Auch wir könnten im Laufe der Ewigkeit wieder einmal an die Stelle der Dunkelheit treten, um ewig das Licht in uns zu erkennen, was uns somit weder besser noch schlechter als einen Dämon macht.

✬ GROSSMEISTER MELEK ✬
Oberhaupt der Dunklen Bruderschaft

Der Großmeister Melek stieg im Jahr 1892 nach Absolvierung seiner Lernaufgaben in den Sphären in die Kausalwelt auf. Schon seit Anbeginn seines Aufstiegs bekleidet Melek das Amt des Oberhauptes der Dunklen Bruderschaft. Dieses hohe Amt verdiente er sich durch seinen großen Wissensschatz. Nicht nur durch seine Führungs- und Herrscherqualitäten, sondern auch durch die Tatsache, dass er einiges für den nötigen Respekt getan hat, qualifizierte er sich für dieses Amt. Melek selbst hat keine Familie und profitiert daher vom gemeinschaftlichen Aspekt der Bruderschaft. Gemeinsam schüren sie Tag für Tag ihre dunklen Machenschaften in geheimen Großsitzungen, die vom Oberhaupt Melek geleitet werden. Meistens enden diese Sitzungen in einem ausgedehnten und wilden Gelage bzw. einer Orgie, in der ausgiebig und rücksichtslos gefeiert, geprügelt oder geschlechtlich verkehrt wird. Das Thema dieser Sitzungen ist meistens die Machtergreifung der dunklen Seite auf der Erde und das dazugehörende Erwecken im Bewusstsein der Menschen.

Amt
Oberhaupt der Dunklen Bruderschaft
Farbe des Strahls: Magenta
Aufstieg 1892 n. Chr.

Tätigkeit

✳ Lenkung und Leitung der Tätigkeiten der Bruderschaft

Da die meisten Chohane selbstständig arbeiten und Befehle selten wirklich ernst nehmen, ist es besonders wichtig, die Bruderschaft zusammen- und vor allem im Zaum zu halten. Verteilt werden lediglich spezielle Dienstaufträge, die selbst gestaltet werden können. Diese Aufträge werden von Melek selbst manifestiert und an den jeweiligen Chohan übergeben. Gelegentlich finden Dienstbesprechungen statt, deren Vorsitz Melek inne hat. Die Auswahl der Besprechungsthemen ist nicht festgelegt und wird vor Ort bestimmt und besprochen. Leicht führt es hierbei zu Missverständnissen und zu anschließendem Chaos auf den Sphären. Selbst gegen das Oberhaupt der Dunklen Bruderschaft lehnen sich die Mitglieder gelegentlich auf, um ihn vom »Thron« zu stürzen. Hier muss Melek sich selbst verteidigen, um sein Amt behalten zu können, was auch wieder ein Zeichen für den ewigen Kampf auf dieser Ebene ist.

✳ Kooperation in seltenen Fällen mit anderen Oberhäuptern

Obwohl die dunkle und die lichte Seite der Macht in einem stetigen Kampf gegeneinander stehen, gelingt es in seltenen Fällen doch, dass beide Seiten sich zum Wohl aller dazu entscheiden, zu kooperieren. Das heißt nicht, dass die dunkle Seite gefördert wird, sondern dass dem ewigen Krieg entgegengewirkt wird. Außerdem müssen beide Seiten einen eindeutigen Vorteil davon tragen, sonst findet eine Kooperation kaum statt. Selbst das Verfassen dieser Texte mit dem Chohan Karak (er war übrigens der Einzige, mit dem ich normal bzw. auf einer neutralen Basis kommunizieren konnte) ist ein Beispiel dieser Kooperation. Die lichte Seite erhält unglaublich wertvolle Informationen, um vor der dunklen Seite gewarnt zu sein, und die dämonische Welt verbreitet ihr Wirken und Wesen unter den Menschen und gewinnt an Bekanntheit. Allein aus diesem Grund war es möglich, mit den Dämonen so gut als möglich harmonisch schreiben und kommunizieren zu können. Die Meister der Weisheit stehen auch hier liebevoll und beschützend zur Seite!

✳ Auswahl einzelner dunkler Medien

Melek entschließt sich für die Erfüllung besonderer Aufträge zur Auswahl und Aussendung speziell ausgebildeter Medien, die der dunklen Seite dienen. Diese Medien sind meistens in den oberen Reihen großer Firmen, in der Politik, in der Wissenschaft oder sogar als Sektenführer zu finden. Wir müssen hierbei jedoch unterscheiden, dass manche tatsächlich gesandt wurden und andere wiederum zu dämonischen Taten verleitet sind, so wie wir alle verführt werden können, wenn Macht im Spiel ist. Auch das Verfassen dunkler, okkulter Werke zählt zu den Aufgaben eines Mediums der Dunklen Bruderschaft. Es kann vorkommen, dass eigene Nachkommen auf den Sphären geboren bzw. aufgezogen werden, die von Geburt an in eine spezielle Umgebung kommen, wo ihr Wirken am meisten Schaden anrichten kann. Diese Kinder der Dunkelheit sind von den Chohanen speziell auserwählt und werden auch als deren mediale »Kinder« angesehen. In vergangenen Zeiten nannte man diese Kinder meistens »Antichrist« oder gab ihnen andere ähnliche Namen. Sie werden in den seltensten Fällen erkannt und können ihr Unwesen ungehindert treiben durch geschickte Listen und Intrigen, da sie als Medien speziell geleitet werden. Auch wenn uns ein Kind oder eine Person in unseren Augen als dämonisch oder als Dämon erscheint, heißt das nicht, dass es dies auch bleiben muss. Jeder von uns sah die Dunkelheit und fand das Licht, dies ist ein ewiger Kreislauf!

✳ Kooperation mit dem Maha Chohan Cabalion

Melek erhält vom Brennpunkt Cabalion selbst seine eigenen Großaufträge, die meistens mit den negativen oder aggressiven Aktivitäten der Sphären zu tun haben. Hierfür werden diese beobachtet und durch eigens angefertigte Pläne gefördert und gelenkt. Somit fungiert Melek auch als Logos derer, die als Oberhaupt oder Leiter einer Masse die dunklen Energien annehmen, leben und verbreiten wollen. Dazu zählen auch Bandenkriege oder gar Kriege auf den Sphären. Bedeutende Beispiele solcher Aufträge sind die Atombomben und andere Massenvernichtungswaffen, die Weltkriege, Satanskulte und dunkle Sekten, Hexenverbrennungen und andere öffentliche Hinrichtungen, unheilbare Krankheiten und plötzliche Epidemien oder auch andere schreckliche Großereignisse. Hierbei kommt es auch vor, dass mit Gesandten aus dem Universum oder sogar dunklen Staatsoberhäuptern für einen größeren Auftrag kooperiert wird, wenn diese auch einen eindeutigen Vorteil daraus ziehen können. Der Kampf um die größte Macht in unserem Universum findet unter den Dämonen selbst statt und nicht unbedingt bei dem Kampf Gut gegen Böse. Daher kommt es auch bei jedem Kontakt zu Misstrauen, Täuschungen und dem Versuch, sich persönlich zu profilieren.

✶ Chohan Ghidos ✶

Amt

Chohan des ersten Strahls
Farbe des Strahls: Petrolblau
Aufstieg 267 v. Chr.

Tätigkeit

✳ Setzung von Impulsen

Hierbei verstehen wir das Schüren von negativen Ideen oder Gedankengängen. Jeder von uns hat schon einmal einen Blitzgedanken zu einer negativen Tat oder für einen hinterhältigen Plan gehabt. Meistens sind wir unglaublich enttäuscht, wenn unser Bauchgefühl versagt hat oder wir denken, wir könnten nach unseren eigenen Ideen nichts Gutes mehr erreichen. Genau an diesem Punkt hat Ghidos sein Ziel schon erreicht, da wir langsam aufhören, auf uns selbst zu vertrauen. Er bezieht sich hierbei, je nach Intensität der Annahme dieser Impulse, auf einen bestimmten Bereich der Sphäre. Gerade bei psychisch labilen oder depressiven Personen wirken diese Impulse am leichtesten, da sie von ihrer eigenen Negativität umgeben sind und diese auch ausstrahlen, was gerade die Personen der Dunkelheit anziehen, da sie sich von Energien dieser Art regelrecht ernähren. Es bestärkt sie, wenn jemand aufgrund ihres Wirkens noch mehr oder wenigstens gleich leidet, wie sie selbst. Sie fühlen sich dann stärker und berechtigt, eine andere Person zu beherrschen. Das ist es, was sie wollen: herrschen und beherrschen!

✳ Kontrolle der Dämonen in den Wäldern des Äthers

Besonders in den dunklen Wäldern fühlen sich die meisten Dämonen wohl und siedeln sich als Gruppen der »verstoßenen« Seelen an. Hierunter befinden sich unter anderem auch große dunkle Hexenmeister, die der Bruderschaft dienen. Meist sind diese Meister von ihrer äußeren Erscheinung her wunderschöne Gestalten, denen es leichtfällt, sich als einer von uns zu etablieren, um ihr dunkles Spiel zu treiben. Diese Meister versuchen allein mit ihrem schönen Äußeren und ihrem vortrefflichen Charme, uns in ihren Bann zu ziehen, um ungehindert über uns zu herrschen. Gelingt es uns, dieses Spiel zu durchschauen, ist es meist schon zu spät, da wir psychisch schon abhängig und völlig uneigenständig gemacht wurden.

✳ Beobachtung der Manifestationen in den Akasha-Chroniken

Genau wie jeder aufgestiegene Meister kann auch Ghidos Einblick in die Chroniken nehmen. Meistens nimmt er diese Informationen zu seinem persönlichen Vorteil auf und beeinflusst mit der vorgetäuschten bzw. erlogenen »Wahrheit« die Zukunft. Hierbei bedient er sich einer speziellen List, zum Beispiel eines eigens für ihn arbeitenden Orakels. Dieses Orakel gibt vor, neutraler Natur zu sein, und nimmt hinter der Hand die Vorteile der Zusammenarbeit und Betrügereien mit Ghidos entgegen. In den Chroniken sind auch die Pläne der aufgestiegen Meister der Weisheit manifestiert. Ein solches Engagement gibt es jedoch auch seitens der Weissen Bruderschaft, was wiederum ein Beispiel des ewigen Kampfes ist. Oftmals werden die Pläne eines aufgestiegenen Meister durch die Hand der Dämonen durchkreuzt, was dazu führen soll, das Vertrauen in den Meister zu erschüttern und den Schüler denken zu lassen, dass dieser Meister nicht so mächtig ist, wie er angenommen hat. Gerade wenn wir der geistigen Welt als Medium dienen, müssen wir uns dessen bewusst sein und dürfen bzw. sollten das Vertrauen in die Großmeister niemals verlieren. Sie dienen der Menschheit aus bedingungsloser Nächstenliebe und stellen sich mit ihrem uralten Wissen über das Leben zum Wohl aller zur Verfügung; dies sollten wir niemals vergessen! Auch die Großmeister der Dämonen sind von weiser Natur und haben einen uralten Wissensschatz erreicht, was sie aufsteigen ließ.

✸ CHOHAN IKON ✸

Amt

Chohan des zweiten Strahls
Farbe des Strahls: Gelb
Aufstieg 1481 n. Chr.

Tätigkeit

✳ Lenkung und Leitung der Banden und Interessengruppen
Hierbei gelingt es dem Chohan Ikon, die verschiedenen Banden, Gruppen und Interessenvertretungen der Dämonen immer wieder durch

die Setzung von Impulsen gegeneinander aufzuhetzen. Dies führt zu einem ewigen Kreislauf des Hasses und der daraus gründenden Verseuchung der Atmosphäre. Die Energie dieser Bereiche ist deutlich fühlbar und kann dazu führen, die ohnehin dunklen Seiten in jedem von uns noch weiter zu fördern. So leben diese dunklen Personen in ihrer eigenen Welt und können bzw. wollen gar nicht sehen, dass es noch andere Seiten in ihnen gibt, da in ihrem Umfeld auch nichts anderes gezeigt und gelebt wird. So ist es ein leichtes Spiel für Ikon, als Logos der Anführer einzelner Banden und der Oberhäupter verschiedener Logen zu wirken. Auch einzelne Personen werden hierbei dazu gebracht, Misstrauen und Zwiste in Gruppen zu bringen, um auch in dieser Loge für Streit zu sorgen. Jeder muss immer schauen, dass er selbst der Stärkere bleibt und den klaren Vorteil immer auf seiner Seite hat. Auch ohne Beeinflussung von außen gibt es aus diesen Gründen genug Streitereien und Kriege.

⁕ Planung und Durchführung von Kriegen im kausalen Bereich

Wie bereits beschrieben, finden auch im kausalen Bereich, also im Brennpunkt der Dämonen, Straßenkriege und auch kleinere Kriege im privaten Bereich statt. Die einzelnen Anführer, Oberhäupter oder auch Sprecher der Vereinigungen im Brennpunkt lassen sich von Ikon immer wieder dazu verleiten, sich gegen die feindlichen Reihen aufzulehnen und Kriege anzuzetteln. Jeder muss um seinen Standpunkt und um den Respekt der anderen kämpfen, um »überleben« zu können. Daher wird auch immer wieder versucht, mehr Macht an sich zu reißen, und hierbei wird nicht erkannt, dass wir alle als Gott, der wir sind, immer gleich viel Macht haben. Keiner ist schlechter oder besser als wir selbst, da wir alle gleich sind, wir reisen lediglich individuell und empfinden uns somit nur als »anders«, dies ist ein göttlicher Aspekt in uns – ein Gefühl. Die Macht wird lediglich als Geschenk gesehen und selten als etwas, das wir teilen können bzw. als etwas, das wir alle in unserer Göttlichkeit im gleichen Maße besitzen. So dreht sich das Rad der ewigen Jagd nach Macht immer im Kreis und wird, solange es Neid, Hass und Gier gibt, niemals aufhören, sich zu drehen!

✳ Auflehnung gegen die eigenen Reihen

Zu Ikons speziellen Listen gehört es, sogar die eigenen Reihen, also die anderen Chohane, untereinander und gegeneinander aufzuhetzen. Hierfür verbreitet er Lügen, bedient sich der gestohlenen Energie der Unwissenden, um böswillige Manifestation zu setzen oder begeht sogar Rufmord. Dies bleibt selten unbemerkt und wird durch härtere Rückschläge bestraft. Hat die Dunkle Bruderschaft ein gemeinsames Ziel, vertrauen sich die Mitglieder auch manchmal untereinander, was jedoch aus Selbstschutz schnell wieder fallen gelassen wird. Was wir meistens als unfassbar oder unermesslich böse empfinden, fällt schon in den Bereich dieser »Spielereien«! Hierbei werden sogar die Arbeit und das Wirken der anderen sabotiert, um selbst besser dazustehen. Es gilt das Gesetz, dass der Stärkere gewinnt und der Verlierer sich unterordnen muss, was aber meistens aus Stolz nicht befolgt wird, da Gesetze nicht wirklich befolgt werden, schon gar nicht in den höheren Rängen der Mächte. Dies ist auch der Grund, warum die meisten Dämonen die höheren Ränge anstreben, um an mehr Macht und Respekt zu gelangen, was die Hoffnung auf mehr Frieden und Ruhe birgt, die sich aber an einem Ort wie diesem niemals finden werden.

✵ CHOHAN KILOP ✵

Amt

Chohan des dritten Strahls
Farbe des Strahls: Rot
Aufstieg 2167 v. Chr.

Tätigkeit

✳ Die düsteren Zeiten des Mittelalters

Der Großmeister Kilop ist nun schon seit fast 1371 Jahren Chohan in der Dunklen Bruderschaft. Zu seinen beruflichen Glanzzeiten gehört vor allem das Mittelalter mit all seinen Grausamkeiten. Speziell die öffentlichen Hinrichtungen und Hexenverbrennungen zählten zu seiner Arbeit. Auch heute noch gelingt es ihm, diesen Grundgedanken durch die moderne öffentliche Hinrichtung aufgrund der Todesstrafe auf der physischen Sphäre beizubehalten. Auch wenn wir denken, dass wir durch den Fortschritt längst aus dieser durch Gewalt geplagten Zeit ausgetreten sind, sollten wir nur einmal kurz den Fernseher einschalten. Kilop genießt diese Ereignisse, da viele von ihnen durch das Setzen seiner Impulse zustande kamen. Gerade die modernen Straßenbrutalitäten und einzelne Gewalttaten der Kriminalgeschichte zeigen immer wieder, dass Gewalt etwas Allgegenwärtiges ist und niemals an Interessenten, die diese ausführen und somit den eigenen dämonischen Impulsen folgen, verliert. Wir denken, dass alles mit der modernen und schnelllebigen Zeit immer schlimmer wird, dabei verändert sich lediglich das Gesicht der Verbrechen und passt sich der Zeit an. Grausamkeit bleibt immer Grausamkeit und wird weder mehr noch weniger. Für denjenigen, den diese Taten mehr treffen als einen anderen, werden die Grausamkeiten immer schlimmer in der heutigen Zeit und für denjenigen, der davon eher verschont bleibt, hat das spirituelle Zeitalter seine Wirkung getan und die Welt ist auf dem Weg der Besserung. Dies zählt zum ewigen Kreislauf von Gut und Böse, den jeder für sich gehen muss, da wir wieder individuell entscheiden.

✳ Okkulte Riten und Satansanbetungen

Kilop selbst hat für diese Zwecke einige okkulte Satansbücher mehreren Medien diktiert und Anleitungen für die Durchführung von Séancen beschrieben. Auch das eindrucksvolle »Erscheinen« nach einer

Gruppen- Anrufung und das Erteilen von Anweisungen gehören zu seiner Arbeit in diesem Bereich. Viele denken, dass immer etwas Böses beim Anrufen eines Dämons passiert, was leider auch meistens der Fall ist. Haben wir jedoch Glück, kann es auch vorkommen, dass wir wertvolle Informationen erhalten. Es geht nur gegen uns selbst und somit gegen unsere unsterbliche Seele, wenn wir die eigene dunkle Seite und das Interesse daran verleugnen. Ich nahm meine dämonische Seite an und suchte nach Antworten auf meine »dunklen« Fragen beim dämonischen Chohan Karak. Zu Beginn war dies kein leichtes Unterfangen, aber durch den Ausgleich der einzelnen Interessen wurde eine vernünftige Kommunikation möglich. Wir können also auch mit einem hohen Dämonen normal sprechen. Dies sollte jedoch kein Aufruf sein, sich einem Dämon zuzuwenden, um mit ihm zu sprechen, insbesondere als ungeübtes Medium und wenn kein Meister des Lichts zugegen ist.

☀ Die Verehrung der dunklen Seite

Die Bildung von Sekten oder anderen Bewegungen, die einer bestimmten Glaubensrichtung folgen oder die eine spezielle, düstere Gottheit anbeten, hilft der Dunklen Bruderschaft. Aus diesem Grund werden dunkle Arbeiter in Gegenden platziert mit Menschen, die Führung oder Erlösung erbitten, egal von wem. Dies sind in den meisten, aber nicht in allen Fällen Menschen, die leicht zu überzeugen und zu täuschen, psychisch labil oder abhängig sind. Sie suchen nach Wundern, die ihnen die Macht der Dunkelheit beweisen und die ihnen schnell geboten werden können. Da wirklich jeder ein Medium aus göttlicher Natur ist, dies jedoch lediglich nicht immer annimmt, passiert es sehr oft, dass die medialen Fähigkeiten gerade der Dunkelheit kurz geöffnet werden, um eine machtvolle, astrale Erscheinung hervorzurufen. Dies wirkt für den Laien im Hellsehen als ein absolutes Wunder und liefert den nötigen Beweis, um ihn für die dunkle Seite zu gewinnen. Das blitzartige Hellsehen oder Hellhören ist nicht nur bei den Dämonen, sondern auch in Ausnahme- und Gefahrensituationen ein hilfreiches Mittel der Meister und Engel, um die Menschheit zu warnen oder zu schützen. Meistens wird davon berichtet, wenn ein Mensch durch die Hilfe einer »plötzlich« erschienenen Person gewarnt und gerettet wurde. Dies sind astrale Erscheinungen und wirken in einem Moment für den Laien genauso real, wie sie für ein begabtes Medium dauerhaft real wirken, dass nicht zwischen astral und physisch unterschieden werden kann.

✯ CHOHAB KARAK ✯

Amt

Chohan des vierten Strahls
Farbe des Strahls: Mintgrün
Aufstieg 1547 n. Chr.

Tätigkeit

✳ Die visuelle Wahrnehmung

Der Großmeister Karak ist bemüht, die optische Wahrnehmung des Auges insoweit zu verändern, dass jeder imstande sein sollte, die dämonische Seite, die jedes Wesen in sich trägt, auch im Außen wahrzunehmen. Oftmals ist ein wunderschöner Mensch eine Gefahr für uns, weil er keine guten Absichten gegen uns hegt, jedoch laufen wir blind in seine Arme, weil wir dies nicht sehen können oder wollen. Bei den Dämonen geschieht es, dass die Hässlichkeit ihrer Gedanken sich in ihrem Äußeren manifestiert. Sie haben sich zu ihrer dunklen Seite bekannt und ihr Wirken zeigt sich somit auch im Außen. Auch bei physischen Menschen kann das mit der Zeit sichtbar werden, was einige viel älter, verbitterter oder zorniger aussehen lässt, als sie eigentlich wären. Bei Dämonen tritt bei der Lichtfindung eine schnellere Besserung der optischen Erscheinung ein, da ihr Körper feinstofflicher und somit gedanklich leichter veränderbar ist. Wir sind physisch hierfür leider zu grobstofflich, sodass sich eine Besserung lediglich in unserer Ausstrahlung zeigt. Meistens erscheinen uns dann sehr alte und meist mit Zornfalten behaftete Menschen plötzlich strahlender und zufriedener, die Falten jedoch bleiben und erinnern uns immer wieder an die Zeit der Lichtfindung.

✳ Die akustische Wahrnehmung

Viele von uns sagen nicht genau, was sie denken. Karnak bemüht sich darum, dass wir wahrnehmen können, was unsere Umwelt denkt. Dies versucht er mit dem Setzen von Impulsen oder mit dem unbefugten Öffnen der medialen Fähigkeiten in einer entsprechenden Situation. Meistens endet dies in einem heftigen Streit oder wir bekommen einen falschen Eindruck von unserem Gesprächspartner aufgrund einer voreiligen Meinungsbildung. Dies kann bis zum Bruch einer Partnerschaft, der Familie oder auch mit Kollegen führen. Es kann auch vorkommen, dass unsere innersten Wünsche zum Beispiel nach materiellen Besitztümern lauter und somit stärker wahrgenommen werden. Dies kann dann dazu führen, dass wir leichter und unüberlegter dieser Stimme folgen und wir schnell in eine finanziell missliche Lage geraten, was den meisten Menschen wohl schon einmal passiert ist. So sollten wir bei unserer eigenen inneren Stimme immer ganz genau auf unser Gefühl achten, ob diese Stimme wirklich unseren tiefsten Wünschen oder Wahrnehmungen entspricht.

✳ Die gefühlte Wahrnehmung

Oft entscheiden wir allein aus dem Bauchgefühl, ob wir etwas tun möchten oder nicht. Leider kann auch diese meistens verlässliche Hilfestellungen unserer Seele durch nicht erkannte Impulse verfälscht werden. Dann kann es im schlimmsten Fall passieren, dass wir nicht mehr auf unsere eigene innere Stimme hören, weil wir durch eingegebene Impulse fehlgeleitet werden. Wir sollen hier aber nicht den Eindruck bekommen, ein falsches Gefühl zu erhalten. Dies ist nicht möglich, denn Gefühle sind in einem stetigen Fluss und gründen auf den Wahrnehmungen unseres Lebens. Wir können eindeutig unterscheiden, was eingegeben wurde und somit ein Impuls von außen ist und was wir selbst wahrnehmen. Wir sollten immer genau auf unsere Gefühlswelt hören, um nicht auf derartige Listen hereinzufallen.

✮ CHOHAN OPOROS ✮

Amt

Chohan des fünften Strahls
Farbe des Strahls: Orange
Aufstieg 1792 n. Chr.

Tätigkeit

 Verwaltung der Schwingungszellen im astralen Bereich
Gerade im astralen Bereich finden sehr viele dämonische Bewegungen statt, da hier schon sehr feinstoffliche Körper sind, die unglaublich sensibel auf ihr Umwelt reagieren. Kommen wir in diesem Köperzustand mit dämonischen Aktivitäten in Berührung, kann es viel leichter passieren, dass wir uns ihnen hingeben. Auch das Empfangen von Impulsen der dämonischen Welt geschieht hier viel leichter. Oporos beobachtet daher ganz speziell diesen Bereich, da hier die meisten Umformungen stattfinden. Beginnt sich eine Person auf diese negativen Frequenzen einzulassen, kann es passieren, dass sie in einen anderen, passenderen Lebensraum umgesiedelt werden muss, da sich die Frequenzen auch durch die optische Umformung zeigen. Meistens wird diese Umsiedelung nicht als Verstoßung empfunden, da wir uns nun unter den Gleichgesinnten wohlerfühlen. Es geschieht vielmehr durch

einen Impuls, den wir annehmen und durch den wir gedrängt werden, uns eine passendere Gegend und Behausung auszusuchen. Wir werden hierzu nicht gezwungen, vielmehr tauchen wir vor dem Leben unter, das wir nicht mehr möchten. Somit geraten wir in die berüchtigte Unterwelt!

✳ Beobachtung der astralen Lebensräume

Dämonen leben nicht ohne Grund in speziellen Wohngebieten auf den Sphären, da sie die dunklen Energien bei sich nicht nur zugelassen haben, sondern diese auch leben. Nicht nur ihr Inneres, sondern auch ihr Äußeres richtet sich nach ihrer eigenen Sichtweise vom Leben. Auch unter den Dämonen formen sich verschiedene Frequenzen, die man auch als »Wesenheiten« bezeichnen kann. Dies grenzt sie leider nicht nur von den anderen Menschen ab, sondern spaltet sie auch untereinander in verschiedenen Gruppen. Aus diesen Gründen kommt es auch oft zu Banden- und Rassenkriegen in diesen Gegenden. Oporos beobachtet, lenkt und leitet diese Geschehnisse und teilt die Dämonen den jeweiligen Gebieten zur Ansiedelung zu. In seltenen Fällen kann es auch passieren, dass sich ein Dämon bessert und dies auch im Außen durch eine Vermenschlichung seiner Erscheinung ausdrückt. Hier wird die Person in eine lichtere Gegend ausgesiedelt, um die anderen Dämonen nicht zu beeinflussen oder gar von ihrer Sichtweise abzubringen, was als Verrat gilt und heftig bestraft wird.

✳ Gruppierungen oder Massenansammlungen

Gerade in der Unterwelt, also in den dunkleren Frequenzen der Sphären, kommt es oft zur Bildung von Banden oder anderen demonstrativen Massenansammlungen. Die Energien, die bei diesen Versammlungen freigesetzt werden, wirken sich auch auf das Umfeld aus, da sie sehr weit ausstrahlen. Wenn dies passiert, ist es die Aufgabe von Oporos, die Energien geschickt zu lenken und zu leiten, um den höchstmöglichen Vorteil für die dunkle Seite zu erhalten. Hierbei kann es eben passieren, dass Personen zu dämonischen Handlung verleitet werden, obwohl sie dies nicht vorhatten, oder dass sich jemand plötzlich depressiv oder einfach nur auf irgendeine Art schlecht fühlt. Gerade in den Zeiten der globalen Kommunikation ist dies ganz leicht. Wir sehen, hören und fühlen jeden Tag im Fernsehen, Radio oder im Internet, wieviel Gewalt, Trauer und Tragödien sich ereignen und nehmen dies auch in den meisten Fällen ganz wissbegierig auf.

✯ Chohan Stuvne ✯

Amt

Chohan des sechsten Strahls
Farbe des Strahls: Rosé
Aufstieg 491 n. Chr.

Tätigkeit

✳ Ersuchen zur Gründung einer Familie

Auch Dämonen oder dämonische Personen sehnen sich nach einer eigenen Familie und entschließen sich aus diesen Gründen für das Erhalten eines eigenen Kindes. Auch im dämonischen Bereich muss hierfür angesucht bzw. ein Antrag eingereicht werden, damit ein passendes Kind geformt und durch einen dunklen Engel gebracht wird. Stuvne selbst ist Mutter zweier Kinder, was in den höheren Rängen der Dämonen nicht selten ist. Leider ist es eine Tatsache, dass besonders die eigenen Familienmitglieder geschützt werden müssen, da sie am leichtesten verletzt oder erpresst werden können. Auch für einen Dämon ist das eigene Kind das Heiligste, sozusagen sein Augapfel und Nachkomme, selbst wenn wir immer nur das Schlechteste erwarten würden. Die Kinder sind auch hier die Sicherung des Fortbestandes der eigenen »Spezies«.

✳ Überwachung der physischen Inkarnationen und Geburten

Nicht nur die aufgestiegenen Meister der Weisheit oder die Erzengel arbeiten an der Weiterentwicklung der physischen Körper mit, wie es durch die Kristall- oder Indigokinder bekannt geworden ist. Auch die Dämonen überwachen und fördern die evolutionäre Entwicklung dieser Sphäre besonders im Bereich der Schwangerschaft und Geburt. Der zukünftige Mensch soll genau wie die Dämonen im Äußeren so hässlich geboren werden, wie er teilweise im Inneren sein kann. Meist zeigt sich diese Hässlichkeit nur in Worten oder Taten des Menschen, obwohl er eine wunderschöne Körperhülle trägt, · doch dies verabscheuen die Dämonen, da ihre Taten in ihrer äußerlichen Hässlichkeit sichtbar sind. Auch das Überwachen der inkarnierten dunklen Arbeiter gehört zu den Aufgaben von Stuvne. Sie sollen in ihrer Laufbahn so gelenkt und geleitet werden, dass sie so weit wie möglich an die Spitze gelangen. Die Förderung der hierfür nötigen Intrigen, Betrügereien und Bestechungen zählt auch zu den Führungsaufgaben von Stuvne. Die Arbeiter wissen meist nicht, dass sie als Medium dienen, folgen aber dennoch den Anweisungen der höheren dunklen Mächte, da sie mit ihrer Seele unterschrieben haben. Diese Personen erwarten nach ihrem erfüllten Auftrag eine spezielle Anerkennung und Begünstigung, die sie in den seltensten Fällen tatsächlich erhalten.

✳ Förderung der dämonischen Frequenzen bei Kindern

In der heutigen Zeit stehen Jugendbanden, Straßen- und Rassenkriege bei der Jugend sowie bei vielen Erwachsenen auf der Tagesordnung. Schon im Kindesalter versuchen die Dämonen, die von den Kindern noch nicht recht verstandenen und naiv gelebten dämonischen Energien zu fördern, um sie als Erwachsene später für sich zu gewinnen. Diebstahl, Brutalität, Drogen und fahrlässige Handlungen jeglicher Art sind dabei nur kleine Beispiele der Impulse von Stuvne, die verleiten sollen!

Zum Glück verfolgen auch die aufgestiegenen Meister und Erzengel das Ziel, indem sie die Kinder der Zukunft schon von Kindesbeinen an spirituell und für die geistige Welt und deren Hilfe öffnen möchten. Auch das Animieren der Eltern zur spirituellen Erziehung gehört zu den Bemühungen der Lichtarbeit.

✴ CHOHAN BEDINOS ✴

Amt

Chohan des siebten Strahls
Farbe des Strahls: Pink
Aufstieg 1794 n. Chr.

Tätigkeit

✳ Gestaltung der dämonischen Lebensräume auf den Sphären

Jede dämonische Person und jeder Dämon bekommt aufgrund seiner Sichtweise vom Leben eine eigene Vorstellung, wie er sein Leben bzw. seinen Lebensraum gestalten würde. Sehen wir die gedanklichen Manifestationen dieser Vorstellungen als Gruppenvorstellung, bekommen wir einen Eindruck von der Welt der Dämonen. Chohan Bedinos vermag es, diese Vorstellungen und Wünsche zu sehen, zu spüren und auch zu hören, aufgrund dessen gestaltet er die Lebensräume. Daher sind die Orte, an denen Dämonen leben, meistens auch düster oder von dunkler Atmosphäre, weil sich dort die inneren Vorstellungen jedes Einzelnen manifestiert haben. So lesen wir oft, dass einzelne Personen geduckt oder deprimiert in einer Art Trancezustand umherwandern und vom Leben wenig mitbekommen. Diese Personen haben sich den Frequenzen der dunklen Sphäre hingegeben und sind in eine eigene Gedankenwelt geflüchtet, wo sie durch das eigene Sinnieren und Leiden Befriedigung erfahren. Treffen wir bei einer Astralreise oder im Traumzustand auf Personen dieser Lebensart, können wir zumindest versuchen, sie aus dieser Trance zu erwecken, indem wir ihnen liebevoll vom Licht erzählen. Leider gelingt dies eher selten, da diese Zustände sehr tief gehen können und die meisten gar nicht zuhören wollen, da sie das Leben an sich aufgegeben haben. Sicher ist jedoch, dass jeder, egal wie verzweifelt er ist und wie aussichtslos seine Situation erscheint, eines Tages von selbst erwacht und seine Seele wieder zu reisen beginnt. Niemand verweilt ewig in diesem Zustand; wenn die Seele genug an diesem Ort erfahren hat, erwacht sie aus der Trance und beginnt, das Licht zu suchen.

✳ Beschaffenheit der Lebensräume und der Atmosphäre der Dämonen

Auch Dämonen und vor allem Personen, die zu Dämonen werden, kommen im Laufe der eigenen Entwicklung in spezielle Bereiche der Sphären, wo sie angesiedelt werden und auf Gleichgesinnte treffen sollen. Dies garantiert die ungehinderte Entwicklung der zukünftigen Dämonen. Gerade wenn eine Person beginnt, ihr hässliches Inneres nach außen zu kehren und dies auch bewusst wahrnimmt, indem sie sich selbst immer mehr als einen Dämonen erkennt, glaubt sie schnell, es gäbe ohnehin kein Zurück mehr in den normalen Körperzustand. Gleicht die Person dann diesen Grundgedanken der dämonischen Gefühle dem Lebensraum und der Beschaffenheit in diesem Bereich an, verschwindet der Gedanke an die Rückintegration mit der Zeit vollständig und sie beginnt, sich ein neues Leben aufzubauen.

Aufträge und spezielle Arbeiten werden übernommen, um sich den nötigen Respekt für das Überleben zu verdienen, eigene Familien werden gegründet und Gleichgesinnte gesucht. Sehr schnell findet hier Integration statt, da die Dämonen in Zeiten des Aufstiegs und der damit verbundenen Suche nach dem göttlichen Licht immer noch eine Minderheit bilden. Hierbei sollten wir bedenken, dass es genauso schnell möglich ist, vom dämonischen in den menschlichen Zustand zurück zu wechseln, wie dies möglich war, als die betreffende Person sich in einen Dämon wandelte. Bekennt sich die Seele zu einer anderen Sichtweise über das Leben und erklärt sich bereit, diese auch im Außen auszudrücken, wird dies mit der Zeit auch sichtbar. Somit sind wir immer wandelbar, egal wie wir gerade sein mögen, was mich auch dazu bewegt, selbst Dämonen nicht zu verurteilen für das, was sie derzeit sind.

✳ Platzierung der physisch inkarnierten Dämonen in den einzelnen Ländern

Das ewige Spiel von Gut und Böse findet auf jeder Sphäre statt. Besonders auf der physischen Ebene lässt sich durch das Platzieren einzelner inkarnierter, dunkler Arbeiter viel erreichen. Sie werden speziell dort platziert, wo ein Lichtarbeiter versucht, Gutes zu tun, um diesen daran zu hindern. Es bereitet mir jetzt aber besonders viel Freude, auch von den unendlich vielen, liebevollen Lichtarbeitern zu berichten, die mindestens genauso gut platziert werden, um uns zu unterstützen. So kommt es vor, dass sich ein netter Kollege oder Freund als inkarnierter Engel entpuppt, der hilfreich zur Seite steht, wenn wir einen Engel brauchen, oder ein süßes Haustier, das uns Liebe und Treue entgegenbringt, ein Sponsor oder Geschäftspartner, der uns geschäftlich zur Seite steht usw. Sie bringen uns viel Unterstützung, sei es auch nur ein Trost spendendes Lächeln eines Mitmenschen.

★ CHOHAN QUINTUS ★

Amt

Chohan des achten Strahls
Farbe des Strahls: Königsblau
Aufstieg 1893 n. Chr.

Tätigkeit

✳ Aufstiege der Dämonen in die Kausalwelt

Auch Dämonen wachsen in ihrer Weisheit und werden im Laufe der Jahrtausende bereit für den kausalen Aufstieg. Chohan Quintus ist hierbei bemüht, jedem Einzelnen dazu zu verhelfen, indem er die Ankömmlinge in seinem Tempel im Äther empfängt. Der »Tempel der Formen« im Ätherreich befindet sich in St. Petersburg (Russland) auf dem Vorplatz des Marinski Theaters. Der Aufstieg der Dämonen vollzieht sich so ähnlich wie der Aufstieg der Menschen durch den Großmeister Serapis Bey. So ist auch der Großmeister Quintus zu einer klärenden und transformierenden königsblauen Aufstiegsflamme bemächtigt, um die Schwingungszellen für die kausale Frequenz vorzubereiten.

Die Zellen gilt es so weit zu klären, dass die Erlebnisse der großen Inkarnation sacken können, aber die dunkle Sichtweise nicht verlorengeht, denn diese wird für die Ausführung der Befehle noch gebraucht. Für jeden Aufsteiger ist bereits ein Lebensbereich und ein Dämon von höherem Rang vorgesehen, der das Leben des Neuankömmlings lenkt und leitet, damit jeder Einzelne seinen Nutzen für den Maha Chohan Cabalion erfüllt und seine individuellen Talente ausleben kann. Gerade nach dem Aufstieg kann noch nicht frei gewählt werden, wo und vor allem wer die Dämonen sein möchten. Dies wird bestimmt und kann nur mit Mühe im Laufe der Zeit eigenmächtig verändert werden, was meist einige Opfer mit sich bringt. Wer sich erst einmal eingelebt hat und die Gegebenheiten des Brennpunktes kennt, sucht schnell Anschluss an eine Interessengemeinschaft. Allein sind die Dämonen zu vielen Gefahren und Beeinflussungen ausgesetzt, was schnell zu einer Form von depressiver Lebenssicht führen kann. So sind die Dämonen mit allen Mitteln bemüht, einen höheren Rang einzunehmen, da sie stets im Glauben gelassen werden, nur durch diesen ein besseres und angesehenes Leben führen zu können. Dies ist auch der Grund, warum die höheren Ränge derart begehrt sind und die Taten der dämonischen Großmeister weder ab- noch zunehmen, was sich als ewiger Kreislauf von Gut und Böse gestaltet! Auf der einen Seite möchten sie vielleicht aus tiefster Seele ein besseres Leben führen und fühlen sich zu derartigen Taten gezwungen, da sie glauben, es ginge nicht anders, aber auf der anderen Seite weiß die Seele um das kosmische Gesetz des Karmas und fürchtet sich vor den Auswirkungen solcher Taten. So habe ich schon viele Dämonen getroffen, die von eher friedlicher Natur waren, da sie in ihrer Weisheit entschieden haben, nicht noch mehr eigenes Karma anzusammeln durch ihre Taten. Ist ein Dämon erst einmal zu dieser Erkenntnis gelangt, ist der Lichtfindungsweg nicht mehr allzu weit. Daher sollten wir auch Dämonen als Medium eine Chance geben, um frei sprechen zu können, da auch sie einen unermesslichen Erfahrungs- und Wissensschatz tragen.

※ Beobachtung und Verwaltung der körperlich-kausalen Schwingungsfrequenzen

So wie auf allen Sphären müssen auch hier die Frequenzen bzw. die auffälligen Energieverschiebungen im Brennpunkt überwacht werden. Gerade durch die Bildung der verschiedenen Interessengruppen passiert es oft, dass es zu aggressiven Massenansammlungen kommt, bei denen eingeschritten werden muss. Nur so kann eine kultivierte Umgebung erhalten werden, da Gesetze nur selten ernst genommen und befolgt werden. Lediglich bei bedrohlichen Situationen für die Allgemeinheit wird eingegriffen und bei kleineren Delikten sind wir ganz auf uns selbst gestellt.

Lässt sich eine Person erst einmal voll und ganz auf die Umgebung und die dort herrschenden Energien ein, macht sich dies auch im Wesen und in der Sichtweise vom Leben dieser Person bemerkbar. So tritt langsam das innere Wesen im Außen in Erscheinung. Es kommt zu äußeren Verformungen, die jedem beim Gedanken an Dämonen bekannt sein dürften. Diese verschiedenen Verformungen werden in einzelne Gruppierungen oder »Rassen« eingeordnet. So fällt es den Dämonen mit der Zeit auch leichter, sich für eine spezielle Gruppe zu entscheiden, um sich dieser anzuschließen. Dieses Phänomen kommt auf allen Sphären vor und das nicht nur bei den Dämonen. Sind wir sehr verbittert oder stets traurig, sieht man uns das auch im Außen an. Geht das über Jahre oder gar Jahrzehnte, verändert sich unser Erscheinungsbild entsprechend, je nachdem, welche Sichtweise wir vom Leben und uns selbst entwickelt haben. Schnell kann daraus ein Teufelskreis werden, in dem wir das hässlich gewordene Äußere derart verabscheuen, dass wir keinerlei eigene Schönheit mehr sehen oder gar annehmen können.

Wir bemerken, dass dieser Eigenhass zu noch mehr Unzufriedenheit und Verbitterung führt, anstatt uns so anzunehmen, wie wir nun einmal geworden sind im Laufe des Lebens. Erst wenn wir uns selbst annehmen, wie wir sind, können wir weiterblicken und etwas verändern. So kommt es eben vor, dass wir uns oder auch andere schnell in eine »Schublade« stecken, nur aufgrund der äußeren Eindrücke, die wir über eine Person gewinnen. Wir unterscheiden nach Schönheit, Körperumfang, Intelligenz, usw. Die Dämonen entscheiden nach den Auswirkungen der Verformung, was aber kaum einen Unterschied macht. Der Unterschied ist lediglich eine gedankliche Grenze bzw. Einschränkung, die wir uns selbst setzen. Diese nehmen wir meistens freudig von der Gesellschaft an, da auch wir uns nach der Zugehörigkeit zu einer zu uns passenden Gruppe sehnen, um nicht alleine kämpfen zu müssen!

✳ Abstiege in eine neue Inkarnation

Auch wenn viel davon berichtet wird, dass wir aus der Hölle nicht entkommen können, müssen wir uns an dieser Stelle klarmachen, dass die Hölle lediglich ein Wohnort ist, den wir uns beim Aufstieg selbst aussuchen. Entscheiden wir uns, diesen Ort zu verlassen, steht uns dies auch frei, sofern wir uns keine speziellen Feinde gemacht haben. So habe ich schon des Öfteren erlebt, wie ein Dämon, der den Lichtweg gefunden hat und nun entschlossen ist, diesen auch zu leben, im Nirvana aufgenommen wurde, um ihm dort eine neue Chance zu ermöglichen. Dies geschieht vorübergehend, auf Probe, bis sich die betreffende Person eingelebt und vor allem auch bewährt hat, da der lichte Brennpunkt ein Ort des Friedens ist und Unruhen auf Dauer nicht geduldet werden. Etwas Ähnliches habe ich auch bereits über den Erzengel Chamuel gelesen, der als dämonischer Engel gelebt haben soll. Dies kann durchaus auf bekannte Großmeister zutreffen, deren Vorgeschichten jedoch nie bekannt wurden. Was unsere Seele einst dazu bewegte, dunkel zu werden oder uns auf den Lichtweg brachte, sollte niemals bewertet oder gar verurteilt werden, da wir alle diesen Weg unser Eigen nennen dürfen auf dem ewigen Lernweg der Seele.

Die Inkarnation wird hier auch als eine neue Chance gesehen, sich zu verändern oder gar zu entkommen. Viele Dämonen aus den Sphären inkarnieren gern physisch, um ihre Lebensumstände zu verändern, sodass sie eine Möglichkeit auf ein schönes und erfülltes Leben genießen können. Viele sehen sich derart festgefahren in ihrem Leben, dass sie eben keine andere Möglichkeit zur Flucht sehen. So kann es auch vorkommen, dass sich selbst ein aufgestiegener Großmeister zu einer physischen Inkarnation entschließt. Ich habe solche Personen getroffen, die von derart dunkler Kausalenergie sind und sich auch dazu bekennen, aber dennoch im physischen Leben zu lieben Freunden wurde, da sie ihre Chance, glücklich zu werden, genutzt haben. Meistens sind es gerade die Personen, von denen wir eine »dunkle« Energie niemals erwarten würden, da sie in ihrem Verhalten eher einem Engel gleichen als einem Dämon. Dies liegt meistens an der euphorischen Freude des hier erfüllten Leben, dass sie nur selten ihre dunkle Seite öffentlich zeigen oder gar ausleben. Das Wort »Dämon« hat gerade aus diesem Grund nicht immer nur etwas mit böse zu tun, da dies lediglich die Frequenz der Sichtweise über das Leben definiert. So kommen zu Beginn einer großen Inkarnation, genau wie bei der physischen Inkarnation, alle Seelen mit ihren individuellen Sichtweisen zusammen, um voneinander zu lernen. Egal, wie wir selbst sein möchten, es gibt immer jemanden, der daraus Leid oder Vorteil davonträgt und so lernen wir nicht nur selbst daraus, sondern geben auch immer anderen eine neue Chance, daraus zu lernen. So können wir jeden Tag, an dem wir etwas dazu lernen, selbst entscheiden, wie wir letztendlich sein möchten.

✹ CHOHAN RUSELLA ✹

Amt

Chohan des neunten Strahls
Farbe des Strahls: Rot
Aufstieg 182 v. Chr.

Tätigkeit

✳ Erstellung von Regeln und Gesetzen im Brennpunkt

Obgleich wir denken, dass in der Hölle das Chaos regiert, was auch meistens der Fall ist, gibt es dennoch Gesetze, die für Ordnung sorgen sollen. Diese Gesetze sorgen dafür, dass die Bewohner in Zaum gehalten werden und regeln somit die Abläufe im Brennpunkt. Es gibt Gesetze, wie das Ansuchen um ein Kind zur Gründung einer Familie, die Bestimmung des Wohnortes, die berufliche Zuteilung und die Prüfung der Referenzen, das Abhalten von Massenansammlungen bei Demonstrationen von verschiedenen Interessenvertretungen und viele mehr. Die Dämonen können bei der dunklen Bruderschaft auch

Gesuche zur Abfassung bestimmter Gesetze beantragen, diese werden entweder durch Abstimmungen oder durch Einzelvorschläge eingereicht. Russella entscheidet hierbei, ob der Antrag ernst genommen und bearbeitet wird oder ob der Antrag abgelehnt und fallen gelassen wird.

Die Gesetze, die der Masse gerecht werden und in Form gebracht werden, legt Russella dem Maha Chohan Cabalion zur Prüfung vor. Dieser entscheidet dann über die weiteren Schritte zur Gesetzesbeglaubigung. Hierbei kann er das Gesetz neu überarbeiten, bestätigen oder auch fallen lassen. Ist das Gesetz für die Masse tauglich, wird es vom »Rat der Gesetze« beglaubigt und öffentlich kundgetan. Damit ist das Gesetz wirksam. Bei Verstößen werden entsprechende Strafen verhängt, wobei der Gesetzesrahmen wieder etwas lockerer zu sein scheint. So gibt es auch Einrichtungen wie Arrestzellen, Gefängnisse oder gar Institutionen zur Rehabilitation der Verurteilten. Diese sind aber anders als die der physischen Sphäre, da sie meist in tiefen Schluchten verborgen sind und die Insassen nur schwer entkommen können. Auch die Dauer einer Haftstrafe wird nicht so genau genommen. So kommt es vor, dass sich die meisten Dämonen an die Gesetze halten, da auch sie die daraus gründende Ordnung bevorzugen.

✳ Strafverhängung bei Verstößen

Verhängt werden die Bestrafungen bei Verstößen oder langfristige Haftstrafen vom hohen Rat der Dunkelheit. Dieser Rat besteht aus uralten und weisen Mitgliedern der Dunkelheit, die ihr Amt schon seit mehreren Tausend Jahren innehaben. Sie haben schon einige Grausamkeiten gesehen und sind daher bei der Verhängung von Strafen äußerst kreativ und kennen dabei keinen Skrupel. Entschieden wird meistens lediglich nach dem Gefühl der Mitglieder. Zeit spielt keine Rolle. Der Angeklagte wird unter Bewachung zweier Beamter vor den Rat geführt, er muss inmitten einer großen Halle stehen, um sein Urteil entgegenzunehmen. Blickt er nach oben, sieht er eine große Glaskuppel und den grauen und düsteren Himmel dieser Sphäre. Die Mitglieder des Rates stehen in balkonartigen Logen, die kreisförmig im Raum angeordnet sind, und tragen eine lange, schwarze Robe mit einer Kapuze, da sie nicht erkannt werden wollen.

Dies allein ist schon ein sehr beeindruckendes und einschüchterndes Szenario. Ich muss sagen, dass ich diese Dinge Gott sei Dank nur aus den Erzählungen des Chohan Karak kenne und nicht selbst erleben musste. Es kann jedoch auch vorkommen, dass ein Angeklagter auf Bewährung frei gesprochen wird und entsprechend unter Beobachtung steht. Diese Beobachtung bedeutet unangekündigtes Eintreten in die Unterkunft des unter Bewährung stehenden Verurteilten oder das ständige Abhören und Überwachen seiner Tätigkeiten. Je nachdem, wie er sich fügt, wird entschieden wann und vor allem in welchem emotionalen Zustand er wieder freigelassen wird. Viele dieser gepeinigten Seelen finden nur sehr schwer wieder den Weg ins normale öffentliche Leben zurück und begeben sich in die verdiente Einsamkeit und Ruhe. Die Schreie der Inhaftierten hört er meistens noch Jahre nach der Freilassung, wobei es ihm schwerfallen dürfte, das Erlebte zu transformieren. In der Hölle gibt es keinen Ort, an dem er sich emotional erholen oder gar betreuen lassen kann. Jeder ist auf sich selbst gestellt und handelt aus Eigenschutz. Der Dämon sollte besser nicht gegen das Gesetz verstoßen, auch wenn er sich der Dunkelheit zugewandt hat.

✳ Setzung von Impulsen zur Straftatenverleitung

Gerade Russella ist einer der Chohane, die gerne zu Straftaten verleitet, da sie selbst die Gesetze beschließt und die ihre Einhaltung überwacht. Hierbei sichert sie den regen Wechsel in den Haftanstalten der Unterwelt, indem sie immer wieder für neue Straftäter sorgt. Niemand muss sich auf den dunklen Impuls der Verleitung einlassen, es sei denn seine Seele spielt ohnehin mit dem Gedanken und wird dadurch lediglich bestärkt. Gerade wenn eine Person sozusagen »beiseite geschafft werden« soll, da sie Feinde in der Hölle hat, profiliert sich Russella mit den darausfolgenden Anerkennungen derer, die dies wünschten. Gerade wenn wir uns gegen die oberen Reihen auflehnen und selbst keinen besonderen Rang haben, kann es passieren, dass wir sehr lange von der Öffentlichkeit ausgeschlossen und weggesperrt werden. Daher folgen die meisten der in der Hölle lebenden Personen den Anweisungen der oberen Ränge, um persönliche Sicherheiten zu erlangen, was aber niemals eine Garantie darstellt. Geholfen wird denen, die jemandem einen persönlichen Vorteil garantieren können, sonst sind die Dämonen auf sich allein gestellt und somit auch selbstverantwortlich für ihre Taten.

✸ CHOHAN ABEDON ✸

Amt

Chohan des zehnten Strahls
Farbe des Strahls: Koralle
Aufstieg 1982 n. Chr.

Tätigkeit

✳ Aggressionsverhalten der Tierwelt

Auf allen Sphären lassen sich die verschiedensten Arten von Tieren finden, die sich mit der Zeit entwickelt haben. Tiere haben eine ganz eigene und individuelle Seele, wie jedes göttliche Lebewesen, und somit folgen sie stets dem Drang, lernen zu wollen, um in ihrer Weisheit zu wachsen, da auch sie eines Tages in die kausalen Sphären aufsteigen wollen. Aus diesen Gründen begeben sich auch Tiere in eine Inkarnation, um sich durch die zahlreichen Erfahrungen in der Wildnis oder auch im stetigen Kontakt mit Menschen weiterzuentwickeln. So kommt es oft vor, dass ein geliebtes Haustier der astralen Sphäre plötzlich aus tiefstem Seelenwunsch von einem Lichtarbeiter abgeholt wird, um physisch inkarnieren zu können. Das Haustier kehrt nach dem physischen Leben wieder, genau wie jede Seele, zu seiner Familie zurück. Dies fühlt sich für die Familie meistens an, als würde das Tier kurz von zu Hause ausreißen, um nach ein paar Wochen von selbst wieder nach Hause zurückzukehren. Der Lichtarbeiter begleitet das Tier auf seiner Reise, damit es unbeschadet und sicher wieder in die gewohnte Umgebung gelangt. Auch Tiere können gedanklich reisen und finden dann oft nicht mehr nach Hause zurück. Wir können uns auf das Tier konzentrieren, wobei wir es gedanklich aufspüren können, damit es wieder nach Hause kommt. Dies können wir mit der Suche nach einem Tier vergleichen, indem wir einfach seinen Namen laut rufen, es folgt dann dem Impuls und läuft uns zu.

So wie der Mensch macht auch ein Tier im Laufe seines Lebens die verschiedensten Erfahrungen, wobei es seine eigene Sichtweise vom Leben entwickelt. Es kommt zu energetischen Verstrickungen, Karma, Programmen, Lernthemen, Fremdenergien und vielem mehr. Daran arbeiten auch die Tiere, um sich von Blockaden und Beeinflussungen zu befreien. Meine beiden Katzen sind sicherlich sehr dankbar, da ich diese Arbeit für sie stetig zu lösen versuche. Ich bat die geistige Welt darum, meine Katzen für mich zu fragen, ob ich dazu die Erlaubnis erhalte und sie zeigten sich unendlich dankbar für diese Geste. So können wir zum Beispiel durchaus auch für ein Tier versuchen, die Karten zu legen oder mithilfe eines Meisters zu channeln. Haustiere haben meistens viel mehr zu sagen, als wir denken.

Es gibt aber auch genug Tiere, die es nicht so schön hatten oder haben. Sie erfuhren Quälerei, Verstoßung, Tierversuche, Aggressionen anderer Tiere, schmerzhafte Erfahrungen in der Wildnis, brutale Schläge der Menschen, denen sie einst vertrauten, und vieles mehr. So bildet sich auch hier eine dunkle Sichtweise vom Leben und erlaubt, dass sich dämonische Energien in der Seelenfrequenz ausbreiten. Diese Tiere sind meistens sehr aggressiv und lassen sich auf die Impulse der dämonischen Welt ein. Tollwut oder ähnliche Krankheiten sind förderlich und entwickeln sich auch entsprechend weiter. Diese Verhaltensweisen und Krankheiten der Tierwelt werden vom Chohan Abedon beobachtet und gefördert. So bildeten sich aus der jahrhundertelangen Arbeit der Großmeister in dieser Tätigkeit Formen der Tieraggressionen wie z. B. Tierkämpfe, aggressives Verhalten der eigenen Rasse gegenüber, Tollwut, Züchtung von Kampfhunden und vieles mehr. Das Ziel der dunklen Bruderschaft ist es, eigene weiterentwickelte Rassen zu formen, die den Befehlen der Dämonen blind Folge leisten.

✳ Der Reptuide - die menschliche Zukunft eines Tieres

Ist ein Tier erst einmal in seinem Bewusstsein aufgestiegen und entschließt sich, seinen Seinszustand zu wechseln, kann es hierfür in eine dem Menschen ähnlichere Form inkarnieren, um im Laufe der Seelenevolution zu einer menschlichen Wanderseele zu reifen. Dies geschieht, indem ein Tier in einen neuen menschlichen Körper geformt wird und so eine neue Wanderschaft beginnt. Geschieht dies im Brennpunkt Cabalion, werden die neu geformten, immer noch tierähnlichen Wesen, Reptuide genannt und gelten als neue Kinder Luzifers. Ich gebe zu, dass wir hierfür sehr viel Fantasie brauchen, aber ich habe schon oft davon gehört. Ich habe noch nie eines dieser halb Mensch, halb Tier-ähnlichen Wesen gesehen, empfinde dies aber durchaus als eine sehr faszinierende Chance für ein Tier, eine menschliche Wanderschaft anzutreten. So kann es passieren, dass sie physisch inkarnieren und wir einem derartigen Wesen in menschlicher Gestalt begegnen.

✳ Beobachtung der Tierevolution

Gerade im Tierreich kommt es immer wieder vor, dass Rassen sich weiterentwickeln und andere aussterben. Der Großmeister Abedon ist bemüht, die stärkeren und vor allem dämonischen Tiere in ihrer körperlichen Überlegenheit zu fördern, damit diese nicht eines Tages vom Aussterben bedroht sind. Hierfür dringt er tief in die Körperzellen der Tiere ein, die sich in eine bestimmte Richtung entwickeln sollen und manifestiert die entsprechenden Informationen direkt in den genetischen Code. So entwickelt sich diese Spezies stetig weiter, da diese Informationen bei der Geburt weitergeben werden. Neue Rassen können sich entwickeln, oder die körperliche Form der Tiere verändert sich zugunsten der dämonischen Welt. Ein gutes Beispiel ist, dass einige Reptilien auch heute noch in ihrer Form und Aggressivität den ausgestorbenen Urtieren der Vergangenheit gleichen. Sie sind nicht mehr so groß und blutrünstig, jedoch sind es heutzutage vor allem die ganz kleinen und giftigen Tiere, die noch viel heimtückischer sind als die Riesen der Urzeit. Außerdem können die Dämonen die kleineren Tiere aufgrund ihrer gemeinsamen Gruppenseele viel leichter einsetzen, woraus meist Massenplagen oder gar Tierseuchen entstehen und verbreitet werden.

✳ Tierversuche und Quälereien

Gerade bei Grausamkeiten wie Tierversuchen steht der Aspekt des Unterschieds zwischen Mensch und Tier im Vordergrund. Dies soll den Gedanken fördern, dass Tiere weniger wert sind als wir, dabei bestehen sie aus der gleichen göttlichen Matrix. Ihre Seelen sind sehr komplex und verletzlich, sie kommunizieren miteinander und auch mit dem Menschen, sie entwickeln sich weiter und erfahren in ihrem ewigen Seelenleben die gleichen emotionalen Eindrücke wie Menschen. Trotzdem gibt es den Gedanken, dass Tiere einer anderen Natur entstammen als der Mensch und das dieser das Recht besitzt, über das Leben der Tiere zu entscheiden. So werden sie oft gegen ihren Willen eingesperrt, gequält oder für Versuchszwecke verwendet. Ich bin der Überzeugung, dass Tiere das gleiche Recht auf ein schönes und gesundes Leben haben wie der Mensch auch. Dass einem Tier etwas Schlimmes widerfährt, kann, wie beim Menschen auch, nicht immer verhindert werden, da sie auch ihre Lernaufgaben, Karmas oder Programme haben. Dies ist nun einmal ein Teil des Aufstiegs, wobei die Tierseele an Erfahrung und Weisheit gewinnt. Dieser Gedanke muss sich in jeder Person selbst formen und kann nicht erklärt werden. Wenn wir einem liebevollen Tier in seine süßen Augen schauen, verstehen wir, was ich ausdrücken will!

✭ CHOHAB KABALIOS ✭

Amt

Chohan des elften Strahls
Farbe des Strahls: Türkis
Aufstieg 1591 n. Chr.

Tätigkeit

✳ Ausbildung von Anwärtern

Zeigt sich ein Neuling qualifiziert für eine bestimmte Tätigkeit im Brennpunkt Cabalion, wird diese spezielle Begabung vom Chohan Kabalios geprüft, um entsprechende Schritte einzuleiten. Der Anwärter wird in die Schülerschaft eingeweiht, um später den größten Nutzen aus ihm zu ziehen. Dies machen nicht nur die Dämonen so, sondern auch die Lichtarbeiter, damit das volle Potenzial entfalten werden kann. Jeder hat eine spezielle Begabung, die in jedem Fall gefördert werden sollte. So übernehmen bereits auch kleinere Kinder, die in den Brennpunkt inkarniert und nicht lediglich aufgestiegen sind, derartige Schülerschaften, um geschult zu werden. Sie werden sozusagen von Anbeginn an für eine spezielle Tätigkeit, meistens für einen höheren Rang, ausgebildet. Wird eines dieser »Kinder« abtrünnig und hegt den Wunsch, sich dem Licht zuzuwenden, kann es passieren, dass es in eine physische Inkarnation flüchten muss. So habe ich schon inkarnierte dämonische Großmeister getroffen, die von höherem Rang waren, sich jedoch vom Wesen her nach dem Licht sehnen und auf Erden vor den eigenen Leuten auf der Flucht sind. Diese Personen sind meistens nicht einfach nur böse oder dunkel, sondern sie bewältigen einen inneren Kampf zwischen dem Leben, das sie hatten, und dem, was sie anstreben.

✳ Lenkung und Leitung der dämonischen Medien

Genau wie auf den lichteren Seiten der Sphären gibt es auch bei den Dämonen eigens gesandte Medien, die der dunklen Seite dienlich sind. Sie werden bereits in der jenseitigen Welt ernannt und speziell ausgebildet, um anschließend durch das Beziehen eines bestimmten Wohnortes in den Sphären oder durch das Inkarnieren auf die physische Sphäre eingesetzt zu werden. Diese Taktik kann mit dem Setzten von Schachfiguren verglichen werden, da auch die Lichtarbeiter passend platziert werden. So gestaltet sich dieses Spiel der verschiedenen Sichtweisen als eine Art »Schachkrieg« der Sphären. Es geht vor allem darum, die eigene Interessengruppe so machtvoll wie möglich anwachsen zu lassen, um stets im Glauben zu bleiben, die alleinige Macht zu tragen. Es finden sich immer wieder Personen, die glauben, sich auf eine Seite schlagen zu müssen, anstatt zu erkennen, dass wir immer beides sind. So nimmt dieser Machtkampf zwischen Gut und Böse auch sicher niemals ein Ende und es gibt immer wieder eine Zeit, wo eine der beiden Sichtweisen gegenüber dem Leben die angebliche Herrschaft übernimmt, obwohl im Inneren beide allgegenwärtig sind. So lassen sich die Medien der Dunkelheit auch immer wieder dazu verleiten, einer vorgegebenen Sichtweise Folge zu leisten, damit sie sich zugehörig fühlen und Macht erfahren. Dem Großmeister Kabalios ist die Anordnung zur Ausbildung der Medien und die anschließende Aufsicht über die, die der geistigen Welt dienlich sind, unterstellt.

Ist ein Medium erst einmal inkarniert, wird bereits von Geburt an darauf geachtet, in welchen Kreisen es verkehrt, um die Garantie zu haben, dass es auch der dunklen Seite zugeneigt bleibt. Nach der Datierung des Lebensplanes wird Kontakt aufgenommen, und erste Anweisungen lassen meistens nicht lange auf sich warten, da lediglich den Anweisungen der höheren Kasten folge geleistet wird. Eigene Entscheidungen werden in beruflicher Hinsicht meistens nur den inkarnierten Großmeistern überlassen, die ohnehin von Beginn an Kontakt zu den kausalen Sphären pflegen. Informationen oder Wissenstexte der Dämonen werden in Zeiten des spirituellen Wachstums eher im Untergrund oder auf den eigenen Homepages verbreitet. Dies gilt auch für Bücher, die in eigenen Interessenkreisen und Zirkeln weitergereicht werden, da sie nicht veröffentlicht werden können.

✵ CHOHAN NERFORT ✵

Amt

Chohan des zwölften Strahls
Farbe des Strahls: Violett
Aufstieg 489 v. Chr.

Leider war es mir nicht möglich, auf einer neutralen und vernünftigen Basis mit dem Chohan Nerfort zu kooperieren. Daher bleibt hier leider eine nähere Beschreibung aus!

DIE ARBEITEN DES »LICHTS« UND DER »DUNKELHEIT«

Zu Beginn dieses Kapitels möchte ich sagen, dass Dunkelheit und Licht immer eins sind und dass Unterschiede lediglich dem individuellen Geiste entspringen. Daher ist es auch so wichtig, bei der Arbeit mit der geistigen Welt beide Seiten zu kennen. Die Grenze zwischen diesen Aspekten, welche von jedem Einzelnen selbst gesetzt wird, muss auch selbst entschieden werden. Was ist die Dunkelheit, wenn wir nicht auch ein Licht sehen, und wo beginnt für uns die Dunkelheit in einem lichten Raum? Gibt es Dunkelheit ohne Licht oder umgekehrt? Kann das eine ohne das andere überhaupt sein? Meiner Meinung nach verleugnet der nach reinem Licht strebende Mensch die allumfassenden Möglichkeiten seines Seins, wenn er die Dunkelheit in sich und somit um sich ausgrenzt. Wer wären wir, wenn wir die Dunkelheit in unserem Herzen als das Wissen schaffende Licht ansähen? Lernen wir nicht gerade in der Dunkelheit die gewinnbringendsten Lernaufgaben und schöpfen daraus für unsere Seele wertvolles Wissen? Licht und Dunkelheit gehen immer Hand in Hand; wie und wo jemand hierbei Grenzen sieht, sollte jedem selbst überlassen und auch respektiert werden. Allgemein können wir aufgrund der gesellschaftlichen Sicht zwischen lichten und dunklen Menschen, Wesen oder Organisationen unterscheiden. Aber diese Unterschiede sind immer uns selbst überlassen.

Das ewige Spiel

Das Spiel zwischen Dunkelheit und Licht, das wir sicherlich als solches bezeichnen können, währt schon ewig und wird aufgrund der Lebenssichtweisen niemals enden. Es wird immer eine Kategorisierung geben, um den Grundgedanken der Zusammengehörigkeit fortbestehend in den Herzen der Seelen zu manifestieren. Immer wieder werden wir uns eine Interessengruppe oder Gemeinschaft suchen, die unserem Leben Halt gibt, in der wir uns bestätigt und geschätzt fühlen und in der wir sein können, wie wir nun einmal sind. So kann es aber auch geschehen, dass die Dunkelheit ins Licht treten möchte. Sehnsucht ist hier der Motor zur Veränderung im Leben, und die Liebe zu den Dingen, die wir haben wollen, ist der Schlüssel, diese immer wieder sehnsüchtig erwarten zu wollen. Leider lässt uns die Erwartung meistens zu sehr auf etwas hoffen, das uns im Moment zu fehlen scheint. Erhalten wir die Erfüllung unserer Sehnsüchte und Wünsche nach unserer Vorstellungen nicht oder nicht sofort, entsteht ein selbst erzeugter Mangel, welcher uns glauben lässt, den falschen Weg gewählt zu haben. Hier beginnt der manifestierte Kreislauf des Mangels, und das Gefühl der Ungerechtigkeit breitet sich im Herzen aus. Vieles wird nur mehr im Zorn der unerfüllten Erwartungen gesehen. Wir beginnen, unseren Mitmenschen etwas zu missgönnen, da sie vielleicht immer alles erhalten. Das Pendel von Ursache und Wirkung wird von uns ausgesandt und nimmt alles was in Harmonie mit dem Gedanken des Mangels, der Enttäuschung, der Missgunst und der Unausgeglichenheit steht, zu uns zurück. Die Wolken der Dunkelheit werden immer schwerer, und wir senden immer mehr trübsinnige und melancholische Gedanken an unsere Umwelt aus, welche nach dem Gesetz der Harmonie passende Situationen, Lebensabschnitte, Personen oder sogar für uns bestimmte Orte wählen, wo wir so sein können, wie wir es im Innen und im Außen präsentieren. So treibt uns unsere eigene Sichtweise zu den Lebensumständen, die wir uns selbst manifestiert haben. Sehen wir das Leben dunkel, wird es nach unserem Wunsch auch so sein, jedoch ist es auch umgekehrt möglich. Viele Dämonen streben im Herzen aus Sehnsucht nach Veränderung immer mehr nach dem Licht. Leider lassen die in der Dunkelheit manifestierten Lebensumstände nur schwer und sehr schwach Licht erkennen. Das ist vielleicht auch ein guter Grund dafür, derartige Wesen nicht gleich von Anbeginn der Begegnung zu verurteilen. Gelegentlich, mit sehr viel Vorsicht und Gefühl, können wir das Licht auch etwas heller strahlen lassen, um ihnen die Pracht des lichten Lebens am Ende des Tunnels deutlich vor Augen zu führen. Viele nehmen diese Veranschaulichung der Lebensmöglichkeiten voller Dankbarkeit, aber mit viel Misstrauen an, da sie schon lange keine Wohlgesonnenheit mehr erfahren durften. Ich würde daher Dämonen als sehr tief verletzte, gequälte und im Kreislauf des Selbstmitleids hängende Wesen beschreiben, deren Gefühlswelt das Licht nur noch sehr schwer zulässt aus Angst, wieder einen Mangel zu erzeugen. Ihre Seele erinnert sich an Zeiten voller Licht und Liebe, was wiederum die Sehnsucht nach Veränderung birgt. Dies ist ein ewiger Kreislauf zwischen den Sichtweisen des Lebens. Wichtig ist es, stets zu überprüfen, wie wir sein möchte oder einst sein wollten, um zu erkennen, weshalb das Leben nun einmal so ist, wie wir es uns geschaffen haben. Auch wenn Unzufriedenheit über die Dunkelheit herrscht, einst muss dieses Leben selbst gesetzt und somit angestrebt worden sein. Allein diese Tatsache zeigt die Möglichkeit der Veränderung, was neue Hoffnung und somit Liebe zum Leben selbst erzeugt. Hier beginnt bereits wieder der Lichtweg!

Die dunkle Seite des Lichts

Sicherlich werden jetzt viele Leser erwarten, dass ich von extrem düsteren Lebensweisen und ungeheuerlich schlimmen Taten berichte. Dem ist aber nicht immer so. Dämonen leben im Grunde genauso wie wir ein normales Leben mit all den Höhen und Tiefen. Leider befinden sie sich selbst in einem Kreislauf der fortlaufenden Lichtfindung und lassen daher auch immer seltener lichte Momente in ihrem Leben zu. Kommt es dennoch dazu, dass ein Dämon etwas derart Hochfrequentes wie die Liebe spürt, steht er sofort im Konflikt mit dem, was er derzeit sein möchte. Die Liebe bildet sozusagen eine Resonanz zum Sein. Ich habe schon oft erlebt, dass sofort Verwirrung und Unverständnis eintreten, sobald wir einer Person mit einem derartigen Wesens mit einem normal freundlichen oder sehr liebevollen Verhalten entgegenkommen. Gleich wird ein Trick oder eine andere böswillige Absicht dahinter vermutet. Aus Eigenschutz wird die Liebe erst gar nicht angenommen. Auch die Angst davor, sich dem Licht entgegen zu bewegen und dann mit diesen unbekannten Gefühlen alleingelassen zu werden, spielt hierbei eine große Rolle. Viele meinen, als lichtere Wesen nicht mehr in der dunklen Gruppe »überleben« zu können, da die Ausstrahlung eines Wesens niemals verborgen werden kann. Eine Veränderung wird sofort von den eigenen Reihen wahrgenommen und aus Missgunst bestraft. So entsteht der Grundgedanke, für die Annahme des Lichtes leiden zu müssen, ohne hierbei kurz darüber nachzudenken. Aspekte, wie Selbstbestrafung, Leid, Melancholie und Trübsinnigkeit, sind so normal im Leben geworden, dass daran nichts Dunkles und eigentlich nichts wirklich Notwendiges gesehen wird. So stehen Dämonen auch fest hinter dem Leben, das sie führen. Dies ist eine selbst erwählte Lebensweise, genau wie die unsrige auch. Jeder sollte so leben dürfen, wie er möchte; der Kampf gestaltet sich im Ausleben der verschiedenen Lebensweisen.

Dies ist sicherlich auch einer der Hauptgründe, warum die meisten Dämonen sogar so weit gehen, dass sie in einen derartigen Brennpunkt aufsteigen möchten. Wir bezeichnen diese Orte als die Hölle und vergleichen die dort lebenden Wesen mit Verdammten. Es gibt in der Hölle bzw. in diesem Brennpunkt aber wenigstens ein paar Regeln des gemeinschaftlichen Zusammenlebens, die vom amtierenden Maha Chohan erstellt wurden. Befinden wir uns erst einmal im dunklen Kreislauf dieser Sichtweise und somit des Lebens, begeben wir uns lieber an einen Ort mit der kleinen Aussicht auf Ordnung, auf geringen Schutz und sogar auf etwas Gerechtigkeit. Dämonen geht es genauso wie uns, wenn im Leben alles zu misslingen scheint. Personen geraten in etwas hinein, das einen gewaltigen Sog in ihrem Leben darstellt, wobei sie genau wussten, dass dieser Weg nicht der lichtvollste sein wird. Dennoch hat sich die Seele entschieden, den Versuchungen nachzugeben, woraus ein Kreislauf entstand, der leider nicht nur das Leben, sondern sogar die komplette Sichtweise veränderte. So kämpfen Dämonen, die sich dessen bewusst geworden sind, nicht nur gegen ihr Umfeld an, sondern auch gegen die dunkle Sichtweise, von der sie loskommen möchten. Dieser Weg ist einer der steinigsten, jedoch auch einer der Wege, auf denen unglaubliche Erfahrungen und Wissen gewonnen werden können. Betrachten wir diese Tatsache nun anhand des Wissensschatzes der Dämonen über das Leben selbst, dürften wir nicht ausschließen, auch sie einmal um einen wertvollen Rat zu bitten. Eine weise Antwort ist uns in jedem Fall gewiss.

Woher nehmen wir uns also das Recht und erlauben uns die Anmaßung zu sagen: »Diese Lebensweise gebührt sich nicht und muss geändert werden.«, wenn Gott selbst entschieden hat, dass jeder so leben darf, wie er es möchte? Jeder tritt für seine Sache mit aller Überzeugung und Kraft ein, die er besitzt, und Gott weiß, wie viel Kraft dahinter steht. Vielleicht hilft die Überzeugung zur Neutralität der individuellen Wesenszüge im All-Einen schon, sich selbst nicht mehr im Weg zu stehen? Aber dies ist ein Kampf der noch ewig gefochten werden wird, wie so viele von uns befürchten! Wissen stellt hierbei den Schlüssel zur Macht dar, sich selbst und auch andere zu akzeptieren. Die Akzeptanz von dem, was nun einmal ist, stellt hierbei den Schlüssel zur gelebten Neutralität über das Individuelle dar. Und wie würde es plötzlich in unserem Herzen aussehen, wenn wir alle nicht getrennt, sondern sichtbar untereinander leben würden, Seite an Seite mit Menschen, Engeln, Dämonen oder anderen Wesenheiten? Wären wir dann nicht mehr so zögerlich, unsere lichten und auch unsere dunkeln Seiten nach außen zu tragen? Oder würden wir sie nach wie vor teilweise verstecken und nur zeigen, wenn sie uns eine bestimmte Zugehörigkeit verschaffen? Vielleicht sind Dämonen auch nur ungenierter als wir und geben offen zu, was sie nun einmal sind, ohne sich dafür zu schämen? Wir könnten dann sogar viel von ihnen lernen. Wir müssten nur einmal wagen, ihnen auch zuzuhören, dies sicherlich mit viel Vorsicht und Bedacht auf das, was sie an Resonanz zu unserem Wesen sehen, aber gelegentlich ist es sicher dieses Wagnis wert! Ich durfte schon sehr viel von den Dämonen lernen, was mir auch viel über meine eigene dunkle Seite offenbarte, und so lerne ich, mich selbst besser zu verstehen.

Die lichten Seiten der Dunkelheit

Unter dem Licht im Leben können wir uns nach der individuellen Sichtweise im Prinzip alles vorstellen, was wir als Lichtaspekt sehen wollen. Hierbei spielt es keine Rolle, von welchem Standpunkt aus diese Anschauung getätigt wird. Empfinde ich eine Situation als Licht, kann diese für eine andere Person die absolute Dunkelheit bedeuten. Nun stellt sich die Frage, wer von beiden hat recht, wenn wir All-Eins sind? So verschmelzen lichte und dunkle Gedanken zu einem All-Einen Grundgedanken, bei dem es keine Unterschiede gibt. Allein der Gedanke, dass es hier Unterschiede geben muss, zeigt den Willen zu einer selbst herbeigerufenen Resonanz, wobei eigentlich Harmonie vorherrscht. Das beste Beispiel ist der Begriff »dämonisch«, der uns veranschaulicht, welche Wesen nicht zum Lichtkreis gehören. Diese in ihrer Gottesnatur gleichwertigen Wesen werden nach unserem Meinungsbild ausgegrenzt, anstatt sie so zu akzeptieren, wie ihre eigene Sichtweise sie erschaffen hat. Wir haben uns somit selbst Fronten erschaffen, gegen die wir glauben, antreten zu müssen, um uns vor dem zu schützen, was auch wir sind! So gestaltet sich das ewige Spiel zwischen Resonanz und dem irrtümlichen Streben nach Harmonie, wo diese doch Ursprung ist. Um diesen Kreis zu durchbrechen müssen wir lediglich das annehmen, was die anderen für uns sind, und dabei die Tatsache akzeptieren, dass auch wir diese Aspekte in uns tragen. Nun erkennen wir, dass wir weder besser noch schlechter sind als das All-Eine. Jeder Lebensabschnitt wurde von uns bewusst mit einem Beginn und einem Ende versehen. Hierbei stellt sich nun die Frage, wo die verschiedenen Fronten den Beginn der Dunkelheit oder das Ende des Lichts sehen?

Jeder der sich auf eine bestimmte Seite stellen möchte, um eine gewisse Zugehörigkeit nach außen zu tragen, tritt auch mit voller Überzeugung für seine Sache ein. So bildeten sich eigene Interessengemeinschaften, verschiedene Seinszustände, eigene Brennpunkte, Räte und vieles mehr. Auch die »Gegenseite« übernimmt diese Eigenschaften. Sie bilden ebenfalls eigene Hierarchien, welche ihren Interessen entsprungen sind. Dass dieses Spiel eigentlich eine Einheit bildet und sich beide Parteien in kosmischer Harmonie ergänzen, wird aus lauter Spieldrang der Seele ignoriert! Zu verlockend ist der ewige Kampf, in dem wir unsere eigene göttliche Macht spielerisch testen und ausleben können. Dies gründet sicher aus dem Wissen, dass wir alles tun können, was unserem göttlichen Geiste entspringt. Hier lässt es sich so gut wie niemand nehmen, eine Inspiration für das Gegenüber darzustellen, wobei wir unseren unendlichen Umfang an Ideen bei jeder Gelegenheit preisgeben. Ich habe schon sehr oft erlebt, wie sich die Dunkelheit und das Licht gegenseitig duellierten, im liebevollen Eifer die bessere und somit machtvollere Idee ans Tageslicht zu bringen. So zeigt sich in ewiger Harmonie die Vielfalt des göttlichen Sein an sich, und wir dürfen spielerisch wählen, wie wir Sein wollen!

Bei diesem Umgang miteinander wird, trotz der gewählten Grenze zwischen Licht und Dunkelheit, niemals das Seelenselbst vergessen! So ergaben sich schon unzählige Freundschaften, Liebschaften, Pakte und

Bündnisse und auch sogar die Gründung von Familien und andere Zusammenkünfte dieser Mächte im Außen und in unserem Inneren. Wie oft erinnerten wir uns an schöne Zeiten mit einem Menschen, der uns womöglich in der Gegenwart nicht wohlgesonnen ist? Ich habe schon so oft Teufel, Dämonen und dunkle Wesenheiten getroffen, denen ich bisher immer in tiefer Liebe begegnet bin! Die Liebe kennt keine Grenzen! So kann auch die Seele des Teufels zur Liebe werden! Betrachten wir das Leben mit dem Herzinneren, fallen die Grenzen und wir dürfen die Liebe annehmen, egal wie dunkel oder licht das Leben im Moment aussehen mag!

Zum Abschluss möchte ich den Leser noch daran erinnern, dass jegliches Wissen in dem von mir geschriebenen und in Zusammenarbeit mit Erzengel Michael, Chohan El Morya und Chohan Saint Germain gechannelten Buch meiner eigenen, gegenwärtigen Vorstellung und Sichtweise über den Aufbau des Lebens und die kosmischen Hierarchien entspricht. Zusätzlich muss noch erwähnt werden, dass es noch so viel mehr zu jedem einzelnen Kapitel, Absatz oder Gedanken zu sagen gegeben hätte, was aber aufgrund des enormen Umfangs und der Tiefe der einzelnen Themen nur schwer möglich war. Mein persönliches Bestreben in diesem Buch ist es, genügend Ideen, Informationen, Gedankenrichtungen und Sichtweisen darzubieten, um jedem Leser auf dem Selbstfindungsweg seiner individuellen Wahrheit und somit dem Aufbau des Lebens weiterzuhelfen. Wir sind Alle-Eins und somit ist jede einzelne Wahrheit des Lebens und jeder Aufbau ein Teil des Ganzen.

NACHWORT

Nun sind wir gemeinsam am Ende dieses Buches angelangt, und ich möchte mich ganz herzlich bei all denen bedanken, die sich meiner Worte und denen der Großmeister angenommen haben. Ich hoffe, dass jeder für sich einen Teil der Informationen in sein Leben integrieren konnte, um diese Aspekte durch seine eigene Sichtweise weiterzureichen, damit auch andere eine Chance erhalten, in ihrem Leben weiterzuwachsen. Wir sollten uns nicht allzu oft dazu verleiten lassen, andere Menschen aufgrund grober Unterschiede der Individualität einzuschränken, da wir alle miteinander verbunden sind, was niemanden besser oder schlechter macht als uns selbst! Leider wird diese Tatsache nur zu schnell vergessen in einer Ich-bezogenen Welt wie der unsrigen.

Die geistige Welt hat mir während des Schreibens oft die liebevolle, uneigennützige Unterstützung zuteil werden lassen. Dies ist ein wunderschöner Aspekt, dem auch wir gelegentlich folgen sollten. Jeder bekommt stets das, was er verdient, auch wir! Daher sollten wir im Hier und Jetzt damit beginnen, unsere eigene Zukunft zu formen, um uns positiver Ereignisse sicher zu sein. Meistens müssen wir zuerst geben, um anschließend zu erhalten. Wie lange es dauert bis uns positive ausgesandte Energie wieder erreicht, lässt sich nicht vorhersagen, jedoch wird sie da sein, wenn wir sie am meisten brauchen, auch wenn es Millionen Jahre dauern sollte!

Daher wünsche ich all meinen Lesern nur das Allerbeste, viel Kraft und Energie und vor allem Geduld und Liebe auf ihrem Lichtweg und bei der wunderschönen Entfaltung ihrer medialen Gaben. Seid Euch der eigenen Gotteskraft und des daraus gründenden Wissensschatzes sicher, denn jeder vermag es, Großes zu leisten, um dem Wohl der Allgemeinheit behilflich zu sein. Vertraut auf Euch, Eure liebevollen Mitmenschen, auch wenn diese nicht immer sofort sichtbar sind, und darauf, dass Euch jederzeit Hilfe zur Seite steht, solltet ihr darum bitten! Jedem wird ein Engel, ein Großmeister oder einfach nur ein Mensch, der sein Herz öffnen kann, gesandt, wenn er darum bittet!

Ich möchte hier noch darauf hinweisen, dass jeder Leser bei anstehenden und sehr wichtigen Fragen zum Buch auch eine E-Mail an mich schreiben kann. Es ist so wichtig, dass wir auf der Suche nach der eigenen Bestimmung auch eine Antwort erhalten, um auf dem eigenen Lichtweg voranzukommen. Leider wird dies nur zu selten angeboten, wodurch auch viele meinen, sie tappten stets im Dunkeln. Ich werde mich fortlaufend bemühen, alle Anfragen so rasch wie möglich zu beantworten. Weitere Informationen gibt es auch in stets aktualisierter Form auf meiner Homepage.

In unendlicher Liebe
Sabrina

Literaturhinweise

Kübler-Ross, Elisabeth: Interviews mit Sterbenden. München 2001.

Kübler-Ross, Elisabeth: Über den Tod und das Leben danach. Güllesheim 1999.

Leadbeater, Charles W.: Die Meister und der Pfad. Grafing bei München 2003.

Minatti, Antan: Kristallwissen – der Schlüssel von Atlantis. Woldert 2004.

Niedner, Peter und Birgit Maria: Gesetze des Alls. Woldert 2008.

Oetinger, Manuela; Booth, Mike; Michel, Peter: Die Meister der Weisheit. Ihr Wirken in Geschichte und Gegenwart. Grafing bei München 2005.

El Morya
Saint Germain
Michael

SABRINA PRANTL

Humanenergetik
Energetische Raumreinigung
Mediale Schriftstellerin
Energieessenzen

E-Mail:
sabrina.prantl@gemeinschaftderwegbegleiter.at

Homepage:
www.gemeinschaftderwegbegleiter.at

5020 Salzburg, Österreich

288 S., Paperback
ISBN 978-3-89767-275-8

Susanne Hühn
Channel werden für die Lichtsprache
Der Zugang zu kosmischen Informationen

Mediale Botschaften werden in der Lichtsprache empfangen. Die Sprache des Lichts ist die Sprache Gottes, der göttlichen Liebe und der Schöpfung, wie wir sie auf Erden verstehen können. In diesem Buch wird der Zugang zu höheren Anteilen unseres Bewusstseins beschrieben und damit zu dieser göttlichen Sprache. Jeder Mensch ist in der Lage, die Sprache der Schöpfung wahrzunehmen, denn sie ist universell und erreicht jeden auf die Weise, die er versteht. Gerade weil sie eigentlich immer zu uns spricht, überhören wir sie leicht. Wie einfach es tatsächlich ist, diese Sprache zu vernehmen, und wie der Leser der inneren Stimme, dem inneren Wissen vertrauen, das lernt er in diesem Buch in klarer und dennoch persönlicher Weise.

www.schirner.com

56 farbige Karten und 288-seitiges Buch
ISBN 978-3-89767-071-6

Jeanne Ruland
Die lichte Kraft der Engel
illustriert von Iris Merlino

Die Engel begleiten uns seit Anbeginn der Zeit.
Wenn wir es wünschen, stehen sie uns zur Seite
auf unserem Weg zur Meisterschaft unseres Lebens
und unserer selbst. Durch die 56 hier beschriebenen Engel, ihre Karten und Legemethoden, Anrufungen, Ritualvorschläge und Gebete lassen sich die
Engelkräfte in unsere Leben rufen und ihre Energie
aktivieren. Auf diese Weise können sie ihre Wirkung
in uns entfalten und wir neue Fähigkeiten und tiefe Einsichten entwickeln, die uns liebevoll auf neue
Ebenen tragen.